云南师范大学MSW教育中心　深圳市温馨社工服务中心　云南省禁毒社会工作人才培训基地　联合编写

深圳市禁毒社会工作与志愿服务协会推荐用书

禁毒社会工作实务指南

JINDU SHEHUI GONGZUO SHIWU ZHINAN

莫关耀　房　方　主编

中国社会出版社

国家一级出版社 · 全国百佳图书出版单位

图书在版编目（CIP）数据

禁毒社会工作实务指南／莫关耀，房方主编．—北京：中国社会出版社，2020.9（2021.5 重印）

ISBN 978－7－5087－6392－7

Ⅰ.①禁…　Ⅱ.①莫…　②房…　Ⅲ.①禁毒－社会工作－中国－指南　Ⅳ.①D669.8－62

中国版本图书馆 CIP 数据核字（2020）第 155271 号

书　　名：禁毒社会工作实务指南
主　　编：莫关耀　房　方

出 版 人：浦善新
终 审 人：尤永弘
策划编辑：孙武斌
责任编辑：李新涛

出版发行：中国社会出版社　　**邮政编码：**100032
通联方式：北京市西城区二龙路甲 33 号
电　　话：编辑部：（010）58124841
邮购部：（010）58124848
销售部：（010）58124845
传　真：（010）58124856
网　　址：www.shcbs.com.cn
shcbs.mca.gov.cn
经　　销：全国各地新华书店

中国社会出版社天猫旗舰店

印刷装订：中国电影出版社印刷厂
开　　本：170mm×240mm　1/16
印　　张：20.25
字　　数：300 千字
版　　次：2020 年 9 月第 1 版
印　　次：2021 年 5 月第 2 次印刷
定　　价：58.00 元

中国社会出版社微信公众号

目　录

第一章　禁毒社会工作概述

第一节　禁毒社会工作的概念

一、禁毒社会工作的由来

社会工作是社会建设的重要组成部分，它是一种体现社会主义核心价值理念，坚持助人自助的宗旨，遵循专业伦理规范，在社会服务与管理等领域，综合运用专业知识、技能和方法，帮助有需要的个人、家庭、群体、组织和社区，整合社会资源，协调社会关系，预防和解决社会问题，恢复和发展社会功能，促进社会和谐的职业活动。

现代意义上的社会工作发端于西方社会，已经有 100 多年历史。社会工作早在清末封建体制改革时传入我国，中华人民共和国成立后，社会工作的发展曾中断了 30 年。1979 年，社会学专业得以恢复。1988 年，国家教育委员会批准北京大学设立社会工作与管理专业，意味着我国社会工作专业正式复建。

随着我国社会事业的不断发展和禁毒工作的实际需求，如何把禁毒工作与社会工作结合起来成为一个现实的命题。根据《中共中央关于构建社会主义和谐社会若干重大问题的决定》《中共中央、国务院关于加强和创新社会管理的意见》，2011 年 11 月民政部等 18 个部门印发了《关于加强社会工作专业人才队伍建设的意见》，2013 年 1 月国家禁毒办等 10 部门印发了《关于加强社区戒毒社区康复工作的意见》，2014 年 4 月国家禁毒办等 11 个部门印发了《关于加强戒毒康复人员就业扶持和救助服务工作的意见》，2015 年 12 月国家禁毒办等 11 部门印发了《全国社区戒毒社区康复工作规划（2016—2020 年）》，2017 年 1 月 20 日国家禁毒办等 12 部门印发《关于加强禁毒社会工作者队伍建设的意见》。

《关于加强禁毒社会工作者队伍建设的意见》要求，今后一个时期，加强禁毒社会工作者队伍建设要站在推进平安中国、法治中国建设的战略高度，按照禁毒工作总体目标要求，明确禁毒社会工作者职责任务，大规模开展专业培训，不断提升现有禁毒社会工作从业人员的专业素质和职业能力，逐步扩大禁毒社会工作者队伍规模；完善高等学校人才培养体系，初步形成适合我国国情的禁毒社会工作专业人才培养模式；规范禁毒社会工作者职业评价，加大禁毒社会工作者配备使用力度，培养扶持禁毒社会工作服务机构，强化禁毒社会工作者职业保障；建立健全政府购买禁毒社会工作服务制度，研究制定服务标准规范、健全完善服务协同合作机制，促进禁毒社会工作服务全面深入发展。到 2020 年，建立较为完善的禁毒社会工作者队伍建设运行机制、工作格局和保障体系，禁毒社会工作者总量达到 10 万人，建成一批有影响力的禁毒社会工作服务机构，实现禁毒社会工作服务在城乡、区域和领域的基本覆盖，禁毒社会工作者队伍的专业作用和服务成效不断增强。

禁毒工作社会化，或者说禁毒社会工作是 21 世纪才提出的禁毒发展策略，但在我国，禁毒社会工作可以追溯到 20 世纪 90 年代末。虽然那时在我国还没有形成禁毒社会工作的专业名称，但社会工作确实已经开始介入我国的禁毒工作体系之中。

1996 年 3 月，云南省昆明市盘龙区金碧街道办事处巡津上段居委会，被选定为国家禁毒委与联合国亚太经社理事会合作进行的“减少毒品需求、预防艾滋病”全国唯一的城市试点单位。他们创造了以“五心”（真心、爱心、信心、耐心、心换心）工程为核心的社区预防和帮教工作模式——“金碧模式”。金碧社区经过 10 多年的探索，在总结群众性帮戒经验的基础上，结合社区实际，制定了“二帮一”“三结合”的帮戒方法。他们推出了四个针对性的帮戒方法：一是针对吸毒者不同的家庭帮戒；二是针对吸毒者不同的行为、心理素质帮戒；三是针对吸毒者的成瘾程度帮戒；四是针对吸毒者不同的环境帮戒。还把帮戒工作向五个方面作了延伸：一是把帮戒工作延伸到吸毒者家中；二是把帮戒工作延伸到吸毒者心灵中；三是把帮戒工作延伸到单位（有工作单位的）；四是把帮戒工作延伸到大墙内（劳教所）；五是把帮戒工作延伸到社会。为了减少吸毒人员对毒品的需求、提高戒断巩固率、降低复吸率，他们转变传统的说教帮戒观念，矫正吸毒者的不良行为，提高其心理素质。为了给戒毒者营造一个学习、交流、自由、和谐的场所，他们组织了戒吸学员学习班（即是小组活动）。在活动中尊重他们的人格，不强加于人，自由舒畅。提倡互帮、互戒、互助、自尊、自强、自立，说真话，见行动，靠群体的力量达到戒断巩固的目的。联合国禁毒署项目官员克洛尔先生评价说："金碧社区项目工作的成功，经验可贵，应该全面推广。"

1991 年，我国卫生部和美国戴托普国际公司签署协议拟在昆明成立一所药物依赖康复治疗中心——戴托普康复村。1998 年 9 月 28 日，云南中美戴托普药物依赖治疗康复中心（即云南戴托普治疗社区，后更名为云南戴托普药物依赖治疗康复中心）成立，这是中国首家以治疗集体（Therapeutic Community，TC）模式，从社会学、心理学、行为学、临床医学、预防医学等多学科结合的角度对药物滥用者进行治疗及善后服务的专业机构。

2003 年，上海率先在禁毒领域发展创新，采用"政府主导推动，社团自主运作，社会多方参与"的工作机制，形成了原有三种戒毒模式（自愿戒毒、强制戒毒和劳教戒毒）之外的社区戒毒模式，开创性地将社会工作的专业理念和实务技能应用于禁毒工作领域，招聘和培训禁毒社会工作者队伍，并于同年 12 月注册成立中国大陆第一家专门从事禁毒社会工作的社会组织——上海市自强社会服务总社。此后，广东如深圳等地也开始进行积极的探索。随着工作要求和工作者能力的提升，禁毒社会工作的工作范围逐渐扩大，禁毒社会工作者除了最初的主要协助有关职能部门落实戒毒措施，开展戒毒康复人员在执行期间的定期尿检、日常访谈、政策宣传等工作外，还在戒毒康复人员及其家庭成员的情绪疏导、访谈教育、矛盾化解、行为转化等方面做了大量卓有成效的工作，在修复戒毒人员家庭关系、融洽戒毒人员与政府关系等方面作出了重要贡献。随着我国禁毒社会工作更具专业化、职业化和社会化的发展，社会工作服务实践范围也逐渐进入毒品预防教育、自愿戒毒治疗、社区戒毒、强制隔离戒毒和社区康复等方面[①]。

---

① 符军、宋维俏、郭青、符安之：《个案工作在强制隔离戒毒领域的应用研究》，载《中国药物滥用防治杂志》2016 年第 6 期。

二、禁毒社会工作的现状

（一）禁毒社会工作的发展现状

当前，全球吸毒人数高达2.75亿，其中有近3500万人是吸毒成瘾者①，我国现有吸毒人数240.4万②，隐性的吸毒人员则更多，毒品成为危及人类健康与福祉的公共卫生问题和社会问题，它不仅会对吸食者个人的身体健康造成损害，而且还会对其家人、朋友以及所在社区造成消极影响，极易引发其他关联违法犯罪甚至一系列更为严重的社会问题，不利于经济发展和社会和谐。

社会工作是社会建设的重要组成部分，其专业知识、技能和方法在社会服务与管理等领域的运用，有效地协助政府预防和解决了社会问题，维护了社会稳定与和谐。2011年11月，中央组织部、中央政法委、民政部等18部门联合发布的《关于加强社会工作专业人才队伍建设的意见》第一次对“社会工作专业人才”作出一个清晰的界定，即“具有一定社会工作专业知识和技能，在社会福利、社会救助、慈善事业、社区建设、婚姻家庭、精神卫生、残障康复、教育辅导、就业援助、职工帮扶、犯罪预防、禁毒戒毒、司法矫治、人口计生、应急处置等领域直接提供社会服务的专门人员”。在这个意见中，特别提到了“禁毒戒毒”方面的内容，禁毒戒毒成为我国社会工作人才分布的重要领域。禁毒社会工作作为禁毒工作的重要组成部分，坚持“助人自助”的价值理念，遵循专业的伦理规范，通过运用社会工作的专业知识、方法和技能来预防和减轻毒品危害，促进了吸毒人员的社会康复，保护了公民的身心健康，日益成为禁毒领域中一支强有力的社会补充力量，在应对毒品问题工作中，社会工作发挥着极其重要的作用。

2008年6月1日《中华人民共和国禁毒法》颁布实施，把“社区戒毒”“社区康复”由原来的辅助性手段拓展为新的独立的戒毒措施，为社会工作介入社区戒毒社区康复提供了机遇、平台和制度保障，使社会工作介入社区戒

---

① 联合国．2018年世界毒品形势报告［EB/OL］．http://www.nncc626.com/2019-06/17/c_1210161797.htm.

② 国家禁毒办．2018年中国毒品形势报告［EB/OL］．http://www.gov.cn/xinwen/2019-06/18/content_5401230.htm.

毒社区康复领域的工作合法化。2015 年国家禁毒办、民政部等 11 个部门印发的《全国社区戒毒社区康复工作规划（2016—2020 年）》，确立了坚持以人为本、关怀救助，注重人性化关爱帮扶，最大限度地教育、感化和挽救戒毒康复人员的基本原则，并且首次明确提出要发展禁毒社工队伍，要求到 2019 年底实现“禁毒戒毒社工占社区戒毒社区康复专职工作人员比例达到 30% 以上”的专业人才发展目标①。2017 年 1 月 20 日，国家禁毒办等 12 部门联合发布《关于加强禁毒社会工作者队伍建设的意见》，规定要不断完善毒品问题治理体系，建立健全政府购买禁毒社会工作服务制度，促进禁毒社会工作全面深入发展。这些政策措施的出台大大推动了禁毒社会工作朝着职业化、专业化方向发展。在各级禁毒委、禁毒办、公安、司法和民政等部门及基层单位的支持下，我国建立起禁毒服务的组织体系和工作平台，制定了一系列禁毒服务规范与标准，产生了一批专门从事禁毒社会工作服务的机构和一批优秀的禁毒社会工作者。在政府主导场所型社区戒毒康复模式方面，最为成熟的是云南开远“雨露社区”模式。另外，上海、江苏、浙江、广东等地积极创新政府购买服务机制，通过政府购买禁毒项目方式，培育了“中致社”“自强社”“联众社”等一批具有一定规模和社会影响力的禁毒社会服务机构。湖北、贵州、宁夏等地通过政府购买岗位方式，打造了一批以“戒毒中心社区”“阳光工程”“绿荫工作室”为代表的禁毒社会工作品牌。在禁毒社会工作人才队伍培养方面，2018 年 6 月，云南省禁毒委员会办公室、云南省民政厅联合发文批准云南师范大学设立国内高校中首家禁毒社会工作省级研究基地——“云南省禁毒社会工作人才培训基地”。而后，广东省在华南农业大学、岭南师范学院、嘉应学院、韶关学院相继成立禁毒社会工作人才培训基地。人才培训基地的建成将为禁毒工作培养出更多的禁毒社会工作专业人才，促进禁毒社会工作人才队伍健康发展，并能够进一步巩固提升禁毒工作成效。

尽管禁毒社会工作在减少吸毒人员和贩毒人员、促进吸毒人员的社会化等方面的作用较为明显，在禁毒领域取得了一定成果，但是我国禁毒社会工作总体发展不完善，也是我们必须要面对和承认的。

---

① 国家禁毒办、民政部等部门：《全国社区戒毒社区康复工作规划（2016—2020年）》[EB/OL]. http://www.nncc626.com/2018-06/04/c_129886310.htm.

1. 禁毒社会工作师资队伍素质有待提高

不管是从长远的发展还是现实需求的角度，不管是从理论提高还是实践推动的层面来看，禁毒社会工作的教育和人才培养，都是我国禁毒社会工作发展过程中必须首要解决的问题。我国禁毒社会工作的教育发展处于初期阶段，存在数量和质量发展不相匹配的问题。从教师队伍的角度看，我国禁毒社会工作教师队伍的专业背景复杂，具有社会工作专业教育背景的很少，大多是从社会学、社会保障、行政管理、禁毒等专业"半路出家"而来，同时具备社会工作与禁毒学教育知识背景的教师少之又少。这就导致禁毒社会工作教师队伍缺乏专业的实践经验和训练，实务能力不强，对专业的认同感低等现象的存在，势必会影响对学生的专业教育理念和专业价值信息的传递、教育目标的实现和教学质量的提升，影响社会工作实务的开展和专业人才的成长，影响服务的品质和专业权威的树立，教师整体素质的提高是目前中国禁毒社会工作教育发展过程中亟待解决的大问题。

2. 禁毒社会工作人才队伍资源匮乏

高精尖人才是一个行业发展的不竭动力，是一个企业或组织发展的宝贵财富。禁毒社会工作作为社会工作中的重要实务领域，禁毒社会工作者需要有较高的职业素养，他们不仅要熟练掌握社会工作专业的理论及方法，还需要具备禁毒学的知识。据统计，全国现有 82 所高职院校开设了社会工作专科专业，有 348 所高校设立了社会工作本科专业，150 所高校和研究机构开展了社会工作硕士专业教育，全国范围内共有 17 个社会工作方向的博士点，每年培养社会工作专业毕业生近 4 万名。截至 2018 年底，全国持有助理社会工作师和社会工作师资格证者共 439266 人[①]。虽然拥有如此庞大的后备力量，但我国社会工作，特别是禁毒社会工作的人才缺口依然较大。究其原因，一方面是社会工作人才流失严重。禁毒社工的薪资待遇水平低、晋升空间小，一线社工的工作量大且比较繁复。因此，虽然我国每年能为社会培养出 4 万多名受过社会工作专业学习和训练的人才，但社会工作行业的现状让很多毕业生对这份职业望而却步，有些社会工作专业的学生在校期间甚至就已经为自己谋得其他出路，在校时便已然没有了做社工的打算。高校社会工作专业毕

① 中国社会工作联合会：《2018 年度中国社会工作发展报告》[EB/OL]. http://www.swchina.org.cn/hydt/1435.html.

业生不愿从事本专业，而社会工作机构活动的组织实施又需要人手，所以社会工作机构只得放低招聘门槛，招聘对工作要求不太高的员工，这些员工大多年纪较大、学历水平较低且没有受过社会工作专业训练。这就造成了一个恶性循环圈：社会工作专业毕业生因工资待遇、工作晋升前景问题不愿从事社会工作事业，导致社工机构放低招聘要求聘请无专业背景的员工，员工受制于学历、专业的问题无法为服务对象提供专业性的服务，继而造成了社会工作行业的发展缓慢，最终导致社会工作专业毕业生更不愿从事本专业。这种情况既不利于社会工作行业的发展，还是对社会工作专业人才的极大浪费。另一方面是禁毒社会工作者缺乏专业的定期培训。对社工进行专业的定期培训可以拓宽其视野，使他们了解最前沿的工作方法，提高他们的专业技能，增加他们的职业认同感和责任心，激发他们的工作热情。但我国多数社会工作机构受制于一些现实情况，没有能力为他们提供定期专业培训。这一系列的原因造成禁毒社工人才流失严重，专业化队伍的建设不足等。

3. 社会认知度有待提升

社会工作属于西方的“舶来品”，在国内的发展还处于初级阶段，大众对于这个专业的认知度较低，对于社会工作的分支学科——禁毒社会工作的了解更是少之又少。民众既不了解禁毒社会工作是什么，也不清楚禁毒社工的工作内容和工作目的，因此经常出现民众不配合甚至是阻碍禁毒社工工作的情况，非常不利于禁毒工作的顺利开展，降低了工作效率。另外，目前禁毒工作的开展主体主要是政府，参与者以禁毒工作者为主，禁毒社工没有机会参与禁毒工作，主管禁毒工作的部门及领导没有意识到禁毒社会化的重要性，也没有认识到禁毒社会工作对禁毒工作的重要性，对发展禁毒社会工作事业不够重视。

4. 政策支持力度不足、机制建设不健全

我国在推动禁毒社会工作发展的过程中，缺乏相关的制度与政策支持规定。对于禁毒社会工作，不仅仅是公众疑惑其专业性，政府部门也缺乏对这一新兴职业的认同和支持。目前已经公布的法案仅仅是在合法性的角度肯定了社会工作可以介入禁毒工作，但对于具体的工作内容和工作方法没有给予明确规定，对于禁毒社会工作的发展缺乏前瞻性规划，缺少对于禁毒社工的基本保障支持。另外，政府在资金上的支持力度较小，对于禁毒专项项目的购买服务力度较弱。社会工作机构没有足够的资金提供良好的服务，也没有足够的资金提高禁毒社工的薪酬待遇从而留住人才，这使得我国禁毒社工的队伍建设发展迟缓。在链接资源的环节，政府相关部门尚未发挥带头引导的作用，使得有些职能部门缺席对禁毒工作的支持，不能充分发挥资源链接和调动的作用，造成个别专业禁毒社会工作与服务项目的无疾而终。

总的来说，我国禁毒社会工作还存在许多不完善的问题，但总体上呈现出稳步发展的态势。对于我国禁毒社会工作的发展，可以加大政府对于禁毒项目及禁毒社工人才队伍培养的资金投入力度，设立项目投入专项资金，建立起科学合理的专业人才培养机制；利用电视、网络等大众传媒工具，向公众推送禁毒社会工作的活动信息，宣传禁毒社会工作的典型事例和优秀人物；社会工作机构也可以通过深化与公共关系群体的合作来宣传禁毒社会工作的服务内容，提高社会大众对禁毒社会工作的认知度，从而推动我国禁毒社会工作的发展和壮大。当然，还可以在基于本国国情的基础上，参考其他国家的禁毒社会工作的经验，学习其长处，完善自己的不足。

（二）禁毒社会工作的主要模式

我国禁毒社会工作的发展虽然较晚，但并没有照搬照抄国外的工作模式，而是根据我国的具体情况，有所借鉴有所创新地发展。其中，比较成熟、有影响力的模式有："社区综合发展"模式、"同伴教育"服务模式、"家庭为本"社会工作戒毒模式、"生理－心理－社会"社区戒毒模式等。我国地域广阔、毒情复杂，各地区、各社会工作机构及科研院所因具体情况的不同，积极摸索出许多适合自身发展的禁毒社会工作模式，都对禁毒工作产生了非常好的效果。

1. 社区综合发展模式

按照上海市政府推进司法社会工作"政府主导推动、社团自主运作、各方积极参与"的指导思想，结合政法战线综合治理的实践经验，根据社会支持网络等先进社会理念，综合支持的戒毒社会工作新模式应运而生，这个模式所包括的新理念主要有以下几点。

第一，强调"公共政府的作为"，即政府在转变职能的前提下，要推进社会工作、调动社会资源、搞好社会管理，尽可能提供政策和财力等多元支持。尽管当今社会越来越强调政府小型化和有限化，但不可否认的是，有限的政府同时还必须是一个责任政府，小型政府也绝不能是一个软弱政府。推进社会工作、增进社会福利是当今政府不可推卸的责任和应尽的义务。

第二，强调积极培育和利用专业社会工作团体、志愿者组织和其他社会力量，使之成为现代社会管理的重要支撑。社会工作以及其他第三部门的发育和壮大有助于形成真正的“小政府大社会”格局，也有助于政府角色和地位的进一步厘清，有助于培育社会成员的公民意识。

第三，强调政府、社会工作团体和其他社会力量之间的分工合作、综合协调和支持协作的关系。当今社会管理的最新理念是治理，最高目标是善治，而政府、社会工作组织、其他社会团体的有机协调实质上就是治理理念的具体实践。

第四，注重戒毒效果的综合性。在社会工作领域中，关于人的行为阐释目前比较流行的是多元化观点，也就是 BPS 模式，具体来说就是生理、心理、社会三合一分析模式。从这个理论模式出发，可以得出的结论是，戒毒社会工作的目标就应该具体从心理、生理和社会三个向度出发来制定，具体设定为生理戒断、心理戒断和社会回归。

第五，强调综合运用社会工作专业方法，采取多种途径解决工作对象的“再社会化障碍”问题。社会工作发展到当今，各种各样的专业方法令人眼花缭乱，但是社会工作发展的一个主流却始终不变，而且越来越明显，这就是综合化的趋势。对多种专业方法的综合运用是当代社会工作发展的一个重要特征，综合支持的戒毒社会工作新模式也正是这种新发展趋势的生动体现。这意味着戒毒社会工作本质上是一个多层次、多纬度的系统工程，甚至不仅仅止于社会工作，还应该包括其他社会部门和力量的全方位参与。

2. 家庭为本的社会工作戒毒服务模式

家庭为本的社会工作戒毒服务模式将吸毒人员的整个家庭作为其服务单位，最终戒毒康复目标的达到是通过为吸毒人员及其家庭成员提供服务而实现。实践表明，家庭为本的戒毒服务模式所产生的效果大大好于仅为吸毒人员本身提供服务的效果，家庭的介入往往是个人完全康复的主要决定性因素。家庭对于吸毒人员提供的支持可以分为三类，分别是工具性支持、情绪性支持和讯息性支持。工具性支持是指吸毒人员在生活中获得的物质帮助；情绪性支持是指对吸毒人员表示爱、关怀与了解等，使其情绪获得安慰与鼓励；讯息性支持是指给吸毒人员提供意见，如建议、忠告与直接讯息等支持。禁毒社会工作认为戒毒服务内容的提供包含吸毒人员本身及其生态系统的改变，而家庭为本的服务强调以吸毒家庭整体作为服务单元，为吸毒人员及其家庭成员提供服务，通过吸毒人员与家庭成员的互动，最终达到戒毒康复目标。

3. 同伴教育模式

同伴教育，也称为同伴教学、朋辈咨询、同辈辅导或者朋辈辅导，是指具有相似年龄、背景、生理、经历、体会、社会经历地位及相同性别等具有共同语言的人在一起分享信息、观念或者行为技能，同伴教育者易唤起身边同伴的心灵共鸣，以实现教育目标。上海自2003年开始在禁毒领域引入社会工作的理念和方法，招聘和培训禁毒社工队伍，在全国率先进行了禁毒社会工作的制度创新。自强服务总社在戒毒帮教服务实践中发现，一些戒毒康复情况良好、愿意帮助他人并参加公益性活动戒毒人员可以成为正在戒毒康复人员的榜样示范力量。于是，他们突破了“戒毒人员宜散不宜聚”、防止交叉感染的传统观念，将同伴教育的理念和方法运用到社区戒毒康复领域，以社会工作中的小组工作方法开展同伴教育活动。

4. 生理－心理－社会模式

毒品滥用行为最可怕的后果就是其成瘾性或依赖性。药物依赖有生理依赖、心理依赖和社交依赖三种。生理依赖是指吸毒者身体的器官、机能受药物控制，久而久之便会产生耐药性，而一旦停止服用该药物，又会出现强烈戒断症状，令吸毒者异常痛苦。心理依赖是指吸毒者在心理上通过药物获得满足感或逃避现实生活中的痛苦，靠药物得到所需要的慰藉。社交依赖是吸毒者因受某些社群的次文化影响而开始其吸毒行为，并且这种行为得到小圈子成员间互相默认甚至赞许，逐渐养成了习惯。有些吸毒者成功戒除了“身瘾”，并且也摆脱了“心瘾”，却在回归社会后，因经不起朋辈的教唆而再次吸毒。针对这三种依赖，戒毒社会工作需要有三个层面的介入。生理层面的介入主要是身体检查、生理脱毒和生理康复，以帮助吸毒人员身体得到恢复。心理层面的介入主要是指通过心理脱瘾，用心理治疗等各种方式帮助戒毒人员摆脱与毒品相关的各种不良心理和行为，重塑生命的意义，重新构建健全的人格和行为模式。社会环境层面的介入是通过适应性训练、人际交往和就业服务等，帮助吸毒人员回归社区，重构社会支持体系，重建个体生活。吸毒人群成功戒毒与回归社会是一个系统工程，是一个完整的多元干预手段环环相扣的整体，因此，对吸毒人群监控救治与戒毒的干预、康复和矫治工作，关键技术是将美沙酮社区维持治疗（生理）、人格重塑并提升吸毒人群拒绝自我效能感（心理）、家庭治疗（家庭支持）和社区帮教（禁毒社会工作者帮扶）相结合，每个环节无缝链接，才有可能从根本上帮助吸毒人群戒除毒瘾。

三、禁毒社会工作的概念

关于禁毒社会工作概念的阐述，学者王瑞鸿认为，戒毒社会工作是在社会工作的专业理念支持下，依靠专业社会工作者，借助于社会工作专业方法对吸毒人员进行干预，从而促使他们戒毒成功，并且回归社会。戒毒社会工作是社会工作的专业理念和工作方法在戒毒领域中的具体应用[①]。学者范志海、吕伟等认为，禁毒社会工作是将社会工作融入禁毒领域中，要求工作者具备基本的禁毒知识和社会工作专业基础，能够为服务对象提供生活帮助、就业帮扶、戒毒援助、心理辅导、相关法律咨询等服务[②]。学者李霞在研究中提到禁毒社会工作是指社工运用一定的禁毒知识和社会专业知识、方法和技巧，遵循社会工作价值理念，在一定时期内，为服务对象提供心理辅导、行为修正、家庭关系及社会环境改善、就业信息提供、技能培训等跟踪帮教服务，协助他们达到心理、生理脱毒，提升适应社会生活的能力，顺利回归社会[③]。

2017 年，国家禁毒办等 12 部门印发的《关于加强禁毒社会工作队伍建设的意见》指出，禁毒社会工作是禁毒工作的重要组成部分，是坚持“助人自助”价值理念，遵循专业伦理规范，运用社会工作专业知识、方法和技能预防和减轻毒品危害，促进吸毒人员社会康复、保护公民身心健康的专门化社会服务活动[④]。

从以上学者以及国家禁毒办对禁毒社会工作定义给出的观点来看，禁毒社会工作的概念可以概括为：禁毒社会工作是社会工作和禁毒工作领域中的一个新兴交叉区域，是具有专业素养和技能的工作者，综合调动与链接个人、

---

① 王瑞鸿：《戒毒社会工作：理念、原则及其方法》，载《华东理工大学学报（社会科学版）》2006 年第 4 期。

② 范志海、吕伟、余金喜：《社区戒毒康复模式的初步探索——以上海禁毒社会工作为例》，载《中国药物依赖性杂志》2009 年第 2 期。

③ 李霞：《禁毒社会工作专业建设思考》，载《云南警官学院学报》2012 年第 5 期。

④ 国家禁毒办、民政部会同有关部委．关于加强禁毒社会工作者队伍建设的意见［EB/OL］. http://www.mca.gov.cn/article/xw/ywdt/201702/20170215003354.shtml.

家庭、社区、学校、社会等各方力量资源，运用禁毒专门知识和社会工作专业方法所开展的三级预防教育工作，及对服务对象的吸毒行为进行干预，帮助其摆脱毒瘾，重新回归社会的服务活动。

第二节　禁毒社会工作的特点

一、禁毒社会工作的特点

（一）服务对象既是违法者，又是病人和受害者

对于禁毒社会工作的服务对象，不同的人基于不同的角度有着不同的认识，目前学界认为吸毒人员既是“违法者”，又是“病人”和“受害者”，拥有多重角色属性。

从法律角度，公安、司法等执法人员认为吸毒人员违反了《中华人民共和国治安管理处罚法》和《中华人民共和国禁毒法》，是违法行为，认为吸毒人员是“违法者”。在现实中，吸毒人员往往不是单纯的吸毒者，他们往往与各种犯罪有着密切的联系，不少吸毒人员也往往会发展为各种犯罪行为的实施者。吸毒人员一旦成瘾后就会对毒品产生渴求，会不惜一切代价去获得毒品。然而毒品价格昂贵，经济能力有限的吸毒人员很快会陷入经济困难，即使是家财万贯的吸毒人员也维持不了多久就会倾家荡产。最后，吸毒人员为获得毒资常不惜铤而走险，走上犯罪道路，通过贩卖毒品或者通过从事盗窃、抢劫、卖淫等手段来获得购买毒品的费用。

联合国1987年通过的《控制麻醉品滥用今后活动的综合性多学科纲要》将吸毒行为界定为反复发作的脑疾病。从医学角度，吸毒成瘾是一种反复发作的脑疾病，因此医护人员更倾向于将吸毒人员看作是“病人”。国际医学界已达成共识把吸毒成瘾列入精神疾病范畴，将毒品成瘾称为“药物依赖性脑病”，并制定了相应的诊断标准。把吸毒成瘾列为一种反复发作的疾病，其依据主要有以下三个方面：首先，吸毒成瘾的神经生物学基础。现在医学研究证明，吸毒成瘾不是一种简单的道德败坏和不良行为，无论是觅药渴求还是戒断症状等均有相应的神经生物学基础，它们与一个被称为犒赏通路脑神经

结构有密切关系。其次，吸毒对人体的损害。毒品对人体的直接损害涉及神经系统、免疫系统、循环系统和泌尿生殖系统等多个方面，其中对于神经系统的损害最为严重。长期使用毒品，会杀死脑神经细胞导致永久性损害。此外，毒品引发许多并发症，吸毒人员使用不洁针具注射毒品，往往引起各种疾病的感染，如乙肝或丙肝等。最后，吸毒成瘾与遗传有关。吸毒成瘾与遗传因素关系密切，在相同的生活背景下，仅有部分人尝试吸毒，其中又仅有部分人成瘾，成瘾的人群中仅有部分能戒断。家族调查发现，阿片类药物成瘾具有明显的遗传倾向，尤其是在成瘾人员的同胞中最为明显，药物成瘾者在一定的基因区出现明显的变异，其基因标志出现的频率明显高于对照组。动物模型研究也显示，某些动物对成瘾药物敏感，并能稳定遗传，消除相关的基因可以影响动物的戒断症状以及对成瘾药物的渴求，同时也会减弱对药物引起的行为敏感化。

从个体角度，“人在情境中”，人是社会的产物。吸毒人群的吸毒行为与个人遭遇、教育经历、毒品市场、社会风气有极大的相关性，吸毒人员是多方消极因素下的“受害者”。吸毒成瘾之后，吸毒人员的身体和心理健康都受到极大的损伤，承受着多重的身心痛苦与折磨，例如海洛因吸食者，在吸食后数小时出现强烈的戒断症状，主要表现为打哈欠、流眼泪、瞳孔散大、忽冷忽热、鸡皮疙瘩、厌食、恶心、呕吐、腹痛（多为绞痛）、腹泻等，有的成瘾严重的患者则会感到全身骨骼、肌肉疼痛难忍，如同被虫咬蚁嚼，有的则出现双脚持续性抽动或全身阵发性抽动。其中，呕吐、腹泻、大量出汗可能导致水、电解质及酸碱平衡障碍，偶尔可发生心脏循环衰竭。一旦毒瘾发作，极其痛苦的戒断症状或强烈的心瘾就会迫使吸毒人员依赖毒品以求解脱，很多吸毒人员在无法找到毒品的时候，甚至不惜自残以期缓解无法忍受的心理、生理痛苦，所以，他们自身其实也是毒品的“受害者”。

（二）将助人自助、行为矫正作为其服务理念

禁毒社会工作作为社会工作的分支学科，其服务理念有和社会工作相同之处，即“助人自助”。禁毒社会工作被作为一种学科和职业，是由于它的服务实践和这种服务所达到的良好效果，也就是对服务对象和整个社会产生了积极作用。在禁毒社会工作出现之前，社会上也存在各种各样的禁烟活动。如，有“各省选派乡绅到农村宣传劝谕，使政府的禁烟政策家喻户晓，这能

唤起民众的禁烟意识，也能收到禁烟实效”[①] 的乡绅禁烟，也有中国国民禁烟会组织的禁烟社会组织，但是，这些禁烟活动大多具有商业性、政治性，都没有进行制度化、专业化、科学化的管理和发展，这些社会服务活动都不能被称为是禁毒社会工作。禁毒社会工作是专业的、以促进吸毒人员社会康复和保护公民身心健康为目的的、职业性的活动。这里的“专业助人”，“专业”并不是指专门，而是指学有专攻，是接受过规范训练。专业的助人是指有明确的理念或思想，对自己的行动有合理的计划或设计，有一套经过实践检验的行之有效的方法。“助人”，是实实在在的帮助到人，是真正了解吸毒人员需要的帮人之需，切实解决他们的问题，在助人前了解吸毒人员的需要是对其实施帮助的前提。所以，禁毒社会工作与一般的学雷锋做好事、志愿服务是不同的。另外，禁毒社会工作者特别重视吸毒人员能力的发展，“授人以鱼不如授人以渔”，通过各种生活技能培训、职业技能培训等活动，增强吸毒人员自我解决困难与适应社会的能力，最终实现“自助”。

吸毒行为有一部分是通过对外界的临摹产生，吸毒人员也可以在学习的基础上逐步消除部分不健康心理以及不适应的行为，这就可以通过矫正不当的行为，来达到训练不一样的行为模式的目的，从而增强戒毒人员的抗毒能力。这就涉及一个行为矫正的问题，行为矫正是采用有规律的、循序渐进的方式引导出所需要的行为并使之固化的过程。禁毒社会工作的服务对象大多是有偏差行为的吸毒人员，只有通过修正其偏差行为，进行行为矫治，才能恢复到正常人的状态。

（三）将助困帮扶、违法矫治作为其服务内容

戒毒人员回归社会后，常常面临无家可归、无业可就、生活无依、社会歧视等现实状况，会因为各种生活的压力再次吸食毒品“解压”，特别是其回归社会后的三个月到一年的时间里，是戒毒人员复吸的一个高危期。禁毒社会工作以助困帮扶、违法矫治作为其服务内容，帮助戒毒人员重新建立起有效的家庭、社会支持系统，对戒毒人员进行思想教育、心理辅导与行为纠正，有利于提高戒毒人员的戒断率，减少毒品违法犯罪活动。

---

① 王金香：《中国禁毒史》，上海人民出版社，2005 年版，第 25—26，64—64，77—77，146—147，288—288，313—315 页。

禁毒社会工作的服务对象具有特殊群体的共性，即经济上存在困难，禁毒社工可以为戒毒人员提供物质或经济上的帮助。戒毒人员因曾经吸毒导致家庭贫困、自身缺乏技能、社会认可度低等情况，可能会一时或长时间地陷入贫困状态。在这种情况下，解决其经济问题对于他们来说是最重要甚至是第一位的。一方面，禁毒社工可以帮戒毒人员链接某些社会资源，帮助他们从合法的条件下获得物质上的帮助，在某种程度上解决其生存困难。政府对戒毒人员回归社会后的状况保持较高的关注度，通过出台相关政策给予着实有困难的戒毒人员相应的救助。另一方面，禁毒社工可以促进戒毒人员的能力发展。禁毒社工不但要具体地帮助有困难的戒毒人员解决困难，而且要帮助他们增强自己的能力以应对各种挑战，即帮助他们增强战胜困难的能力，以达到“自助”。人们所遇到的问题的解决离不开外部条件，但是个人的内在因素是关键。个人能力的提高不但有利于解决现时的困难，而且对应对未来社会生活中的困难也有重要作用。因此，禁毒社会工作者特别关注戒毒人员能力的发展，努力提高其技术性的能力以及获得应有发展机会的能力。戒毒人员在回归社会后，拥有一份稳定的工作不仅可以使其有收入来源，还可以在工作中找寻到自己的人生价值，对保持操守率有重要作用，因此，禁毒社工注重对戒毒人员进行就业技能和就业信息的职能训练。在就业技能方面，禁毒社工提前对戒毒人员的工作意愿做好调查评估，聘请职业技能老师集中对戒毒人员进行培训授课，使戒毒人员掌握一技之长。在就业信息方面，禁毒社工不定期向戒毒人员提供一些政府的相关性就业政策、社会招聘信息，告知他们如何寻找岗位招聘信息。

毒品危及吸毒人员的自身健康，还会引发其他违法犯罪活动，吸毒人员是法律意义上的“违法者”，对戒毒人员进行违法矫治是禁毒社会工作的重要服务内容。矫治，既有医学上治疗康复的含义，又有法律上行为的矫正含义。首先是通过医疗手段在生理和心理两个层面进行治疗。

吸毒人员在生理上对毒品的依赖体现为在毒瘾发作时，身体忍受着极大的痛苦，不仅给其本人带来极大的痛苦折磨，也给其家人带来沉痛的心理负担。通过强制性的或者自愿性的措施对吸毒人员进行生理矫正，使吸毒人员在生理上摆脱对毒品的依赖，尽快回归正常人的生活。我国吸毒成瘾的人员生理脱毒工作主要是在强戒所、社区内进行，通过自然戒断、药物戒断以及非药物戒断的方式，使吸毒人员逐步摆脱对毒品的生理依赖性。在这个过程中，禁毒社会工作者的服务主要有：①紧急看护。禁毒社工通过建立毒品危机中心，开通求助热线，运用专业理论和方法为那些需要协助的对象提供紧急的医疗和非医疗服务。②社区服务。禁毒社会工作在美沙酮维持治疗中发挥着重要作用，美沙酮维持治疗的完整含义应该是“以社区为基础的美沙酮维持治疗”，也就是病人不离开自己所在的社区，在社区内接受治疗和帮助。驻扎在社区的禁毒社工可以对戒毒人员提供病人管理、医疗干预、心理干预、社会支持与服务系统化的全方位服务。

另外，在心理上对吸毒行为进行矫治也是非常必要的。生理上对毒品的依赖在急性脱毒期一般两周时间可以不再出现戒断症状，但是心瘾的戒除是一个漫长的过程，特别是新型合成毒品，对人的大脑有不可逆的损害。禁毒社工在对戒毒人员心理矫治时，常会使用认知行为疗法。认知行为疗法认为，首先，人的滥药行为是通过后天的学习和强化而习得的，反之同理，通过学习和强化改变其行为，可以对吸毒人员的成瘾问题进行矫正；其次，认知、情感、行为三者会相互影响，认知因素对情绪和行为反应起着重要的媒介作用，辨别和矫正扭曲的认知是增强戒毒动机的关键。禁毒社工在对戒毒人员的心理矫治中使用认知行为疗法，通过发现戒毒人员的表层错误观念，纠正其错误观念，改变其认知，巩固认知几个步骤，促进戒毒人员进行自我反思，改变不合理的认知、情感和行为。

（四）将社会关系网络重构作为其服务重点

当一个人来到这个世界，就会经历一个社会化的过程，也就是个体与社会产生互动，在互动的过程中逐渐养成独特的个性和人格，从生物人转变成社会人。一般认为，个体的行为是人格特质和环境变量共同作用的结果，而人格是遗传与环境的相互影响形成的，是与特定的情境结合才得以引发的特定行为。吸毒行为是典型的个体行为，极有可能是在潜在的不良人格因素的基础上，与其所处的不良社会环境共同作用导致。这里会形成一个相互影响的循环系统，即一旦个体的吸毒行为经多次发生并达到巩固之后，就会反作用于其周围的环境，并可能改变其原来的人格特质和环境变量，这也可以理解为是人格与环境的互构，这里的环境，主要体现为“社会关系网络”。社会关系网络的分类多样，按照关系的远近，可以分为初级或次级群体网络；按照依赖的程度，可以分为强关系或弱关系社会网络；按照影响来分，可以分为正向或负向社会关系网络。社会关系网络的作用随个体的成长而变得越发的重要，它影响着个体生活中的方方面面。很多研究表明，吸毒行为也具有群体网络效应，它是一种社会性的负向行为，而且吸毒行为的发生与社会关系网络具有高度相关性，社会关系网络的改变在很大程度上会弱化个体的吸毒行为。也就是说，如果吸毒人员离开其原有的吸毒群体，到一个没有吸毒行为的群体中，吸毒行为将可以极大地减少。

从一定意义上来说，禁毒社会工作的服务重点是帮助吸毒人员重构社会关系网络，这包括：①对原有的社会关系网络进行再造，让其社会关系网络改变对待戒毒人员的态度和行为方式，比如戒毒人员的家人、亲戚、朋友，让他们由歧视、排斥、拒绝、打击转为接纳、包容、支持、关心；②对原有的可能引发复吸的社会关系网络采取适当的阻隔，比如让戒毒人员远离原来聚众吸毒的群体、远离毒友；③重新建构社会关系网络，引导戒毒人员参加社会工作者组织的活动，积极在生活和工作中去结交新朋友，建构起全新的社会关系网络，形成一种支持网络；④强化巩固共同改进的同伴性社会关系网络，即戒毒人员在接受服务过程中形成的支持性网络。

禁毒社工在帮助吸毒群体重构社会关系网络的过程中可以提供专业性的服务。首先，社工通过个案工作服务，与吸毒人员在经过完整、系统的一对一、面对面的服务过程之后，引导吸毒人员理解重构社会关系网络的意义与可能性。社工利用专业理论和技巧，鼓励吸毒人员主动参与重构社会关系网络的过程，放大其正向的社会关系网络效应，摒弃负向的社会关系网络效应，摒弃吸毒行为，对原有的可能引发复吸的社会关系网络进行阻隔。其次，社工通过小组工作方法，组织吸毒人员参加群体性的小组活动，如同伴教育小组、成长小组、治疗性小组等。小组活动是一种帮助吸毒人员建立新的社会关系网络的良好手段，在一次又一次的小组活动中，小组成员之间的认识会逐渐加深，感情日益深厚，成员之间彼此信赖，这时小组成员之间形成一张社会关系网络，吸毒人员从小组中得到持续的相互支持，获得改善自己的资源、动力，实现强化巩固共同改进的同伴性社会关系网络。最后，社工通过组织吸毒人员参加社区活动，在社区活动中学习文化知识、结交新朋友，重新建构社会关系网络，在积极正向的活动体验中提升自我。

（五）其服务对象的需求多元

禁毒社会工作的难点在于其服务对象是特殊的社会群体，他们除了有同普通困难群体一样的在经济上存在困难以外，还面临着因吸食毒品而受到的社会歧视。这种歧视来自社会大众对吸毒人员的“标签”与“污名化”，这导致吸毒人员的就业与回归社会更加困难。因此，吸毒人员的需求比较多元，既要“去污名化”，又要促使吸毒人员就业，使吸毒人员摆脱困境，最终顺利回归社会。

“污名化”不是中国的词语，它是从英语单词“stigmatization”翻译而来。“污名化”可以理解为，某一群体将人性的低劣强加到另一群体身上并加以维持的动态过程，在这一动态过程中，对某一群体的某一特征，进行片面和负性的抽象加工，并且忽略他们的其余特征。它体现为集中和扩大某个群体的负面特征，使之典型化、刻板化，并将这些特征像贴标签一样附着于“被污名”的群体成员身上，久而久之，这种“标签”就变成了该群体的代名词。在本质上，“污名化”是一种消极的刻板印象，是社会对某些个体或群体贬低性的、侮辱性的标签。

由于在目前的社会环境和道德规范下，吸毒行为是一种违反社会法律和道德的不良行为，这种行为是被禁止且不被众人所接受的，所以社会大众普遍认为吸毒人员是没有社会价值、存在心理障碍与人格障碍、身份低贱的人，从内心深处对戒毒人员产生一种嫌弃、厌恶、排斥、不信任的心理，并会给予吸毒人员类似于“另类”“坏人”的污名，而社会大众普遍对戒毒人员的“污名化”又加深了他们对戒毒人员的负向认识，使戒毒人员难以获得社会的接纳。戒毒人员在回到社会后，也会想好好工作、好好生活，但他们在求职中却经常碰壁。因为一旦吸毒被抓后就会被登记在册全国联网，所以在求职过程中，戒毒人员往往因为个人信息中有吸毒的记录而被用人单位拒绝，这使他们无法顺利进入劳动力市场，整日无所事事，无法体验到作为一个个体所享有的基本的归属感和安全感，容易造成戒毒人员产生自暴自弃的消极心理，回归社会、融入社会变得更加困难。社会的不接纳，最终使禁毒社工对戒毒人员做再多的回归社会的职业培训都成了徒劳。由此可见，戒毒人员不同于一般的社会困难群体，禁毒社会工作者不仅要为其解决经济上的需求，更重要的是还要为其“去污名”、提高社会接纳度，促进其就业，进而摆脱困境，改善其生存境遇。

二、毒品预防教育工作的特点

禁毒工作是一个系统工程。既要抓打击，也要抓管理，更要抓教育。只有有效减少吸毒人数，“减存量、控增量”，切实解决毒品需求问题，我国的毒品形势才可能根本好转，毒品问题才能得到有效治理。在减少毒品需求和减少毒品供应中，减少需求更为重要。而预防教育是减少需求的最有效方式，特别是青少年的毒品预防教育至关重要。毒品预防教育是安全教育，是科学教育，是人的全面发展教育。它既关注人的生存安全，也关系人的健康生活，更关乎人的生命价值；同时，青少年毒品预防教育关系国家安全、民族兴衰、人民福祉①。

当前，我国毒品滥用低龄化趋势仍较明显，青少年吸毒问题仍较突出。因此，要把青少年毒品预防教育置于禁毒工作优先发展的战略位置，从禁毒工作全局和战略的高度，从实现中华民族伟大复兴实现中国梦的高度，深刻认识做好青少年毒品预防教育的极端重要性，以对党、对国家、对民族、对人民高度负责的精神抓好青少年毒品预防教育。青少年毒品预防教育必须提高思想认识、转变禁毒教育理念、加强禁毒理论研究、重视禁毒师资建设、研发禁毒教育资料、解决禁毒体制机制问题、落实政策法律保障，才能真正提升教育质量，保障青少年毒品预防教育的持续、健康和稳步发展②。

市场经济的发展，带来市民社会的兴起，社会由政治国家的一元结构开始向国家－社会二元结构嬗变，国家已经不可能再有能力支配社会的每一个角落，政府职能发生转变，社会力量发展壮大，政府和社会力量结合起来共同做好毒品预防工作的案例越来越多。其中，社会工作组织在毒品预防工作中发挥了重要作用，社工不仅灵活运用社会工作专业的理论与方法，还积极调动市场、社会等各方力量集中参与毒品预防工作，与政府扮演着协同促进的角色。在严峻的毒情形势下，做好毒品预防工作是解决毒品问题的第一道防线，也是从根本上解决毒品问题的重要一环。社工通过宣传、教育、开展社工专业服务等方式，极大地提高了大众对于潜在的易导致吸毒因素的警惕性，帮助戒毒人员提高了戒断率，从而减少了吸毒行为的发生，降低了复吸率，促进了和谐社会的发展。

---

① 莫关耀：《青少年毒品预防教育存在问题及解决策略》，载《中国药物滥用防治杂志》2019 年第 1 期。

② 莫关耀：《青少年毒品预防教育存在问题及解决策略》，载《中国药物滥用防治杂志》2019 年第 1 期。

（一）以社区为工作对象开展普遍性预防

社区，是在一定区域中人群聚集的生活共同体，是多种社会关系的结合，从事经济、政治、文化等各种活动，组成一个在一定范围内相对独立的社会实体。2016 年的国家禁毒委员会全体会议中特别指出，今后将把禁毒工作作为城乡社区建设的重要内容，发挥基层群众性自治组织协助政府开展工作的职能作用，积极做好禁毒宣传教育和社区戒毒社区康复等工作。社区力量日益强大，以至于在一定程度上能够纵容或阻止犯罪，因此，社区已经成为毒品预防工作的重要阵地。社会工作在将社区作为工作对象开展普遍性预防时，首先从社区是营造禁毒文化氛围的场所入手。在营造禁毒文化氛围方面，社会工作者在社区内开展毒品预防健康教育，向社区内的居民普及什么是毒品、毒品的种类、吸毒的危害等一些与毒品相关的知识，发动社区居民共同参与禁毒主题的手抄报展板活动，通过这一系列的社区文化知识活动打消民众对于毒品的猎奇心理，降低社区内涉毒案件的发生，与社区居民一同推进“无毒社区”的创建。其次，从社区是发现涉毒人员的场所入手。社区是涉毒人员主要的居住场所，并且涉毒人员大多在社区的家中进行吸食/注射毒品或毒品交易。机制严密、监控力量到位的社区，能够及时发现涉毒人员，继而采取相应的打击措施。社工对社区居民实行严格的规范登记管理制度，筛查可疑行为人士，对疑似涉毒人员保持较高的敏感度，定期进行电话访谈或家访。社区内门户多，任务重，社工除有计划、有目标地发展、壮大自身社工队伍发展外，还在社区内招募志愿者，建立起“社工 + 义工”的服务监督队伍，利用义工的力量来补充社工社区禁毒宣传教育的力量，提高民众对于禁毒工作的参与度，使社区民众成为涉毒人员人人惧怕的“朝阳群众”。最后，从社区是戒毒人员回归社会的主要场所方面入手。国家通过多种戒毒措施帮助吸毒人员从生理、心理上摆脱毒瘾的困扰，但戒毒人员回归社会后面对家庭的冷漠、社会的歧视、就业的困难等不能接受与适应的问题，极其容易重蹈覆辙，致使复吸率居高不下、禁毒工作成效甚微。社工对吸毒人员继续加强心理矫正治疗、社会管理和控制工作，灵活运用个案、小组、社区等多种专业的工作方法，发掘吸毒者自身的资源，整合链接其所在家庭、社区、单位等方面的多种资源，使他们接受新的价值观念、行为模式和知识技能体系，提高吸毒人员的戒断率，减少复吸率，以重新融入社会。

（二）以易染毒高危人群为工作对象开展重点性预防

从理论上讲，任何人在一定的环境和条件下都有成为吸毒者的可能性，但是，从现实生活中我们可以发现，有些人更易染上毒瘾，被认为是易染毒高危人群，而另一些人，尽管各种条件相同，但吸毒的可能性很小，被认为是不易染毒人群。由此可见，易染毒高危人群是相对的，必须在一定的环境和存在毒品这两种情况下才易染毒瘾。常见的易染毒高危人群有以下四类：①从小有人格行为不良者。人格行为不良者有如下表现：不遵守社会习俗、无视规章制度，有越轨行为，逃学和撒谎，情绪易受到外部环境的控制，追求享乐，等等。②青少年。青少年身心发育还未成熟，世界观、人生观、价值观尚未形成，思想单纯幼稚，对新潮事物有很强的好奇心和探索欲，为追求毒品的新奇、刺激，偏信吸毒如同吸烟一样的谣言，开始初次接触毒品，毒品强大的致瘾性最终使青少年坠入深渊无法自拔。另外，青少年群体有很强的集群倾向，往往看到群体中有同伴吸毒，自己也跟着吸，盲目与群体保持一致。青少年的毒品使用与吸毒同伴、吸毒亚文化圈子的影响有密切的联系，个体越有机会与有吸毒经验的人交往，越有可能产生吸毒行为。最后，家庭的不良影响也是导致青少年吸毒的重要原因，家庭中有成员吸毒的青少年比家庭中没有人吸毒的青少年更容易吸毒。社会学习理论认为，犯罪行为是习得的，可以在观察学习中模仿大量的行为模式，行为的获得及表现依赖于榜样的运用。家庭成员是青少年的重点观察学习的对象，其不良行为会潜移默化地影响孩子的行为，家庭成员的吸毒行为给子女造成了不良的行为示范作用。③毒品问题严重地区的居民和流动人口。毒品问题严重地区由于毒品相对容易获得，价格便宜，吸毒行为较多，亚文化的流行，很容易沾染毒品。流动人口由于离开常住地，或者外出打工，面临各种经济、社会、文化、家庭等方面的压力，又缺乏监督制约机制，也容易沾染毒品。④某些娱乐场所工作的人员。一般而言，普通职业的工作人员因实际收入难以支付昂贵的毒品支出或是实际生活圈子很难接触到毒品，吸毒所占比例比较低。但在娱乐场所工作的人员，工作环境相对自由、缺乏约束，场所出现毒品的概率较高，加上接触的人多且杂，有更大的机会能够接触毒品，如果对毒品知识了解不多又自控能力弱，就比较容易染上毒瘾。

易染毒高危人群在一定条件下会发展成为新的吸毒人员，因此，对易染毒高危人群开展毒品预防教育工作极其重要。社工积极开展面向高危人群的禁毒宣传教育，对在娱乐场所工作的人员、毒品问题严重地区居民、城中村流动人口、青少年等高危人群高度关注，大力开展面对面的宣传和咨询活动，最大限度地消除禁毒宣传的盲区和死角。把学校作为青少年毒品预防教育的主阵地、主渠道，开设禁毒课程，落实毒品预防教育课时，保证教育教学质量，提升青少年毒品的知识、意识和能力，并通过青少年影响他们的父母和其他社会成员，促进全民参与毒品预防教育工作。

（三）以戒毒人员为工作对象开展针对性预防

每年我国政府都要投入大量的人力、物力、财力来开展戒毒工作，但毒品易沾难戒，“一朝吸毒，十年戒毒，一生想毒”，吸毒人员在戒毒后有90%以上的复吸率，如此之高的复吸率严重影响了戒毒者的信心，也不利于我国禁毒工作的开展。针对已经染毒的群体，除了对其加强禁毒教育外，关键是建立、完善监控与帮教机制。当前，社区戒毒、社区康复都是以社区为依托、家庭为基础的戒毒方法。两者作为戒毒措施的重大改革，同时也是社区禁吸戒毒工作法治化、社会化的重要标志。在介入戒毒人员个案中，禁毒社工利用自身具备的专业技能和方法对戒毒人员进行心理辅导和介入，开展毒品危害教育、禁毒教育、法治教育等，通过各种其他资源帮助戒毒人员调整情绪，恢复社会功能。同时，从戒毒人员和周围环境两个角度进行具体计划的实验和介入过程。在戒毒人员角度，以其想法为突破口，不断强化他们对毒品的戒断，远离毒品，不断挖掘自身的潜力，提升戒毒的能力，最终戒断毒品。在环境资源方面，尽可能地链接整合戒毒人员周围的各类社会资源，将这些资源充分调动起来。

第三节　禁毒社会工作的内容

一、禁毒社会工作专业服务

（一）禁毒社会工作专业服务概念

禁毒社会工作专业服务就是运用社会工作理念和方法，针对吸毒人员、戒毒人员和戒毒康复人员提供戒毒治疗及康复服务，为社区居民提供禁毒教育宣传的专业服务。

禁毒社会工作专业服务面向社区大众（特别是预防教育的重点对象，如“七进”对象——进学校、进家庭、进社区、进单位、进场所、进网络、进工厂）、吸毒人员、吸毒人员家属、朋辈辅导员等。

（二）禁毒社会工作专业服务内容

1. 协助执行社区戒毒康复服务

（1）协助执行社区戒毒康复服务。社区戒毒康复站的禁毒社工，需要协助被责令到社区戒毒康复执行地报到的戒毒人员，办理报到手续，解析社区戒毒康复协议相关内容，签订协议后按协议跟进执行；跟进被责令社区戒毒康复的戒毒人员定期不定时尿检和跟进访谈，做好归档记录；社区戒毒康复协议执行完成并符合条件被责令社区戒毒康复的戒毒人员解除社区戒毒康复管控的，协助办理解除手续。

（2）预防复吸服务。调查了解戒毒康复人员行动去向、生活状况、社会关系、现实表现等情况，开展戒毒康复人员心理社会需求评估；为戒毒康复人员提供心理咨询和心理疏导，增强戒毒动机与信心；协助戒毒康复人员提高识毒、防毒、拒毒知识技巧、问题解决技能及情绪和压力管理等能力；帮助戒毒康复人员养成健康生活习惯，巩固戒毒成果，防止复吸。

（3）重建家庭关系和社会支持网络服务。协助戒毒康复人员开展认知行为治疗，处理其与父母、配偶、子女及其他重要相关人员的关系，给予婚恋、子女教育咨询和辅导，给予家庭支持和重建家庭关系；加强自我管理能力和提升社会交往能力，利用家庭、朋辈、社区、学校、社会等资源进行互动，调适社会关系，构建支持网络；营造有利于戒毒康复的社会环境及有利于戒毒康复人员社会功能修复的其他专业服务，如邻里互助、志愿者链接、社区赋能等，组织其他专业力量和志愿者为戒毒康复人员及其家庭提供服务，协助解决生活困难，提升生计发展能力，改善社会支持网络，促进社会融入，建立长效社会网络支持机制。

（4）生涯规划和就学、就业支持服务。为戒毒康复人员链接生活、就学、就业、医疗和戒毒药物维持治疗等方面的政府资源与社会资源；协理戒毒康复人员梳理个人资源和特长，从生涯角度规划成长发展方向，制定阶段目标及实施路径，做好生涯规划；整合收集就学就业资源，为戒毒人员提供就学就业信息咨询、职业技能培训，促进其就学就业；协助已就学就业戒毒康复人员处理就学就业压力，增强其成长发展的稳定性。

（5）开展精准帮扶服务。通过开展以“结对帮扶、服务管理”为中心的系列工作，推动吸毒人员社区戒毒康复、分级分类管理和教育帮扶救助等工作开展，帮助吸毒人员更好地戒除毒瘾、回归家庭、融入社会，打造共建共治共享的社会治理格局，推动平安和谐稳定社会建设。

2. 驻所服务

（1）公安强制隔离戒毒所社工服务。为初入所的戒毒人员进行心理测评、情绪疏导，帮助其适应戒毒场所生活；根据戒毒人员生理、心理上的需要，进行身体、心理的康复治疗训练，帮助戒除毒瘾；帮助戒毒人员养成健康生活方式，巩固戒毒成果，防止复吸；帮助戒毒人员学习家庭沟通、家庭关系处理技巧，通过家庭探访日或电话回访，共同处理家庭问题和改善家庭关系，营造稳定的家庭环境；通过对戒毒人员的兴趣爱好和能力评估，开展兴趣类、文艺类、技能类等活动，引导戒毒人员发挥自身优势，提升自尊与自信，增加自我接纳；在帮助戒毒人员培养健康兴趣爱好的基础上，开展职业技能训练，链接社会资源为戒毒人员提供协助或帮扶，包括所外链接服务，社会资源捐款或捐物等，帮助解决戒毒人员的就业问题；协助戒毒人员做好出所衔接，与所外禁毒社会工作者合作，为强制隔离戒毒人员出所后的工作、生活做好准备，更好地回归家庭和社区，以降低其复吸率；对中途需要转至司法行政部门强制隔离戒毒所继续执行强制隔离戒毒的人员，协助其做好转所衔接，与新所禁毒社会工作者合作，协助做好转所准备，将其在原所的戒毒康复、日常行为考核等情况进行转介说明，以更好地适应新所环境。

（2）司法强制隔离戒毒所社工服务。以专业戒治中心“四五一”模式，即“四区”生理脱毒区/教育适应区/康复巩固区/回归指导区，“五中心”教育矫正中心/心理矫治中心/康复训练中心/戒毒医疗中心/诊断评估中心，“一”延伸帮教的工作要求，为戒毒人员以及解除强制隔离措施出所的戒毒人员开展教育矫正、心理辅导、康复训练、诊断评估及延伸帮戒等专业戒治服务，促使其洗心革面，积极面对生活挑战，抵制毒品的诱惑，预防复吸，最终达到戒除毒瘾，回归社会的目的；开展教育矫正工作，社工需要根据工作要求及实际情况，为戒毒人员设计、开发课堂教学系列课程，协助戒毒所完成文化素质、思想道德、法律常识、戒毒常识、心理健康 5 类科目及入所、出所教育的课堂化教学等任务。协助科室完成所内帮教服务，协助戒毒所组织戒毒人员开展毒品知识讲座、法律法规讲座以及职业生涯规划讲座等专题帮教活动，并制订相关活动计划和活动方案；协助科室根据司法局的要求，在相关的传统文化节日及重要节点（元旦、春节、清明、端午、6・26 国际禁毒日、中秋、国庆、12・4 法治宣传日等）开展宣传教育，每个节日应根据场所的实际情况形成相应的方案；个案跟进服务，为科室指定服务群体提供戒毒扶助、心理辅导、戒毒巩固、心理行为健康、再社会化就业、家庭关系改善、适应社会生活等个案面谈服务，协助吸毒人员增强戒毒动机，重新回归社会，根据戒毒所提供的重点人员信息跟进、开展个案化教育，并通过分析整理成文字材料，编写教育案例；心理矫治工作，为科室指定服务群体进行心理矫治工作，并为戒毒人员心理矫治工作建立档案、个案访谈、危机干预及团体小组活动；康复训练工作，为甲方指定服务群体进行康复训练，并为戒毒人员康复训练工作建立档案、个案处方及日常康复训练指导；诊断评估工作，协助完成戒毒人员诊断评估流程、档案审核、整理、送评等工作；延伸帮戒服务，针对出所戒毒人员建档，协助联系出所人员开展社区戒毒社区康复，跟进出所戒毒人员的生活工作概况，及时更新服务档案信息，定期向所部汇报跟进情况；过来人禁毒志愿者队伍建设，深化个案服务，让部分保持操守的戒毒人员参与志愿者服务；开展禁毒志愿者系统培训；成立过来人禁毒志愿者队伍并提供禁毒宣传服务；服务研究拓展，借鉴国内外优秀戒毒服务经验，结合戒毒所特定工作环境以及戒毒人员服务需求，研发特色有效的戒毒服务，形成一套行之有效的驻所社工帮教标准化流程，积极联动社区禁毒社工，相互配合开展出所戒毒人员帮教服务，打造监管帮教的执法闭环；服务成效总结，月度以书面形式向甲方提供服务工作总结，并对年度驻所社工服务进行总结及反思，形成一份年度服务成效报告；协助科室完成其他的业务工作。

3. 参与禁毒宣传教育和志愿者队伍建设

（1）面向社会大众（特别是重点群体，如“七进”对象）参与组织禁毒宣传活动、普及毒品预防和艾滋病防治等相关知识，提升社区大众识毒、防毒、拒毒的知识和技巧，如毒品类型、危害、诱惑、防毒意识、拒毒技巧、相关禁毒政策法规，增强公民禁毒意识，提高公民自觉抵制毒品的能力。

（2）倡导禁毒社会工作理念，减低并消除社会歧视与排斥，带动全民参与禁毒。

（3）动员符合条件的社区居民加入禁毒志愿者队伍并协助禁毒社会工作者开展或独立开展禁毒宣传活动，为有需要的社区居民提供戒毒咨询服务等。

（4）禁毒志愿者招募和服务常态化，并进行禁毒志愿者培育，以招募—筛选—分组—培育—实务—录入—总结反思的模式运营。

（5）朋辈辅导员参与毒品预防宣传，现身说法使标签正向化，让社区大众远离毒品，同时对戒毒过来人志愿者的社会地位和社会身份给予肯定性的评价，链接媒体资源，加大对戒毒人员的正面报道力度，定期组织禁毒志愿者表彰激励，以团建、表彰会等形式，加强志愿者参与服务的动机，建立稳定的禁毒志愿者队伍。

（三）禁毒社会工作方法

禁毒社会工作者运用社会工作三大方法开展服务，即个案社会工作、小组社会工作、社区社会工作。

1. 禁毒个案社会工作

禁毒个案社会工作，是指禁毒社会工作者为吸毒人员个人或家庭提供个别化专业服务方式，通过社会工作者与服务对象一对一的交流，运用专业的知识、技巧和资源等，帮助服务对象挖掘潜能，增强解决面临的困难和问题的能力，以协助戒毒康复保持操守，恢复社会功能、促进社会适应和融入的一种专业社会工作方法。禁毒个案社会工作方法在服务过程中，如何挖掘服务对象，需要禁毒社会工作者日常接触了解（如每次尿检会谈或戒所约谈等）、活动中观察（小组或活动中组员的表现，特别是小组活动，持续4—5次的互动接触，可以更好地了解服务对象情况等）、咨询走访（家访或来访咨询等）或转介（禁毒专干、民警、管教等转介人员，可以先了解被转介的情况）等熟悉了解服务对象，分析他们当下的问题和需求是否需要开展个案服务，如需开案服务则进入个案服务流程。个案服务流程即接案—预估—计划—介入—评估—结案。

（1）接案阶段。需要建立信任的专业关系，才能更好地进行资料收集。根据戒毒人员的意愿，共同探讨问题和需要并澄清期望，问题和需求的界定可从操守维持、家庭关系、身体状况、心理及情绪状况、精神状况、人际交往、社会支持网络、发展适应、行为、就业/就学、经济等维度进行预估，接案后开启个案套表填写个案接案记录，如个案工作表、个案工作存档指引、咨询服务记录表（并非1次咨询就开案，可能需要2—3次咨询，才确定是否开案，此时可借助吸毒情况资料表、戒毒及操守经验资料表、身体状况资料表、心理及精神状况资料表收集信息）、治疗目标与期望，以上表格主要包括服务对象来源、基本资料、主要问题和需要等，此期重点是建立专业信任关系。

（2）预估阶段。通过问题分析与诊断进入预估阶段，借助接案收集的资料信息对问题和需求进行分析和诊断，结合戒毒人员实际情况，进行预估，并与其共同厘清问题与确定优先次序，填写个案预估记录，如个案问题及需求评估表、吸食毒品情况评估表、吸食毒品情境的调查表，解读服务对象须知和同意书并签字，完成个案资料收集。

（3）计划阶段。完成预估后，禁毒社会工作者应与服务对象共同制订服务计划，结合个案背景，进行个案分析，确定服务目标和内容等，根据计划明确禁毒社会工作者、服务对象及其家属的任务和角色，填写个案计划记录，如个案工作计划表、服务记录一览表、个案记录摘要，做好实施计划。

（4）介入阶段。禁毒社会工作者和服务对象一起按服务计划实施，挖掘其潜能，促使其积极的改变，围绕防止复吸保持操守，提供生理脱毒服务、心理康复服务、社会适应服务、灵性正念服务，如通过动机提升、就学就业支持、环境适应、家庭关系修复、社会支持网络建构、宣传教育、过来人发展等，填写个案介入过程记录，如服务记录一览表、个案记录摘要、半年服务检视表等进行计划跟进和服务检视，对于具体目标及介入成效、下阶段介入计划进行阶段性评估，实施过程也是对计划的检验过程，介入期间可以根据目标进行优化调整计划，如介入过程需录音录像的，需要征求服务对象同意并签录音录像同意书。

（5）评估阶段。介入计划完成后，禁毒社会工作者应对目标达到情况进行分析，根据计划时所设计的成效测评方式进行测评，如问卷、访谈、观察、前后测等方法，统计后分析服务对象满意度、服务对象的改变、目标的达到情况等，系统分析服务介入效果，填写个案评估记录，如身体状况资料表、心理及精神状况资料表、治疗目标与期望等跟踪服务计划达到情况评估。

（6）结案阶段。评估完成后，禁毒社会工作者进行结案跟进，进行结案说明，做好结案准备，根据评估效果给予结案或转介，并巩固服务对象改变成果和独立面对解决问题的能力，做好结案情绪处理，告知专业工作关系结束，填写个案结案记录，如个案结束评估记录表、服务对象满意度表、个案结束记录表等，进行服务总结和成效检视，如需转介，继续填个案转介表、个案转介同意书、个案转介复函等，进行服务转介。

最后，完成结案后，服务档案进行完善归档，填写专业服务档案一览表总表和个案专业服务档案一览表，装订成册，放入档案柜。

2. 禁毒小组社会工作

禁毒小组社会工作，是指以两个以上且具有同质性问题或共同需求的群体为服务对象，在禁毒社会工作者的协助下，通过小组活动过程及小组成员之间的互动和经验分享，使小组成员获得行为的改变及社会功能的恢复与发展的一种专业社会工作方法。禁毒小组社会工作方法在服务过程中发现，如何确定服务对象运用小组工作方法，不管是先有依个人工作经验或服务目标设计方案再选组员，还是走进服务对象群体时先发现同质性问题或需求再设计方案，禁毒社会工作者对服务对象的问题了解和需求界定都是非常重要的，就需要我们筛选服务对象，如需小组工作方法介入服务则进入小组服务流程。小组服务流程即筹备阶段—初期阶段—中期转折阶段—后期成熟阶段—结束阶段。

（1）筹备阶段。禁毒社会工作者考虑小组工作目标与意向群体，寻求督导或机构认可后，开展问题界定和需求调研，如服务对象的基本资料信息、身体情况、个人能力兴趣爱好、人际交往状况、毒品相关经历等，界定服务对象的共性问题和需求；筛选组员，如是毒品知识预防小组，需要考虑与组员年龄、认知、能力等因素相结合，如是吸毒人员需要考虑与组员性别、年龄、毒品相关经历、家庭等因素相结合，如在戒毒场所内开展小组工作的，则考虑与戒毒人员进所的时间长短、吸食毒品类型、戒毒经历等因素相结合；撰写小组计划书，明确小组性质、确定小组主题目标、规模频次、时间地点等，填写小组工作表，如小组资料清单、小组计划书、小组流程安排表、小组费用支出表等；不同场所开展小组工作，需要按要求通过服务审批流程和准备活动物资等，特别是戒毒所内，按所内流程和要求执行。

（2）初期阶段。小组开始的初期阶段，帮助组员相互交流认识，澄清小组目标，消除顾虑，探讨小组规范，注意第一节小组场景和人文环境安排，结合破冰游戏营造小组氛围，关注并及时带动每个组员的参与感，如自我介绍示范或适应自我披露有助于带动组员逐步参与融入，初步建立禁毒社会工作者与小组成员之间、小组成员相互之间的信任关系；协助小组成员初步建立小组归属感，组员是吸毒人员的，在分享个人经历或感受部分需要适度激发组员参与小组的动力兴趣和对小组活动产生信心；填写小组工作过程记录，如签到表、观察员记录、小组过程内容记录与检讨等。

（3）中期转折阶段。经过初期的接触，中期转折阶段组员对小组参与和积极性明显提高，将进入转折期，禁毒社会工作者应鼓励组员积极参与小组互动讨论，引导讨论向健康方向发展，协助组员建立彼此认同与互相依赖关系，进一步促进小组动力的形成；对于不同组员需求开设不同小组内容，如早期干预、预防复吸服务、生涯规划和就学就业指导、家庭关系修复、所外生活适应、社会支持网络构建、协助替代治疗、宣传教育等服务，注意协调和处理小组冲突，保持组员对整体目标的意识；在戒毒人员小组中，禁毒社会工作者需要密切观察组员的表现，评测复吸风险度，特别是主流文化和他们的亚文化带来价值观方面的分享，值得关注和引导，是否需要个案介入或协助组员重新建构小组，适当控制小组的进程；通过模拟练习、树立信心、寻求支持、鼓励独立、跟进服务等方式协助小组成员学习小组经验并运用于实际生活中；填写小组工作记录，如签到表、观察员记录、小组过程内容记录与检讨等。

（4）后期成熟阶段。小组进入此阶段，组员凝聚力增强，且更开放亲密，关心小组和其他组员的情况，理性看问题，可以处理不同意见，能求同存异，接纳彼此的个性、实力、态度和需要，互相尊重、投入度增多，小组内部结构走向稳定和成熟；维持小组成员的良性互动，运用小组情境协助组员形成新的经验认知和成长，转化为行动，如鼓励小组成员尝试新的行为，发现实现目标的方法，促进小组成员联合、客观、合作地实施计划，达到目标；填写小组工作记录，如签到表、观察员记录、小组过程内容记录与检讨等。

（5）结束阶段。小组实现目标后进入结束期，禁毒社会工作者带领组员做好分离准备，处理好组员的离别情绪，防止出现情绪波动、行为退化和态度逃避等；与组员分享回顾小组经验带来的成果，鼓励应用于今后的生活工作中，强化组员获得的改变，总结成功经验；营造温馨的结束氛围，延续小组内资源形成支持网络，让组员有纪念意义和有仪式感地结束，组员填写小组意见反馈表或评估访谈，小组完成；通过禁毒社会工作者自评、组员自评和协助人员或观察人员或督导的评估，评估小组目标完成度及小组工作成效水平，总结反思经验，提升今后小组服务素质；后续跟进服务，如小组成果在工作生活中的应用情况，对存在其他需要的服务对象予以转介、个别化深度辅导、出所衔接、禁毒志愿服务等；填写小组工作记录，如签到表、观察员记录、小组过程内容记录与检讨、小组意见反馈统计汇总表、小组评估报告、小组缺表说明等，如果过程中有志愿者支持，需要填写志愿者签到登记表，进程中需要变更小组开展的需要活动过程变更申请表。

最后，完成结案后，服务档案进行完善归档，填写专业服务档案一览表总表和个案专业服务档案一览表，装订成册，放入档案柜。

3. 禁毒社区工作

禁毒社区工作，是将社区工作方法应用于禁毒社会工作领域，禁毒社会工作者运用专业的理念和方法倡导构建无毒社区，开展毒品预防宣传教育，帮助吸毒人员进行社区戒毒康复治疗，调动社区资源，协调社会关系，改善社会接纳，提供社会支持，解决他们的问题与困难，让他们顺利回归家庭和社会，从而促进社会和谐与稳定。禁毒社区工作流程即需求评估阶段—策划阶段—执行阶段—评估与反思阶段。

（1）需求评估阶段。社区内需求评估，禁毒社会工作者一般是以街道为平台，依托社区开展服务，在社区党组织和社区居民自治组织的指导和支持下，了解社区的基本情况，如社区禁毒工作政策、地理环境、经济状况、人口结构、文化特色等社区资源状况，并了解社区层面吸（戒）毒人员的基本信息，初步分析界定社区毒品问题；结合用人单位需求、吸毒人员及其家庭以及社会大众的情况进行需求调研，特别针对高危群体，如“七进”对象（小区、家庭、学校、工厂、单位、场所、网络等）不同场所、不同人群的特点，开展问卷调查及访谈，确定禁毒社区工作的对象、资源、方式等；撰写需求报告，含用人单位、社区居民、家庭的基本情况、社区层面吸/戒毒人员基本情况、现有资源、问题与需求、服务与建议等。

强制隔离戒毒场所内需求评估。禁毒社会工作者应了解强制隔离戒毒场所的基本情况，如所内计划期待、服务对象问题与需求、资源、以往服务经验成效等；熟悉所内戒毒人员情况，如年龄结构、性别比例、身体素质、心理状态、吸戒毒经历、面临问题与困难，戒毒人员特点、能力、兴趣、毒品认知水平、防复吸能力等情况；撰写所内需求报告，含所内基本情况、戒毒人员情况、问题与需求、服务与建议等。

（2）策划阶段。禁毒社会工作者结合需求评估，制订服务计划，根据社区内需求评估结果，制订早期干预、政策倡导、毒品预防“七进”宣传教育等社区工作计划；禁毒社会工作者结合需求评估，制订所内戒毒人员毒品认知教育、政策法律、心理健康、兴趣培养、技能提升、生涯规划、出所衔接等所内社区工作计划；制定工作流程进度，确定服务目标与任务，服务场地、人员、经费等服务资源，明确各阶段工作任务和完成期限，合理安排每个阶段的服务内容；填写社区活动工作表，如社区活动资源清单、社区活动计划书、社区活动支出表、社区活动流程安排表等。

（3）执行阶段。禁毒社会工作者结合计划安排，有效、合理地执行。针对“七进”等社区大众，充分利用各种教育手段、方式方法、新媒体信息渠道等多样化开展毒品预防教育、政策倡导等服务；针对戒毒康复人员提供早期干预、毒品认知教育、防复吸训练、社区参与、社会支持网络构建等服务；资源统筹用于各环节的执行，按计划分工执行，做好相关方满意度跟进等；关键在于团队沟通充分，分工清晰明确，禁毒社会工作者与居民及社区内各单位关系默契，协同合作，达到成效最大化；填写社区工作记录，如签到表、社区活动意见反馈表等。

（4）评估与反思阶段。禁毒社会工作者在活动结束后进入评估与反思阶段，评估计划的实施和预期服务目标的实现情况，检视服务成效，并进行经验总结和反思改进，提升以后社区工作服务素质储备经验；撰写社区工作记录，如社区活动意见反馈汇总表、社区工作评估报告（活动目标、活动过程总结、活动评估和反思等）。

二、禁毒社会工作行政

（一）禁毒社会工作行政的概念

禁毒社会工作行政是禁毒社会工作的间接服务方法，是禁毒委办公室工作的行政管理及协调活动，统筹禁毒社工一线服务指导、设计、组织、人事、协调和控制、监测和验收等管理过程。

禁毒社会工作行政的对象是禁毒办（委）、街道科室等行政统筹岗位。

（二）禁毒社会工作行政的内容

1. 禁毒办（委）

（1）建立台账。协助建立相关档案资料，做好工作台账，对服务对象的戒毒康复情况进行定期排查摸底和评估工作。如组织领导（工作部署、工作保障）、预防宣教（宣传活动和媒体报道）、社戒社康工作（吸毒人员精细化管理、戒毒社会服务管理、活动宣传）等。

（2）解读政策，建立考核标准。在禁毒办（委）的指导下，为统筹加强辖区禁毒工作落实，增强各级禁毒社会工作者的职责和成效，使禁毒工作的各项措施落到实处，保证禁毒工作顺利开展，根据禁毒最新政策进行解读，并结合辖区实际，制定相应禁毒工作考核实施细则，下发到禁毒委成员单位按本细则执行。

（3）开展禁毒工作定期考核。各禁毒社会工作者按照考核标准的项目，建立禁毒工作档案，如实记录、及时上报有关情况和数据。禁毒委员会办公室对各禁毒社会工作者所在考核单位的情况和数据进行定期收集、保存和及时评估，对各考核单位的结果进行通报。

（4）协助做好强制隔离戒毒人员出所衔接。督促、帮助社区戒毒康复人员和戒毒药物维持治疗人员履行协议，努力减少现实危害。发现社区戒毒康复人员拒绝报到或严重违反协议的、参加戒毒药物维持治疗人员严重违反治疗规定的，向乡镇（街道）禁毒工作机构报告，协助收集提供有关材料。

（5）协助用人单位开展有关禁毒其他管理事务。

2. 街道社戒社康中心

（1）按照规定要求，及时与社区戒毒康复人员签订戒毒康复协议。协同工作小组成员有效落实戒毒康复工作措施，积极协调有关部门、社会力量帮助解决戒毒康复人员的实际困难。

（2）及时、准确了解和掌握社区戒毒、社区康复人员动态和戒毒状况，协议期内每月至少与戒毒康复人员见面谈话 1 次，并认真做好记录、及时存档。

（3）协助公安机关做好定期不定时尿样现场检测工作，提示、督促社区戒毒、社区康复人员按期接受尿样检测。经专门培训合格的社工，可以对社区戒毒、社区康复人员进行尿样初检。

（4）对违反社区戒毒、社区康复协议的戒毒康复人员，应根据不同情况，及时予以口头批评教育、书面劝诫；对严重违反协议或发现有吸食、注射毒品行为的，应当及时向公安机关报告。

（5）每年度对社区戒毒、社区康复人员表现情况进行综合考察评估，形成书面报告，提交工作小组领导审签后存档。

（6）了解掌握辖区内阿片类吸毒成瘾人员的情况，动员其参加社区药物维持治疗。

（7）对戒毒康复人员的个人信息应当依法予以保密，及时、准确地将吸毒人员戒毒康复信息通报给当地派出所，管理好业务档案资料。

（8）积极参加上级部门组织的各类禁毒业务培训，完成上级交办的其他禁毒工作任务，并接受检查考评。

（三）禁毒社会工作行政的方法

1. 归档管理

（1）禁毒社会工作者按用人单位和机构要求，建立档案管理制度，设置专用档案柜，跟进人员保管，制度包括但不限于档案的归档范围及要求、档案保管与借阅、档案交接与销毁、档案保密等内容。

（2）禁毒社会工作者按上级部门考核细则规范建档，将过程的资料进行及时归档，包括社戒（社康）档案，服务对象基本信息，服务协议，尿检记录及照片，会谈记录等。

（3）服务质量监控记录，结合考核细则要求接受上级部门定期考核，对考核情况和结果进行检视，促进改善服务质量目标完成，进而指导服务计划调整情况等。

2. 信息化管理

根据用人单位要求，社戒（社康）跟进人员的动态监测系统录入与跟进；根据机构要求，服务相关信息及时报送上传等。

（1）运用大数据信息，特别是跨专业团队的信息互通便利，保障服务对象权益和及时了解服务对象动态，更好地掌握服务对象需求；对数据库进行定期统计分析反馈，测评服务成效、服务跟进、服务研究和政策倡导推动工作，利于禁毒社会工作的发展。

（2）信息保密，信息化管理对应保密工作也是非常重要的，做好信息保密工作，维护服务对象合法权益，信息化系统的运行应保证其安全和稳定。

3. 质量管理

（1）禁毒社会工作者开展工作的质量管理。根据用人单位要求和机构服务管理制度，结合考核标准对各成员单位工作进行指导和协助，如质量目标、质量计划、质量控制和改进等，以质量为核心，参与完成各项考核，各团队成员要充分地协调好，提升组织能力，以提高服务工作质量。

（2）全面质量管理。最常用 PDCA 循环，是建立体系及其过程的目标、配置所需的资源，是实施的质量策划，对服务实施过程和结果进行测量、控制与评估，采取必要措施提高绩效，以实现与服务对象要求和组织方针相一致的结果。全过程质量管理需要在各个阶段，不断通过 PDCA 循环进行持续的质量改进，做好禁毒社会工作者的职责与分工，来满足工作需求，达到质量要求。

（3）定期考核管理。用人单位禁毒工作考核和机构质量监测提醒，及时高效进行监测，对评估结果进行检视，用于指导优化和完善工作，持续做好工作升级迭代，以保持质量。

4. 风险管理

（1）风险管理制度。禁毒社会工作者熟悉机构禁毒社会工作风险管理制度，学会识别风险，确定风险类别及其会对禁毒社会工作服务产生的影响，评估风险程度和风险损害；掌握控制风险，熟悉风险管理基本流程，做好风险应对的准备；转移或规避风险，对于风险可控度需要灵活应对，减少或降低风险因素。

（2）风险类别与防范。风险类别主要涉及服务对象层面风险、机构服务层面风险、禁毒社会工作者层面风险、禁毒办政府层面的风险、社会层面的风险等，防范主要是做到底数清、情况明，介入前的精准评测，社工资质和能力保障以及做好职业防护，防脱失脱管和及时报备等措施。

（3）风险预警。禁毒社会工作者参与街道禁毒工作小组对辖区吸毒人员进行分类分级，按照极端风险、高风险、中风险、低风险类别进行分类分级，并严格落实相应管控措施，逐一建立管控档案；制订风险预案，对应急指挥体系预先作出具体安排。

（4）风险应急。禁毒社会工作者根据风险的类型及影响程度，采取回避风险或减少风险或转移风险或接受风险，积极做好应急处理，响应风险预警机制和风险控制体系，及时与各方有效沟通，获取支持、配合和理解。

三、禁毒社会工作督导

（一）禁毒社会工作督导的概念

禁毒社会工作督导是禁毒专业社工服务训练的一种方法，是由机构内资深的禁毒社会工作者，对机构内新进入的一线社工、实习学生及志愿者，通过一定的程序进行持续的监督、指导，传授禁毒社会工作专业服务的知识和技术，以增进其专业服务技巧，进而促进他们成长并确保其服务质量的活动。

禁毒社会工作督导是不可或缺的服务主体之一，充分发挥督导在禁毒社会工作中的积极作用，凭借专业的社会工作知识、服务理念以及丰富的社会工作实务经验帮助奋斗在禁毒社会工作服务最前线缺乏经验和训练的社工获得社会工作技能，显得尤为重要[①]。

禁毒社会工作督导工作的对象是一线社工、实习生、志愿者等。

（二）禁毒社会工作督导的功能

1. 教育功能

教育功能是指社工督导在禁毒社会工作中，通过对社工与服务对象互动的详尽分析，指导社工完成禁毒社会工作任务所应具备的知识、技能和态度，协助社工达到专业上的发展。如指导教授、促进学习、培训、分享经验和知识、告知、澄清、帮助社工找到服务方案、促进专业成长、提供忠告和建议以及帮助社工解决问题等。教育功能中，社工督导扮演“禁毒服务引领者”的角色，涉及知识层面，在机构禁毒领域战略规划下，与社工一起探索禁毒服务模式，对服务内容、服务经验进行反思和总结。社工督导需要完成的工作包括：“社工机构和用人单位”教育情况、服务对象“群体知识及所遇到的问题”“开展服务所需工作过程”和“社工本身”在知识、态度和技能方面达到的要求。

① 周淑贤：《社工督导在禁毒社会工作中的功能探析》，载《法制与经济》2016 年第 8 期。

2. 行政功能

行政功能是指督导在禁毒社会工作中，根据机构和禁毒的政策与规章制度，为完成服务目标对用人单位、机构、人力资源等进行组织安排，并做到保质保量。社工督导担当“机构管理者”的角色，涉及执行与管理层面。保证机构政策的确实执行，维持机构的正常运作，社工督导的工作任务需要具体落实到社工的招募和甄选、引导与安置新入职社工、制订和实施禁毒社会工作的服务计划、禁毒社会工作中的工作授权、监察和检查以及评估工作、禁毒社会工作的协调与沟通、禁毒社会工作督导的多重角色扮演。

3. 支持功能

支持功能是指社工督导在禁毒社会工作中，通过营造一种有利的心理氛围和人际关系环境，以使社工焕发精神，富有成效地开展工作，并从工作中获得成就感。旨在强化自我防御以及增强自我能力以应对工作压力和紧张，使社工能在禁毒工作中发挥其功能，达到理想的工作状态。社工督导践行“团队建设者”的角色，涉及的是情感层面。面对社工的压力，社工督导需要做的两件事情是“搭建平台”和“体恤下情”，关注社工生理、情绪和行为上的变化，督导采取激励、鼓舞等积极措施，提升工作满意度。当社工面对沉重的压力时，督导在恰当的地方对社工的努力予以表扬、安慰和鼓励，将社工的问题去个人化，肯定长处分忧解难，对其决定给予支持，关注积极倾听，提供适当宣泄情绪的机会、缓解工作压力，帮助他们肯定自我并增强对工作的信心和认同感。

简而言之，行政性督导是负责让能干的社工在卓有成效的机构中工作，增进组织结构的效能，为社工提供更多的资源，行使的是“职权”。教育性督导是通过知识技能态度的更新，提升社工的效能，行使的是“专业权”。支持性督导是通过降低影响工作表现的压力，提高工作积极性，坚定工作的决心，提升社工效能，行使的是“表率权”。

（三）禁毒社会工作督导方法

1. 个别督导

个别督导是最传统最常用的一种督导方式，督导者一对一与被督导者用面对面的方式，定期定时（每月不少于一次，每次不少于 2 小时），围绕某一主题开展讨论。如遇特殊情况，不受限于频次安排。

2. 团体督导

团体督导是一个督导者和几个被督导者，以小组讨论的方式，定期（每月不少于一次，每次不少于2小时）开展小组讨论。如遇团队特殊情况，不受限于频次安排。

3. 同侪督导

同侪督导是具有相同需求、观点或能力层次的禁毒社会工作者，此类督导未设定频次，按需安排，通过团体讨论方式进行互动过程。参与者不一定来自同一机构或同一工作团队。

（四）督导案例

基于某团队情况采用“三线三期结合式督导”，图示如下。

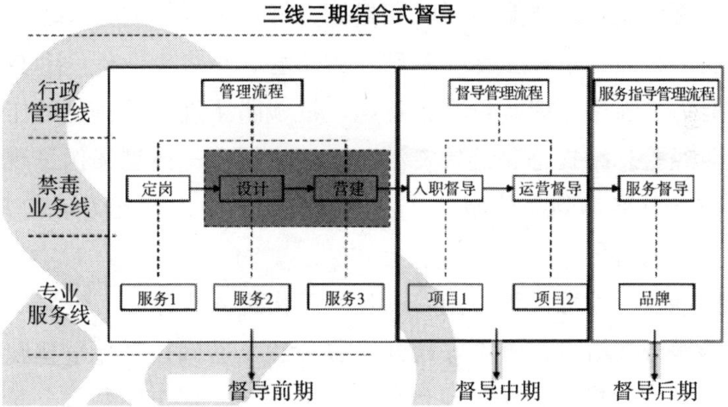

行政管理线：对于团队在机构和用人单位管理上给予支持和协助，特别对新入职的同工为促进其尽快熟悉岗位工作，需要在短时间内给予团队、机构、用人单位等方面的管理工作脉络，及时报备工作的各项事务，通过参与团队、单位、机构层面的工作，快速熟悉各板块流程，建立好台账及时归档；如行政统筹岗位团队，既要对接岗位业务也要开展专业服务，督导模式以管理线为主，定位为统筹枢纽团队平台，在区域会议上及时解读最新区级政策文件要求和整合区域资源下放到区域各团队；区域各团队以配合上级要求及各资源的使用，与团队负责人及成员进行明确指标分配（指标到人且有年度进度安排表），按计划实施监测，按要求进行实务开展与素质监管。同时督导推进专业服务质量提升和把握服务方向的发展，建构区域禁毒服务品牌项目、团队建设和发展等议题，以集督的方式进行，督导行政功能为主导。

禁毒业务线：禁毒领域是以政策为导向的服务设计，禁毒业务工作主要是结合禁毒办工作考核，完成辖区社戒社康在册人员报到执行工作、禁毒台账、平安创建等工作；为戒毒人员提供帮扶服务和为社区大众提供禁毒知识普及服务，因此对于禁毒政策和禁毒知识的掌握是非常重要的。要求各团队对于禁毒相关政策和禁毒知识需要多形式参与学习，目前以上级部门文件和禁毒官方自媒体内容为主，如要求团队及时查阅上级部门下发的文件及要求和关注中国禁毒—广东禁毒—深圳禁毒—罗湖禁毒等学习相关知识，同时关注领域风险知识及新型毒品的流通渠道、危害性等，做好自我防护，主要以集督和培训的方式进行，督导教育功能为主导。

专业服务线：专业服务依托行政管理和保障业务工作素质，行政管理指导业务工作，专业服务保障业务工作素质，专业服务能力的提升及服务标准深化推进依靠专业知识技能的驾驭和把控，将社工服务的三大手法按机构标准化推进实施，侧重于社工专业基础能力培育，结合专业理论和技巧，提升社工专业能力，强化品牌特色服务意识，带领团队进行项目化运作的策划和研发、服务经验总结提炼、链接资源，从能说服务—典型案例呈现服务—项目设计服务，最终达到品牌服务，以个督为主、集体共建为辅的方式进行，教育和支持功能为主。

督导前期梳理管理流程为主，以各项工作进入程序化，督导中期重点抓业务与专业服务接洽点，以更好地开展服务建立基础，督导后期则是侧重服务专业化和品牌化推进，通过项目化服务的方式，促进团队服务精准化、专业化发展。

第二章　禁毒社会工作政策法规

第一节　禁毒社会工作政策

一、禁毒政策概述

"政策"一词是指国家为实现一定历史时期的路线和任务而制定的行动根据和准则。在此定义中，包含有两层意思，一是政策在不同时期有所不同；二是被制定的行动依据和准则。"路线"即总政策，"方针"即基本政策，而"政策"则意味着具体策略。列宁指出："法律是一种政治措施，是一种政策。"在特定背景下，法律是政策的具体表现，我国禁毒法律的产生和完善从来都离不开政策的先导与铺垫。禁毒政策之所以区别于其他公共政策，正是因为它专门针对毒品现象，打击毒品违法犯罪，由此起着稳定社会、保障国民身心健康的作用。由于毒品对正常的社会秩序构成了极大威胁，因此我国将禁毒作为一项基本国策纳入国民经济和社会发展规划，并规定为各级政府的一项重要职责，逐级建立工作责任制，保证禁毒工作常抓不懈。

多年来，我国政府以"禁绝毒品"为根本目标，制定并实施了一系列禁毒方针、政策。目前，我国禁毒工作的主要措施有禁毒宣传教育、禁吸戒毒工作、禁毒严打整治、禁毒管理服务、禁毒国际合作、禁毒基础建设这六个方面，对防范毒品危害、遏制毒品蔓延起到了重要作用。

（一）禁毒方针的确立

1953 年至 20 世纪 70 年代末，我国享有"无毒国"的美誉。随着 1979 年云南破获一起毒品过境案件，"无毒国"的美誉渐渐失去。此后，陆续查获的大量鸦片、海洛因，标志着我国无毒史的结束，毒品再次从国外入侵。因“金三角”的地理位置，毒潮从西南边境流向全国。20 世纪 80 年代后，在世界毒潮的冲击下，种毒、吸毒、贩毒现象渗透到中国，并迅速造成了严重的社会问题，引起了党和政府的高度重视。1979 年施行的《中华人民共和国刑法》有一个条文规定了毒品犯罪及处罚，1981 年 8 月 27 日，国务院颁布《关于重申严禁鸦片烟毒的通知》，1982 年 7 月 16 日，中共中央、国务院再次发布《关于禁绝鸦片烟毒的紧急指示》，并于 1983 年在全国开展的“严厉打击刑事犯罪活动”中，把毒品问题列为重点问题。立法机关、司法机关和各有关部门密切配合，做了大量工作，使我国惩治毒品犯罪的刑事法律每隔几年就要补充和完善，同时也及时批准加入和签署了一系列国际禁毒公约，如 1988 年的《联合国禁止非法贩运麻醉药品和精神药物公约》。

为了应对越来越严峻的毒情形势，1990 年底全国人大常委会正式通过了《关于禁毒的决定》，对毒品犯罪进行了全面细致的法律规定。中央政府提出将禁毒作为一项基本国策纳入国民经济和社会发展规划，实行综合治理的禁毒战略。1991 年在北京召开了第一次全国禁毒工作会议，会议确定了“三禁并举、堵源截流、严格执法、标本兼治”的工作方针，并提出力争在 3 年内把毒品泛滥的势头压下去，做到“有毒必肃、贩毒必惩、种毒必究、吸毒必戒”的禁毒原则。同时，积极参与和开展国际禁毒合作，以期从根本上解决中国的毒品问题。同年，国务院决定成立由 16 个部门负责人组成的国家禁毒委员会，由公安部部长担任国家禁毒委员会主任，统一领导、协调全国的禁毒斗争，各省禁毒领导机构也相继建立。

（二）禁毒方针的演变

1999 年，走私、贩卖、运输、制造和滥用合成毒品发展迅猛，逐渐成为仅次于海洛因的重要问题。为了打击制造合成毒品的犯罪势头，1999 年 8 月，国家禁毒委员会在包头召开了第三次全国禁毒工作会议，将禁毒工作方针进行了调整，由“三禁并举”调整为“四禁并举、堵源截流、严格执法、标本兼治”的工作方针，“四禁”即“禁吸、禁贩、禁种、禁制”。“三禁并举”到“四禁并举”的演变在完善禁毒立法的同时进一步强化了禁毒执法。一方面对制毒犯罪分子严厉惩处，另一方面对吸毒者实行强制戒毒治疗，也进一步加大了对非法种植毒品原植物案件的查处力度。

2004 年 4 月 15 日，胡锦涛同志主持召开了专门研究解决毒品问题的中共中央政治局常委会，并指出："禁毒工作必须全社会共同参与，各部门通力合作，综合治理。首先要抓教育，第二要抓戒毒，第三要抓打击，第四要抓管理，最后要抓法制，加强立法。"《国家禁毒委员会 2004—2008 年禁毒工作规划》中将"四禁并举、堵源截流、严格执法、标本兼治"调整为"四禁并举、预防为本、严格执法、综合治理"，减少毒品需求与减少毒品供应并重，严厉打击走私、贩卖、运输、制造和非法种植毒品原植物等涉毒违法犯罪活动。综合运用法律、经济、教育和医疗等多种手段，动员和组织全社会力量参与禁毒斗争，综合治理毒品问题。

2007 年 12 月 29 日，第十届全国人大常委会第三十一次会议审议并通过了《中华人民共和国禁毒法》，于 2008 年 6 月 1 日施行。《中华人民共和国禁毒法》以法律的形式确立了"预防为主、综合治理、禁种、禁制、禁贩、禁吸并举"作为我国新的禁毒工作方针，将"预防为主"放在首位，同时将"综合治理"提前，并按照毒品产生和流通的自然顺序将"四禁"的顺序调整为"禁种、禁制、禁贩、禁吸"。

从禁毒方针的演变可以看到，历次调整都重视综合治理，因此禁毒被提到了人民战争的高度，即动员全社会力量，实现全员禁毒。另外，毒品预防宣传教育经过四次演变被提到了最重要的位置，成为减少毒品需求最重要的措施。

（三）禁毒社会工作相关政策概述

"二位平衡"是指在禁毒工作中"减少需求"与"减少供应"并重的举措。"减少需求"即减少毒品的非法需求，通过毒品预防教育、戒治治疗及社会矫正来减少毒品需求者，遏制新滋生吸毒人员的增长，达到减少毒品需求量的目的。"减少供应"即减少毒品的非法供应，通过国家立法来制裁涉毒违法犯罪行为，包括种毒、制毒、贩毒的行为，加大毒品查缉力度，强化易制毒物品管控，严格控制麻醉药品和精神药品不流入非法渠道，切断毒品来源。"二位平衡"理论，在 1990 年的《全球行动纲领》和 1987 年《控制麻醉品滥用今后活动的综合性多学科纲要》等法律文件中得到了确立。值得注意的是，近年来，在注重"减少需求"与"减少供应"并举的策略中，"减少需求"中的预防性策略越来越被提到了重要和优先的位置，预防性措施比惩罚性措施更能事半功倍，从我国禁毒方针的调整及禁毒法对禁毒方针的确立可以窥见毒品预防教育举足轻重的地位。

禁毒社会工作服务就在于通过社会工作专业方法，从加强毒品预防教育工作和戒毒管控工作覆盖面与有效性两个维度来抑制毒品非法需求。毒品预防教育工作政策是禁毒工作的基础性、预防性政策，包括毒品预防宣传教育的发展规划、指导原则、内容要求、方式方法、行为规范和具体措施。目的是增强全社会的禁毒意识，提高社会成员自觉抵制毒品的能力，提升禁毒知识的知晓率。毒品预防宣传教育的对象包括全社会各行各业和各年龄段的社会成员，重点对象是青少年和“高危”人群。我国禁毒宣传教育的政策包括：禁毒宣传“七进”政策；学校毒品预防教育政策，包含“五个一”活动、创建毒品预防教育示范学校、建设毒品预防教育基地等；禁毒宣传教育基层组织建设的政策；新闻传播媒体、网络媒体及各类新媒体禁毒宣传教育的政策；禁毒宣传教育保障政策；禁毒宣传教育领导和管理体制及工作机制等政策。除此之外，还要明确各级党委政府和禁毒委员会成员单位，以及社会团体、社会组织、企事业单位在禁毒宣传工作中的职责；明确家庭、学校以及未成年人父母及其监护人的禁毒预防教育职责；明确村民委员会、居民委员会等基层组织的禁毒宣传教育职责；明确在重大时间节点，如国际禁毒日、虎门销烟纪念日等时间开展形式多样的禁毒宣传教育活动的政策。

戒毒管控工作政策最重要的一项就是建设和完善禁毒社会服务体系，禁毒社会服务体系包括禁毒社会组织的指导及服务；教育与咨询；禁毒社会工作机构的指导、管理与服务；吸毒人员戒毒治疗、康复和教育服务等。对吸毒人员的戒毒管控包括社区戒毒社区康复政策、就业帮扶政策、扶贫政策、心理援助、帮助其恢复社会关系的政策以及替代治疗政策等。

二、现行禁毒社会工作政策

（一）毒品预防宣传教育相关政策

1.《全民禁毒教育实施意见》

《全民禁毒教育实施意见》由中宣部、公安部、教育部、国家禁毒委员会办公室等 11 个部门于 2005 年 1 月 31 日联合印发，是在《国家禁毒委员会 2004—2008 年禁毒工作规划》文件精神的指导下，制定的开展禁毒宣传教育的指导性文件。该意见一是提出禁毒教育的对象是全体公民，重点是青少年、有高危行为的人群、有吸毒行为的人员、毒品问题严重地区的居民和流动人口以及公职人员。基本任务是介绍毒情形势、普及禁毒知识、传播禁毒理念、宣传禁毒法规、动员全民禁毒，核心是增强全民禁毒意识，提高公民对毒品及其危害的认知能力和抵御能力。二是要求建立分级负责、各司其职、齐抓共管的全民禁毒教育体系，包含禁毒教育专家组、禁毒教育工作队伍在内。三是旨在开展保护在校学生、青少年、家庭、职工和个体劳动者、无业人员和流动人口的禁毒活动，开展旨在帮助戒毒人员的禁毒教育活动，开展旨在预防毒品违法犯罪的禁毒教育活动，以及在国际禁毒日掀起全民禁毒教育高潮的活动。四是要求从加强领导、经费投入、专业人员培训、教材和宣传品的编辑出版、基地建设、大众传媒、国际交流与合作和评估体系的建立八个方面保障禁毒教育的健康发展。

2.《关于加强禁毒工作的意见》

《关于加强禁毒工作的意见》由中共中央和国务院于 2014 年 6 月 25 日印发，全文共分为 9 个部分 27 条，其中与禁毒教育有关的是："要深入开展毒品预防教育。建立由各级禁毒部门牵头、党委宣传部门协助、有关部门齐抓共管、社会各界广泛参与的全民毒品预防教育工作体系，把毒品预防教育作为国民教育和社会主义精神文明建设的重要组成部分，纳入平安城市、文明城市（村镇、单位）创建内容，倡导健康生活方式，在全社会营造珍爱生命，远离毒品的禁毒氛围。发挥学校主渠道作用，重点针对青少年等易染毒群体开展毒品预防教育，实现普通中小学校、中等职业学校和高等学校毒品预防教育全覆盖。建立学校、家庭和社区毒品预防教育衔接机制，普及家庭防毒知识，强化社区禁毒宣传教育。有针对性地对涉毒高危行业从业人员开展毒品预防教育，在重点地区广泛开展禁种毒品原植物宣传教育。"该意见主要从学校、家庭、社会及三者衔接的角度来提出开展毒品预防教育的创新举措，一是要求建立全民毒品预防教育工作体系，各部门各司其职、齐抓共管；二是营造全民禁毒、远离毒品的社会氛围；三是要求实现各级各类学校毒品预防教育全覆盖；四是要求建立学校、家庭和社区毒品预防教育衔接机制；五是要求对涉毒高危行业人群和非法种植毒品原植物地区开展有针对性的毒品预防教育。

3.《关于加强互联网禁毒工作的意见》

《关于加强互联网禁毒工作的意见》由国家禁毒办牵头会同中宣部、中央网信办、公安部、工业和信息化部等9部门于2015年4月14日联合印发，为今后开展互联网禁毒工作提供了重要法律依据。同时，还是我国打击互联网涉毒领域第一个多部门政府正式文件。该文件作为我国禁毒政策法律体系的重要组成部分，首次以规范性文件的形式规定党委宣传、网信、法院、检察院、公安机关、电信主管、工商行政管理、邮政管理和禁毒委员会办公室在加强互联网禁毒工作中的主要责任和职责分工，明确党委宣传部门和邮政管理部门开展互联网领域禁毒教育工作的职责，并将互联网行业和网民，以及邮政、快递企业列入禁毒教育的对象。该意见第3条明确了党委宣传部门要“教育引导互联网行业和广大网民遵纪守法，落实禁毒责任”，第10条明确规定邮政管理部门要“加强对邮政、快递企业的教育引导，规范企业行为，明确快递行业禁毒法律责任和义务”，第16条至第18条规定各部门要认真履行禁毒职责，加大检查督导力度，严肃追究相关责任人的责任，为在互联网领域开展禁毒宣传教育提供了法律依据。

4.《全国青少年毒品预防教育规划（2016—2018）》

《全国青少年毒品预防教育规划（2016—2018）》由中宣部、中央网信办、公安部、教育部、国家禁毒委员会等14个部门于2015年8月18日联合印发，该规划决定于2016年开始全面启动青少年毒品预防教育“6·27”工程，以10—25岁的青少年为重点、以学校为主要阵地，力争通过3年努力，构建完善的青少年毒品预防教育工作体系，使青少年禁毒意识明显增强，新滋生吸毒人数明显下降，从指导思想、总体目标和任务要求三个方面对2016—2018年全国青少年毒品预防教育工作进行量化。一是从毒品预防教育课时的落实、师资队伍的建立、教育资料的丰富三个方面来提升学校毒品预防教育工作水平；二是从就业青年的职业培训、落实城市社区青少年毒品预防教育的责任、关注农村留守儿童和外出务工青少年毒品预防教育来实现各类青少年群体毒品预防教育全覆盖；三是从建设禁毒教育基地、建立网上禁毒展览馆、开展禁毒直观教育、组织禁毒社会实践和志愿服务活动、重视家庭禁毒宣传教育、营造浓厚的禁毒舆论氛围六个方面来拓展应用毒品预防教育社会资源；四是从建立青少年涉毒问题日常监测制度、制订学生涉毒事件处置预案、做好涉毒青少年帮教保护工作三个方面来完善青少年涉毒问题监测处理机制；五是从健全青少年毒品预防教育工作队伍、动员社会力量参与青少年毒品预防教育工作、建立青少年毒品预防教育经费保障机制、开展青少年毒品预防教育效果评估、建立青少年毒品预防教育责任追究制度来保障青少年毒品预防教育工作的开展。

5.《中小学生毒品预防专题教育大纲》

《中小学生毒品预防专题教育大纲》由教育部办公厅2003年2月20日印发，是为贯彻落实党的十六大关于加强法制宣传教育、青少年思想道德建设以及国务院关于在中小学生中普遍开展毒品预防教育的要求而开设的毒品预防专题教育课。要求毒品预防教育主要在小学五年级到高中二年级进行，按平均每学年2课时安排教学内容，大纲中规定了总目标、分目标以及教学内容、教学形式。大纲分别对小学、初中、高中专题教育课时、教学内容以及教学活动给出了标准建议，为学校开展毒品预防教育提供了具体操作方法。

（二）戒毒管控相关政策

1.《关于加强禁毒工作的意见》

《关于加强禁毒工作的意见》由中共中央、国务院于2014年6月25日印发，全文共分9个部分27条，其中与社区戒毒社区康复有关的内容主要有：积极探索科学有效的戒毒康复模式，构建戒毒治疗、康复指导、救助服务相结合的戒毒工作体系；大力加强自愿戒毒工作，全民推进社区戒毒、社区康复工作，研究完善戒毒康复场所管理体制，扩大戒毒药物维持治疗覆盖面，提高戒毒实效；加强戒毒康复人员就业帮扶和社会保障工作，加强跟踪管理和行为干预。

2.《戒毒医疗服务管理暂行办法》

《戒毒医疗服务管理暂行办法》由卫生部、公安部和司法部于2010年1月5日联合发布，该办法是为规范戒毒医疗服务，依法开展戒毒医疗工作，维护医务人员和戒毒人员的合法权益而制定，自2010年3月1日开始施行。该办法包含总则、机构资质认定与登记、执业人员资格、执业规则、监督管理和附则六大部分，其中关于社区戒毒社区康复的内容有：

第四条：卫生部门负责自愿戒毒医疗服务的监督管理，并对强制隔离戒毒医疗服务进行业务指导；公安部、司法部在各自职责范围内负责强制隔离戒毒所、戒毒康复场所、监狱、拘留所和看守所开展戒毒医疗服务的监督管理。

第三十九条：开展戒毒医疗服务的医疗机构应当根据卫生行政部门的安排，对社区戒毒和康复工作提供技术指导或者协助。

第四十七条第二款：社区药物维持治疗门诊基本标准和管理办法另行制定。

3.《关于加强社区戒毒社区康复工作的意见》

《关于加强社区戒毒社区康复工作的意见》由国家禁毒办、中央社会管理综合治理委员会办公室、公安部、卫生部等 10 个部门于 2013 年 1 月 18 日联合发布，该意见是为了进一步提高对吸毒人员的管理和服务工作水平，切实落实戒毒治疗、康复指导、就业安置、救助服务措施，最大限度地减少毒品社会危害而发布。包含以下几个部分：一是充分认识加强社区戒毒社区康复工作的重要性和紧迫性；二是明确社区戒毒社区康复工作的指导思想和基本目标；三是建立健全社区戒毒社区康复体系，包括管理机构、配备工作人员、落实保障政策；四是切实落实社区戒毒社区康复工作措施，包含依法作出决定、落实衔接措施、及时签订协议、加强监督管理、规范戒毒治疗、促进就业安置、加强信息维护七个部分；五是切实加强对社区戒毒社区康复的组织领导，包含加强协调指导、加强协作配合、加强典型扶持、加强督导考核四个部分。

4.《关于加强戒毒康复人员就业扶持和救助服务工作的意见》

《关于加强戒毒康复人员就业扶持和救助服务工作的意见》由公安部、司法部和国家禁毒办等 11 个部门于 2014 年 3 月 26 日联合下发。就戒毒康复人员就业援助、职业培训、社会保障、医疗保险、临时救助等问题作了相应规定，要求各地区、各部门做好戒毒康复人员就业服务工作，帮助戒毒康复人员顺利回归社会。该意见规定，要适当放宽戒毒康复就业困难人员的认定条件，保障戒毒康复人员按照有关规定享受税费减免、信贷支持、社会保险补贴、公益性岗位补贴等就业扶持政策。对符合税收政策规定条件的招用戒毒康复人员的企业按规定享受相应的税收优惠政策，扶持戒毒康复人员自主创业和自谋职业。社会救助方面，要求各地党委、政府要积极引导戒毒康复人员参加职工基本医疗保险、城镇居民基本医疗保险或新型农村合作医疗，对符合城乡医疗救助条件的参加城镇居民基本医疗保险或新型农村合作医疗个人缴纳部分给予相应补助。符合城乡最低生活保障和农村五保的戒毒康复人员及其家庭，要按规定将其纳入供养范围；对因特殊原因造成基本生活出现暂时困难的戒毒康复人员家庭，要给予临时救助，保障戒毒康复人员有学可上、有业可就、病有所医、困有所帮。

5.《关于做好戒毒康复人员就业和社会保障工作的通知》

《关于做好戒毒康复人员就业和社会保障工作的通知》由人力资源社会保障部办公厅、国家禁毒办、公安部办公厅、民政部办公厅、司法部办公厅于2015年7月14日联合下发，该通知从充分认识做好戒毒康复人员就业和社会保障工作的重要性、加强对戒毒康复人员的就业服务和援助、着力提高戒毒康复人员就业能力、促进戒毒康复人员多渠道就业、切实落实社会保险政策、加强社会保险经办服务和加强组织领导七个方面要求进一步做好戒毒康复人员就业和社会保障工作，巩固禁吸戒毒工作成效，促进戒毒康复人员回归社会。

6.《全国社区戒毒社区康复工作规划（2016—2020年）》

《全国社区戒毒社区康复工作规划（2016—2020年）》由国家禁毒办等11个部门于2015年12月15日联合印发。该规划是为深入推进社区戒毒社区康复工作，进一步完善戒毒治疗、康复指导、救助服务相结合的戒毒康复体系，提高对吸毒人员的服务管理水平，最大限度地减少毒品社会危害，依据禁毒法、戒毒条例等有关法律规定由国家禁毒办等11部门联合制定。该规划从指导思想、基本原则和任务目标，健全工作体系，落实工作措施和加强组织协调四个方面对今后5年我国社区戒毒康复工作发展的时间表和路线图作了明确规划。

该规划从成立领导小组、建立办事机构、配备工作人员、发展社工队伍、建立志愿者队伍、加强教育培训六个方面对如何健全工作体系作了规定；从严格依法查处、健全制度规范、落实衔接管控、实行网格化管理、加强帮扶救助五个方面对如何落实工作措施作了规定；从统筹规划部署、明确责任分工、完善保障机制、创建示范典型、强化检查督导、严格落实奖惩六个方面对如何加强组织协调作了规定。

7. 其他相关政策

（1）《关于加强禁毒社会工作者队伍建设的意见》由国家禁毒办、中央社会治安综合治理委员会办公室、公安部、教育部等12个部门于2017年1月

20 日联合发布。该意见是为不断完善毒品问题治理体系，持续提升禁毒工作的社会化、职业化、专业化、科学化水平，根据《中华人民共和国禁毒法》《戒毒条例》等有关法律规定制定，从禁毒社会工作者队伍建设的总体规划、禁毒社会工作者的职责任务、培养壮大社会工作者队伍、建立健全禁毒社会工作服务制度、加强对禁毒社会工作者队伍建设的组织领导五个方面作了明确规定。规定禁毒社会工作者的职责任务为提供戒毒康复服务、开展帮扶救助服务、参与禁毒宣传教育、协助开展有关禁毒管理事务；规定加强禁毒社会工作专业教育，加强禁毒社会工作岗位培训和继续教育，规范禁毒社会工作者职业评价，以此提升禁毒社会工作者综合能力，壮大禁毒社会工作队伍。在建立健全禁毒社会工作服务制度方面，该意见从政府购买禁毒社会工作服务制度、禁毒社会工作服务标准规范、禁毒社会工作服务协同机制三个方面给予指导。在加强对禁毒社会工作者队伍建设的组织领导方面，该意见对禁毒办、综治部门、公安机关、教育部门、卫生健康部门、民政部门、人力资源社会保障部门、司法行政部门、财政部门、工会、共青团、妇联组织的责任分工作了规定，指导各部门在禁毒社会工作者队伍建设中各司其职。

（2）《关于加强戒毒药物维持治疗和社区戒毒、强制隔离戒毒、社区康复衔接工作的通知》由国家卫生和计划委员会办公厅、公安部办公厅、司法部办公厅于2016 年8 月19 日联合发布。目的是为了进一步巩固维持治疗工作成效，推动禁毒和防治艾滋病工作的深入开展。通知中明确了要“建立健全由公安、司法行政、卫生计生部门及相关社区戒毒、社区康复工作机构、维持治疗机构参与的维持治疗和社区戒毒、强制隔离戒毒、社区康复衔接工作机制”，“组织开展强制隔离戒毒所民警、辅警、维持治疗工作人员、社区戒毒专职工作人员、禁毒社会工作和社会组织等相关工作人员的业务技能培训”，从工作方法和工作机制上强调部门协同来提升吸毒人群管理和服务水平。通知中有关禁毒社会工作服务的内容为“维持治疗机构要为强制隔离戒毒所、社区戒毒、社区康复工作机构开展维持治疗政策和知识宣传教育提供技术支持”，此内容为禁毒社会工作机构的技术支持提供了保障。此外，还明确了社区戒毒、社区康复机构对戒毒康复人员的管理、服务以及转介。

该通知明确了戒毒药物维持治疗和社区戒毒、强制隔离戒毒以及社区康复三个阶段间如何衔接，各个环节如何工作以及三者间如何衔接。

除上述政策外，与禁毒社会工作相关的还有《关于加强病残吸毒人员收治工作的意见》《戒毒药物维持治疗方案》，以及省、市、县等地方各级国家机关制定的具体办法或规定。

第二节　禁毒社会工作法规

一、禁毒法律概述

（一）禁毒立法简介

禁毒法律的确立和完善是禁毒工作的重要途径，也是禁毒工作取得成果的重要保障。中国禁毒立法的尝试始于中华人民共和国成立前。中华人民共和国成立后，1950 年 2 月，中央人民政府政务院发布了《关于严禁鸦片烟毒的通令》，主要内容为禁种罂粟，此次禁烟运动禁绝了祸害中国百年的鸦片。1979 年《中华人民共和国刑法》第一百七十一条对毒品犯罪进行了规定。1985 年，我国加入了联合国《1961 年麻醉品单一公约》和《1971 年精神药物公约》。1988 年，我国成为首批加入《联合国禁止非法贩运麻醉药品和精神药物公约》的国家之一。1990 年 12 月 28 日，第七届全国人大常委会通过了《关于禁毒的决定》，解决了当时禁毒工作中迫切需要解决的许多重大问题，给司法机关惩治毒品犯罪提供了依据。1997 年 3 月，第八届全国人民代表大会对刑法进行了修订，在吸收、保留《关于禁毒的决定》重要内容的基础上，对毒品犯罪的法律作了重要修改和补充，进一步明确了毒品犯罪的种类，明确各类毒品犯罪行为的惩罚力度。同时，国务院相继制定了《麻醉药品和精神药品管理条例》《易制毒化学品管理条例》等行政法规，一些地方人大还制定了地方性禁毒法规。2007 年 12 月 29 日，第十届全国人民代表大会常务委员会第三十一次会议通过了《中华人民共和国禁毒法》。禁毒法第一条明确了立法的目的为预防和惩治毒品违法犯罪行为，保护公民身心健康，维护社会秩序。禁毒法的出台，为禁毒工作提供了重要的法律依据和保障，是为应对毒品违法犯罪形势、适应禁毒工作发展需要，在总结多年来禁毒斗争实践经验、吸收国内外已有法律法规、广泛听取各方意见的基础上制定的第一部全面规范禁毒工作的重要法律，是指导禁毒工作的基本法。它的颁布实施，彰显了中国政府厉行禁毒的决心和立场，完善了中国预防和惩治毒品违法犯罪的法律体系，对于推进中国禁毒法制体系建设具有重要意义，是一部里程碑式的法律。2011 年 6 月 26 日，国务院发布实施《戒毒条例》，是我国依法规范开展戒毒工作的重要行政法规。

（二）禁毒法律

禁毒法律是指由全国人民代表大会及其常务委员会根据宪法制定与禁毒有关的法律法规的总称。目前我国建立了以《中华人民共和国宪法》为核心，以《中华人民共和国刑法》为主导、以《中华人民共和国禁毒法》为主体的禁毒法律体系，具体而言，当前的禁毒法律主要有《中华人民共和国宪法》《中华人民共和国刑法》《中华人民共和国禁毒法》《中华人民共和国药品管理法》《中华人民共和国治安处罚法》等。

《中华人民共和国禁毒法》是全国人民代表大会常务委员会制定的专门的禁毒单行法律，共 7 章 71 条，明确了“预防为主，综合治理，禁种、禁制、禁贩、禁吸并举”的禁毒工作方针，对领导体制、工作机制、保障机制、法律责任，以及禁毒宣传教育、毒品管制、戒毒措施、国际合作等业务工作作了明确规定。

《中华人民共和国刑法》第三百四十七条到第三百五十七条对“走私、贩卖、运输、制造毒品罪”“非法持有毒品罪”“包庇毒品犯罪分子罪”“窝藏、转移、隐瞒毒品、毒赃罪”“非法生产、买卖、运输制毒物品、走私制毒物品罪”“非法种植毒品原植物罪”“非法买卖、运输、携带、持有毒品原植物种子、幼苗罪”“引诱、教唆、欺骗他人吸毒”“强迫他人吸毒”“容留他人吸毒”“非法提供麻醉药品、精神药品罪”11 类犯罪及量刑作出了明确规定。

《中华人民共和国药品管理法》第三十五条规定：“国家对麻醉药品、精神药品、医疗用毒性药品、放射性药品，实行特殊管理。管理办法由国务院制定。”第四十五条规定：“进口、出口麻醉药品和国家规定范围内的精神药品，必须持有国务院药品监督管理部门发给的《进口准许证》《出口准许证》。”第五十四条规定：“麻醉药品、精神药品、医疗用毒性药品、放射性药品、外用药品和非处方药的标签，必须印有规定的标志。”

《中华人民共和国治安处罚法》第七十一条到七十三条对“非法持有少量毒品”“向他人提供毒品”“吸食、注射毒品”“非法种植罂粟或者其他少量毒品原植物”等行为予以治安处罚。

（三）禁毒行政法规

禁毒行政法规是指由国务院根据授权制定的有关禁毒方面的规范性文件。我国禁毒行政法规主要有《麻醉药品和精神药品管理条例》《易制毒化学品管理条例》《戒毒条例》等。

2005 年 7 月 26 日，国务院第 100 次常务会议通过《麻醉药品和精神药品管理条例》，于 2005 年 11 月 1 日开始施行，同时废止了《麻醉药品管理办法》和《精神药品管理办法》。《麻醉药品和精神药品管理条例》明确规定了麻醉药品药用原植物的种植，麻醉药品和精神药品的实验研究、生产、运输、经营、使用、储存等环节以及监督管理，是加强麻醉药品和精神药品合法、安全使用，防止流入非法渠道的重要法律保障。

《易制毒化学品管理条例》于 2005 年 8 月 17 日由国务院第 102 次常务会议通过并公布，对加强易制毒化学品的管理，规范易制毒化学品的生产、经营、购买、运输和进口、出口行为，防止易制毒化学品被用于制造毒品，维护经济和社会秩序作了明确规定。

《戒毒条例》于 2011 年 6 月 22 日国务院第 160 次常务会议通过并施行，共 7 章 46 条，对自愿戒毒、社区戒毒、强制隔离戒毒、社区康复、法律责任等作出明确规定。

（四）禁毒部门规章

禁毒部门规章是指国务院所属各部门制定的与禁毒有关的规范性文件，主要是由公安部、司法部、卫生和健康委员会、国家食品药品监督管理局、商务部和海关总署等部门制定的规章。禁毒部门规章主要有：公安部《公安机关强制隔离戒毒所管理办法》（2010 年 1 月 1 日起施行）、《吸毒检测程序规定》（2010 年 1 月 1 日起施行）、《吸毒成瘾认定办法》（2011 年 4 月 1 日起施行）等；卫生部《药品类易制毒化学品管理办法》（2010 年 3 月 18 日发布）、《戒毒用美沙酮供应管理规定》（1996 年 3 月 5 日发布）；商务部《易制毒化学品进出口管理规定》（2006 年 9 月 21 日发布）等。

此外，还包括上述各部门发布的与禁毒有关的规范性文件，如 2006 年 6 月 5 日公安部禁毒局发布的《关于启用易制毒化学品购买和运输证明的通知》，2007 年 11 月 19 日公安部发布的《公安部关于无运输备案证明承运易制毒化学品如何适用法律问题的批复》，2007 年 12 月 26 日最高人民法院、最高人民检察院、公安部联合发布的《办理毒品犯罪案件适用法律若干问题的意见》，2009 年 5 月 13 日公安部、司法部、卫生部联合发布的《吸毒人员登记办法》等。

（五）地方性禁毒法规

地方性禁毒法规是指由省、自治区、直辖市，省、自治区的人民政府所在地的市和经国务院批准的较大的市的人大及其常委会，根据本行政区域的具体情况和实际需要制定和颁布的、在本行政区域内有效实施的有关禁毒的规范性文件。它是为了保证法律和行政法规、规章在本地区的实施，结合本地区的实际情况制定的地方性法规，使用范围仅限于本地区，对其他地区无效。

地方性禁毒法规主要有:《云南省禁毒条例》《广东省禁毒条例》《浙江省禁毒条例》《江苏省禁毒条例》《贵州省禁毒条例》《海南经济特区禁毒条例》《重庆市禁毒条例》等。

（六）禁毒单行条例

禁毒单行条例是指县级以上民族自治地方的人民代表大会根据当地特点和实际需要依法制定的有关禁毒的规范性法律文件。可以由省级、市级和县级民族自治地方的人民代表大会制定。

目前，我国禁毒单行条例主要有:《宁夏回族自治区实施〈中华人民共和国禁毒法〉办法》（同时也是省级禁毒地方立法）、《云南省大理白族自治州禁毒条例》《云南省德宏傣族景颇族自治州禁毒条例》《云南省西双版纳傣族自治州禁毒条例》《云南省澜沧拉祜族自治县禁毒条例》《凉山彝族自治州施行〈四川省禁毒条例〉补充规定》等。

（七）地方性禁毒规章

地方性禁毒规章是指由省级人民政府、省级人民政府所在地的市和经国务院批准的较大市的人民政府以及经济特区市的人民政府，依法制定的有关禁毒的规范性文件。

地方性禁毒规章主要有：《云南省工业大麻种植加工许可规定》等。

二、现行禁毒社会工作相关法律

（一）禁毒教育相关法律

1.《中华人民共和国宪法》关于禁毒教育的内容

宪法中与教育有关的内容均对禁毒教育有一定的指导意义。以宪法第二十四条为例，该条款规定："国家通过普及理想教育、道德教育、文化教育、纪律和法制教育……加强社会主义精神文明的建设。"虽未明文提及毒品预防教育，但禁毒教育实则包含在理想教育、道德教育、文化教育、纪律和法制教育等形式中，从树立正确价值观，学会遵守社会规则和道德规范等方面来进行识毒、防毒、拒毒的毒品预防教育。

2.《中华人民共和国教育法》和《中华人民共和国义务教育法》关于禁毒教育的内容

教育法和义务教育法中关于毒品预防教育的内容包含在思想品德教育、科学教育、文化教育和素质教育中，其中与上述教育有关的条款皆为开展毒品预防教育的法律依据。义务教育法第二十条较为具体地规定："县级以上地方人民政府根据需要，为具有预防未成年人犯罪法规定的严重不良行为的适龄少年设置专门的学校实施义务教育。"在此条法律规定中，"专门的学校"指的是特殊教育学校，"严重不良行为"按照预防未成年人犯罪法第三十四条的规定包括注射、吸食毒品。

3.《中华人民共和国未成年人保护法》和《中华人民共和国预防未成年人犯罪法》关于禁毒教育的内容

我国政府尤其重视对未成年人进行禁毒教育，既在未成年人保护法和预防未成年人犯罪法中重申了教育法和义务教育法的部分规定，还专门对保护青少年不受毒品危害作出了规定。未成年人保护法第十一条间接规定父母或者其他监护人在禁毒教育中负有预防和制止未成年人吸毒的义务，指导父母或其他监护人可从未成年人的生理、心理状况和行为习惯来帮助未成年人养成健康的生活习惯，培养健康的思想和良好的品行，从而达到预防未成年人涉毒的目的。预防未成年人犯罪法第三十四条明确将"吸食、注射毒品"规定为严重不良行为，针对严重不良行为，第三十五条重申了义务教育法和未成年人保护法中的规定，即可将有严重不良行为的未成年人送入工读学校进行矫治和接受教育。

4.《中华人民共和国禁毒法》关于禁毒教育的内容

禁毒法中对禁毒教育作了明确的规定，不仅将禁毒宣传教育单列一章，还将其置于仅次于总则的位置，凸显了禁毒教育在禁毒工作中的重要性，同时为禁毒教育的开展提供了明确的法律基础。第十一条至第十八条分别对以下主体应当开展禁毒教育予以规定：第一，国家；第二，各级人民政府及工会、共产主义青年团、妇女联合会；第三，教育行政部门和学校；第四，新闻、出版、文化、广播、电影、电视等有关单位；第五，飞机场、火车站、长途汽车站、码头；第六，旅店、娱乐场所等公共场所；第七，居（村）民委员会；第八，未成年人的父母或其他监护人。由这些主体开展的禁毒教育将公众教育、学校教育、媒体教育、行业教育、场所教育、社区教育和家庭教育等都囊括其中，实现了法律层面禁毒教育主体的多元化。此外禁毒法第十条规定，“国家鼓励志愿人员参与禁毒宣传教育”等。

5.《戒毒条例》与禁毒教育相关的内容

《戒毒条例》与禁毒教育相关的内容有：第十六条：“戒毒医疗机构应当对自愿戒毒人员开展艾滋病等传染病的预防、咨询教育。”第二十六条：“乡（镇）人民政府、城市街道办事处负责社区戒毒的工作机构采取戒毒知识辅导、教育及劝诫、职业技能培训等措施对社区戒毒人员进行管理和帮助。”第三十八条：“强制隔离戒毒场所应当配备设施设备，依法为强制隔离戒毒人员提供科学规范的生理治疗、心理治疗、身体康复训练和卫生、道德、法制教育，开展职业技能培训。”

（二）社区戒毒社区康复相关法律

1.《中华人民共和国禁毒法》中关于社区戒毒社区康复的内容

禁毒法第三十三条规定：对吸毒成瘾人员，公安机关可以责令其接受社区戒毒，同时通知吸毒人员户籍所在地或者现居住地的城市街道办事处、乡镇人民政府。社区戒毒的期限为三年。第四十八条规定：对于被解除强制隔离戒毒的人员，强制隔离戒毒的决定机关可以责令其接受不超过三年的社区康复。社区康复参照本法关于社区戒毒的规定实施。第三十三条第二款规定：戒毒人员应当在户籍所在地接受社区戒毒；在户籍所在地以外的现居住地有固定住所的，可以在现居住地接受社区戒毒。第三十四条规定：城市街道办事处、乡镇人民政府负责社区戒毒工作。城市街道办事处、乡镇人民政府可以指定有关基层组织，根据戒毒人员本人和家庭情况，与戒毒人员签订社区戒毒协议，落实有针对性的社区戒毒措施。公安机关和司法行政、卫生行政、民政等部门应当对社区戒毒工作提供指导和协助。城市街道办事处、乡镇人民政府，以及县级人民政府的劳动行政部门对无职业且缺乏就业能力的戒毒人员，应当提供必要的职业技能培训、就业指导和就业援助。第三十五条规定：接受社区戒毒的戒毒人员应当遵守法律、法规，自觉履行社区戒毒协议，并根据公安机关的要求，定期接受检测。对违反社区戒毒协议的戒毒人员，参与社区戒毒的工作人员应当进行批评、教育；对严重违反社区戒毒协议或者在社区戒毒期间又吸食、注射毒品的，应当及时向公安机关报告。第三十九条规定：怀孕或者正在哺乳自己不满一周岁婴儿的妇女吸毒成瘾的，不适用强制隔离戒毒。不满十六周岁的未成年人吸毒成瘾的，可以不适用强制隔离戒毒。对依照前款规定不适用强制隔离戒毒的吸毒成瘾人员，依照本法规定进行社区戒毒，由负责社区戒毒工作的城市街道办事处、乡镇人民政府加强帮助、教育和监督，督促落实社区戒毒措施。第四十九条规定：县级以上地方各级人民政府根据戒毒工作的需要，可以开办戒毒康复场所；对社会力量依法开办的公益性戒毒康复场所应当给予扶持，提供必要的便利和帮助。戒毒人员可以自愿在戒毒康复场所生活、劳动。戒毒康复场所组织戒毒人员参加生产劳动的，应当参照国家劳动用工制度的规定支付劳动报酬。这些条款对社区戒毒康复的组织结构、队伍建设、适用对象、决定与执行和基本措施等方面都作了相应的规定。

2.《戒毒条例》中关于社区戒毒社区康复的内容

《戒毒条例》关于社区戒毒社区康复的规定是为执行禁毒法规定的社区戒毒、社区康复作的配套的细化规定，如《戒毒条例》用 12 个条文四个方面对禁毒法关于社区戒毒的 3 个条文予以细化，四个方面是指明确了具体问题的界定、规定了社区戒毒的执行细节、细化了相关机构的具体职责和规定了社区戒毒的变更问题。同时也对违反社区康复人员的后果及社区康复的执行场所作了规定。

《戒毒条例》第二条第二款规定：戒毒工作坚持以人为本、科学戒毒、综合矫治、关怀救助的原则，采取自愿戒毒、社区戒毒、强制隔离戒毒、社区康复等多种措施，建立戒毒治疗、康复指导、救助服务兼备的工作体系。

《戒毒条例》第四条规定：县级以上地方人民政府设立的禁毒委员会可以组织公安机关、卫生行政和药品监督管理部门开展吸毒监测、调查，并向社会公开监测、调查结果。

县级以上地方人民政府公安机关负责对涉嫌吸毒人员进行检测，对吸毒人员进行登记并依法实行动态管控，依法责令社区戒毒、决定强制隔离戒毒、责令社区康复，管理公安机关的强制隔离戒毒场所、戒毒康复场所，对社区戒毒、社区康复工作提供指导和支持。

设区的市级以上地方人民政府司法行政部门负责管理司法行政部门的强制隔离戒毒场所、戒毒康复场所，对社区戒毒、社区康复工作提供指导和支持。

县级以上地方人民政府卫生行政部门负责戒毒医疗机构的监督管理，会同公安机关、司法行政等部门制定戒毒医疗机构设置规划，对戒毒医疗服务提供指导和支持。

县级以上地方人民政府民政、人力资源社会保障、教育等部门依据各自的职责，对社区戒毒、社区康复工作提供康复和职业技能培训等指导和支持。

第三章　禁毒社会工作基本知识

第一节　禁毒基础知识

一、常见毒品知识

（一）我国对毒品的定义

毒品从语义上讲，毒是指对生物体有毒有害的物质，如毒气、毒药、毒物、祸害等。《说文》里解释是：毒，厚也，害人之草，往往而生。《周礼·医师》里解释是聚毒药，以共医事。在英语里有 Drug、Narcotics 这样的词语，原意都是麻醉品的意思，只是到了近代在特殊语境之下才成为毒品的代名词。

毒品是一个多学科的概念。在医学领域：毒品是指出于非医疗目的而反复连续使用能够产生依赖性（即成瘾性）的药品。在生理学领域：毒品是使人处于一种麻醉状态或使脑功能产生类似变化的影响中枢神经的成瘾性物质。

毒品的概念具有一定的历史阶段性。1990 年之前，我国只有鸦片、烟毒，或鸦片烟毒的概念，并没有毒品的概念。例如 1950 年中央人民政府政务院发布的《严禁鸦片烟毒的通令》。直到 1990 年，全国人大常委会通过的《关于禁毒的决定》，才首次用法律的形式规定了什么是毒品。

毒品的规定具有一定的国家地域性。也就是联合国及世界各国对于毒品的规定具有较大的差异性，管制的毒品种类都不一样。例如氯胺酮，我国作为一类精神药品管制，联合国及美国并没有管制。大麻在加拿大、乌拉圭全国合法，其他绝大多数国家包括我国属非法。大麻在美国联邦国家层面非法，但在 11 个州和一个特区娱乐合法。

毒品的概念最终是一个法律概念。1997 年全国人大通过施行的刑法第三百五十七条对《关于禁毒的决定》中的毒品概念作了修改。2008 年 6 月 1 日施行的禁毒法沿用了刑法中毒品的概念。根据我国禁毒法第二条的规定：毒品是指鸦片、海洛因、甲基苯丙胺（冰毒）、吗啡、大麻、可卡因以及国家规定管制的其他能够使人形成瘾癖的麻醉药品和精神药品。根据医疗、教学、科研的需要，依法可以生产、经营、使用、储存、运输麻醉药品和精神药品。

麻醉药品，是指对中枢神经有麻醉作用，连续使用后易产生生理依赖性、能形成瘾癖的药品。精神药品是指直接作用于中枢神经系统，使之兴奋或抑制，连续使用能产生依赖性的药品。麻醉药品和精神药品品种目录由国家药品监督管理总局、公安部、国家卫计委发布。现行规定是《麻醉药品品种目录（2013 年版）》和《精神药品品种目录（2013 年版）》。2015 年 9 月 24 日，公安部、国家卫计委、国家食品药品监督管理总局、国家禁毒委员会办公室发布《非药用类麻醉药品和精神药品列管办法》对 116 种非药用类麻醉药品和精神药品进行了增补。随着新合成毒品及相关物质对个人、社会造成的危害日益加重，规定管制的相关药品也日益增加。在 2019 年 5 月 1 日，我国发布了《关于将芬太尼类物质列入〈非药用类麻醉药品和精神药品管制品种增补目录〉的公告》，明确将芬太尼药物整类列管。截至 2020 年 3 月 1 日，我国列管的麻醉药品 121 种，精神药品 154 种，非药用类麻醉药品和精神药品 156 种。

（二）毒品的特征

毒品的基本特征包含成瘾性、危害性、非法性。

1. 毒品的成瘾性（又称药物依赖性、耐受性）

毒品具有成瘾性或者称为依赖性、耐受性，这是一个前提特征或基础性特征，也就是说只有成瘾性物质才有可能被列入毒品加以管制。毒品不仅具有生理依赖性，更为严重的是具有心理依赖性，或者二者兼而有之。成瘾性是前提，但成瘾性物质不一定就是毒品，例如烟草、酒精，以及其他挥发性溶剂等。

依赖性俗称“药瘾”，反复滥用毒品，身体会产生不同程度的生理依赖和心理依赖。

生理依赖性又称身体依赖，是指毒品成瘾的病理生理学特征。对已经形成依赖的个体而言，长期使用依赖性药物后所产生的身体适应状态，身体内的药物必须维持一定浓度，甚至逐渐增加，才能保持身体机能状态的稳定，当骤停或者骤减这种药物时，已被改变的身体机能或状态会产生可被观察到的症状即所谓药物戒断综合征。这种戒断症状使其感到十分痛苦，如瞳孔散大、打喷嚏、起鸡皮疙瘩、寒战、厌食、恶心呕吐、腹绞痛、全身骨骼和肌肉疼痛等症状，还伴有软弱、失眠等神经系统表现。

心理依赖又称精神依赖，是指毒品成瘾病理学特征。对于已形成依赖的个体，其内心对于药物的渴求与通过重复用药所产生的愉快满足的欣快感，又称“想瘾”或“心瘾”。由于受情绪上的驱使，导致其在心理上对于所吸食毒品的强烈欲望，从而改变其生活方式、行为甚至是人格模式。精神依赖时常与躯体依赖伴随发生，戒断症状出现时，可能出现焦虑、烦躁、易激惹、冲动、攻击乃至自伤、自残等心理与行为异常，以及强烈的难以忍受地渴求吸食毒品。在实际的戒毒案例中，我们经常可以看到急性脱瘾治疗后，身体依赖消除了，但复吸率极高，引起复吸的主要因素就是精神依赖。

2. 毒品的危害性

由于毒品的成瘾性，对于吸毒者产生的身体和心理影响，势必引起危害，而其危害是多方面的，涉及个人、家庭、社会等方面，造成的危害是长期的甚至可能是永久的。

（1）对吸毒者自身的危害。对吸毒者而言，毒品会对其身体健康造成破坏，长期吸毒会引起身体机能的变化并导致身体功能受影响，破坏人体正常生理机能和免疫系统，会对人体神经系统、内分泌系统、心血管系统、消化系统、呼吸系统形成破坏作用。同时，吸毒者还非常容易感染传染性疾病如艾滋病。

毒品对吸毒者心理上也会造成危害，由于毒品的抑制作用和兴奋作用，使得吸毒者的思维、行为和情绪受到严重影响，对吸毒者的注意力、记忆力等造成破坏。对毒品的依赖性使吸毒者丧失一些正常感受，比如兴趣、羞耻感等，会产生情绪失控、精神恍惚等现象，从而导致一系列失控行为乃至危害行为的发生。

由于国家对毒品打击力度逐年上升，毒品价格在不法交易中日益上涨，加之吸毒者随着“毒龄”增加，机体耐受性影响对于毒品剂量或者种类有了更大的需求，吸毒所需资金就如一个无底洞一样，这对自身经济来讲也是一种危害。

（2）对家庭的危害。毒品耗资巨大，往往需要家庭作为后续资金支援，由于吸毒导致的家庭关系紧张、离婚、亲子矛盾等问题屡见不鲜，有时候会影响到亲属关系也渐渐疏离，并且由于女性吸毒导致下一代畸形、死胎，或者染毒事件也时有发生。最终就是亲情冷漠、经济崩溃，进而导致妻离子散、家破人亡。

（3）对社会的危害。对社会而言，吸毒人员一定程度上增加传染性疾病和艾滋病的社会传播，并且吸毒人员因受毒品影响或毒资筹措过程中做出违法犯罪行为，影响个人及他人生命财产安全。更为严重的是在利益等因素驱使下，围绕毒品的违法犯罪活动会形成一个庞大的系统，极大地破坏了社会人力资源的同时，对社会和谐稳定、公共安全造成直接破坏和隐患。毒品最终会危害国家政治安全、经济发展、文化繁荣、社会稳定、人民生命财产、民族繁衍壮大和青年健康成长。

3. 毒品的非法性

这是毒品的本质特征，也就是说某种成瘾性物质是否是毒品，在于法律的规定性。“非法”是针对“合法”而言的，毒品的非法性表现在它是受国家法律法规管制的。目前，我国现行涉及毒品管制的法律法规主要有《中华人民共和国禁毒法》《中华人民共和国药品管理法》《麻醉药品和精神药品管理条例》《易制毒化学品管理条例》《戒毒条例》等。

（三）常见毒品分类

从毒品的来源看，可分为天然毒品、半合成毒品和合成毒品三大类。天然毒品是直接从毒品原植物中提取的毒品，如鸦片；半合成毒品是由天然毒品与化学物质合成而得，如海洛因；合成毒品是完全用有机合成的方法制造，如苯丙胺类毒品。

从毒品对人体中枢神经的作用看，可分为抑制剂、兴奋剂和致幻剂等。抑制剂能抑制人的中枢神经系统，具有镇静和放松作用，如鸦片类毒品；兴奋剂能刺激中枢神经系统，使人产生兴奋，如苯丙胺类毒品；致幻剂能使人产生幻觉，导致自我歪曲和思维分裂，如麦司卡林。

从毒品的自然属性和法律规定看，可分为麻醉药品和精神药品。麻醉药品，是指对中枢神经有麻醉作用，连续使用易产生生理依赖性的药品，如鸦片类；精神药品，是指直接作用于中枢神经系统，使人兴奋或抑制，连续使用能产生依赖性的药品，如苯丙胺类。

从毒品流行的时间顺序，分为传统毒品（第一代毒品）、合成毒品（第二代毒品）和新精神活性物质（第三代毒品）。

传统毒品（第一代毒品），一般指鸦片、海洛因等阿片类流行较早的毒品，常见传统毒品：鸦片、海洛因、吗啡、大麻、杜冷丁、可卡因等。

合成毒品（第二代毒品），主要指冰毒、“摇头丸”等人工化学合成的致幻剂、兴奋剂类毒品，在我国主要从20世纪90年代初开始在歌舞娱乐场所中流行。常见合成毒品：冰毒、氯胺酮、摇头丸、咖啡因、LSD、三唑仑、止咳水等。

新精神活性物质（第三代毒品），根据联合国毒品和犯罪问题办公室的定义，新精神活性物质是指未被国际禁毒公约管制，但存在滥用并对公众健康带来威胁的物质。大部分的新精神活性物质是不法分子为逃避打击而对管制毒品进行化学结构修饰所得到的毒品类似物，具有与管制毒品相似或更强的兴奋、致幻、麻醉等效果，因此也被称为“策划毒品”或“实验室毒品”。新精神活性物质也包括一些植物，如恰特草本身为自然植物，只是因为其含有成瘾物质而被滥用并列入管制。

根据其化学结构，新精神活性物质可以分为九类：合成大麻素类、卡西酮类、苯乙胺类、色胺类、哌嗪类、氯胺酮及苯环利定类、氨基茚满类、植物类和其他类。根据其作用效果，新精神活性物质分七类：大麻素受体激动剂类（合成大麻素类）、兴奋剂类（苯乙胺类、卡西酮类、氨基茚满类、哌嗪类）、迷幻剂类（苯乙胺类、色胺类、麦角酰胺类）、分离剂类（氯胺酮及苯环利定类）、阿片类（芬太尼类、鸦片衍生物类）、镇静催眠剂类（苯二氮䓬类）和其他类。

上述各类新精神活性物质滥用的社会危害性十分严重。尽管此类物质出现时间较短，成瘾性和长期生理损害有待深入研究，但其社会危害已日益显现。由于该类物质具有强烈的兴奋和致幻作用，吸食后会引起偏执、焦虑、恐慌、被害妄想等反应，由此诱发的恶性暴力案件犯罪屡有发生。

二、吸毒成瘾机制

（一）成瘾与吸毒成瘾

成瘾的概念来自药物依赖（或者说药物成瘾），主要包括精神依赖性和生理依赖性。世界卫生组织（WHO）专家委员会对药物成瘾的定义是：药物依赖是药物与机体相互作用所造成的一种精神状态，有时也包括身体状态。它表现出一种强迫性连续定期用该药的行为和其他反应，为的是要去感受它的精神效应，或是为了避免由于断药所引起的不舒适。

根据我国公安部在2011年开始实施的《吸毒成瘾认定办法》（公安部令第115号）第二条规定本办法所称吸毒成瘾，是指吸毒人员因反复使用毒品而导致的慢性复发性脑病，表现为不顾不良后果、强迫性寻求及使用毒品的行为，常伴有不同程度的个人健康及社会功能损害。

（二）吸毒成瘾机制

吸毒成瘾是一种慢性复发性的脑疾病，可引起严重的神经毒性，毒品进入身体，对身体造成影响和破坏，而吸毒者身体逐渐对毒品的反应减弱，效果降低，为了达到原有的同等反应和效果，吸毒者逐渐增加毒品剂量，其实这就是毒品耐受性。吸毒成瘾也是一种特殊的生理心理现象，主要特征是强迫性吸食毒品行为和控制该行为的能力会被削弱。国内学者（王娜，2014）用正负强化角度去看待该问题，认为吸食毒品产生的欣快感和松弛宁静感，属于正性强化；而停药产生的难受的戒断症状，使其为了避免这种痛苦又只能继续用药，这属于负性强化。这两种强化使吸毒成瘾者难以自拔。

多巴胺是一种神经传导物质，掌管着人类的快感。比如你在恋爱中所感到的巨大快感，都缘于多巴胺的大量分泌。调节多巴胺分泌就是大脑的奖赏机制，这种机制是人类在长期的进化中形成的，由大脑的快感中枢调节，正常人的大脑都有快感中枢这么一个部位，所以大脑结构决定了我们每一个人都有上瘾的可能性。

脑内快感中枢调节的奖赏机制，具体来说，就是人们在采取有利于生存和繁衍的行动后，大脑可以给予一种愉快舒适的感受，即正性奖赏，促使人们继续采取这种行动；但如果遇到对生存和繁衍不利的情况，则给予痛苦和不舒适的感受，称为惩罚即负性奖赏，以警醒人们避免这些危险。这种机制的运行就需要快感中枢产生多巴胺这种物质来调节，多巴胺的多少决定了人的兴奋和快乐程度，多巴胺分泌多，我们就能获得很兴奋的感受，因此也把多巴胺称作“快乐物质”。

而毒品对大脑的作用远远强于生活中的这些因素，当毒品进入大脑后，多巴胺就大量分泌，这让吸毒者体验到了平时难以体验的强烈快感。由于毒品来得太猛烈，长此以往，毒品使我们自身正常的多巴胺调节机制遭到破坏，日常生活中能引发多巴胺分泌的因素再不能发挥作用，加上身体耐受性的作用，吸毒者需要越来越多的毒品才能满足快乐的需求，一旦中断，吸毒者的快乐体验平衡就会顷刻崩溃，失去了常人能拥有的快乐能力。同时，吸毒者会在8—14小时出现再吸毒的渴望，36—38小时后各种戒断症状就会达到高潮，痛不欲生，就会不顾一切地去寻找毒品，杀人放火也无所畏惧。

除了毒品外，其他许多物质如酒精、尼古丁等均能够导致不同程度的成瘾行为。不同成瘾物质所造成的共同行为学特征显示，复杂的成瘾背后可能存在相似的神经病理学基础。吸食毒品能够对神经系统造成长期的功能改变，并且影响自然奖赏效应。不同毒品所致的欣快感改写和替代了自然奖赏所致的欣快感，劫持了欣快感的获得方式，形成了对毒品的强烈渴求。

（三）吸毒成瘾认定

1. 吸毒成瘾认定

吸毒成瘾认定，是指公安机关或者其委托的戒毒医疗机构通过对吸毒人员进行人体生物样本检测、收集其吸毒证据或者根据生理、心理、精神的症状、体征等情况，判断其是否成瘾以及是否成瘾严重的工作。

2. 吸毒成瘾认定程序

公安机关认定吸毒成瘾，应当由两名以上人民警察进行，并在作出人体生物样本检测结论的24小时内提出认定意见，由认定人员签名，经所在单位负责人审核，加盖所在单位印章。

3. 吸毒成瘾认定评估

吸毒人员同时具备以下情形的，公安机关认定其吸毒成瘾：经血液、尿液和唾液等人体生物样本检测证明其体内含有毒品成分；有证据证明其有使用毒品行为；有戒断症状或者有证据证明吸毒史，包括曾经因使用毒品被公安机关查处、曾经进行自愿戒毒、人体毛发样品检测出毒品成分等情形。

吸毒成瘾人员具有下列情形之一的，公安机关认定其吸毒成瘾严重：曾经被责令社区戒毒、强制隔离戒毒（含禁毒法实施以前被强制戒毒或者劳教戒毒）、社区康复或者参加过戒毒药物维持治疗，再次吸食、注射毒品的；有证据证明其采取注射方式使用毒品或者至少三次使用累计涉及两类以上毒品的；有证据证明其使用毒品后伴有聚众淫乱、自伤自残或者暴力侵犯他人人身、财产安全或者妨害公共安全等行为的。

4. 吸毒成瘾认定执行人员要求

公安机关承担吸毒成瘾认定工作的人民警察，应当同时具备以下条件：具有二级警员以上警衔及两年以上相关执法工作经历；经省级公安机关、卫生计生行政部门组织培训并考核合格。

三、戒断治疗与复吸

（一）戒断治疗

常见的戒毒治疗方法有三种，分别是自然戒断、药物戒断和非药物戒断。

1. 自然戒断

自然戒断又称硬脱、冷火鸡法，即不用任何药物和其他治疗，只向吸毒者提供饮食等一般性照顾，强制吸毒者不吸毒，让戒断症状自行消除。由于不用任何药物，病人会出现明显的戒断症状，全身起鸡皮疙瘩、寒战，故又名冷火鸡疗法。利用这种方法，一般 7—10 日绝大部分戒断症状都能消退缓解，但是这种疗法会产生难以接受的痛苦。

2. 药物脱瘾

药物脱瘾法是利用药物以替代、递减的方法，减缓或者减轻吸毒者戒断症状的痛苦继而逐渐消除毒瘾。此种方法病人较易接受。常见的戒毒药物可分为三类：

（1）阿片受体激动或颉颃剂。①弱激动剂：美沙酮、阿片酊、右丙氧酚。②部分激动剂：环唑星、丁丙诺非。③颉颃剂：纳洛酮、纳屈酮。

（2）非阿片受体激动剂或颉颃剂。①与神经递质有关的药物：可乐定、心得安、异搏定、拟胆碱药等。②与免疫活性物质有关的药物：干扰素、环孢多肽等。③激素：促甲状腺释放激素、促肾上腺皮质激素等。④中枢抑制药：氯丙嗪、氯氮平、氟哌啶醇、安定等。⑤莨菪类：东莨菪碱、山莨菪碱、颠茄等。

（3）中草药：有些戒毒中草药中可能有阿片成分，临床较少应用。

3. 非药物戒断

非药物治疗一般是指用针灸、理疗等方法减轻吸毒者戒断症状反应，同时通过辅助手段和心理治疗逐渐达到脱毒的目的，这种方法往往花费时间较长，难以彻底戒断。如电休克等休克治疗方法也有用于戒断治疗的案例。

（二）复吸

复吸也称复发吸毒，是指戒毒者经过戒毒治疗脱毒后又重新开始吸毒。情境中又有不同的看法，有的人认为只要在戒断后重新吸食毒品，哪怕一次也是复吸。也有人认为，只有经过专门机构完成脱毒后的戒毒人员重新用药达到一定频率、数量，形成新的依赖才是复吸。目前，国际上戒毒的巩固率只有9%，也就是说复吸率高达90%以上，这一比例居高不下，也是毒品危害性、毒品问题严重性的原因之一。

复吸的原因是多方面的，一般来讲分为心理、生理、家庭、朋友和社会几个方面。

心理因素主要是心理依赖，也就是我们所提及的“心瘾”，还伴有侥幸心理：只是一口没事；逆反心理：不让我吸我就吸；精神障碍及情绪问题的共同作用。

生理因素主要是戒断治疗不彻底，伴有不适应症状出现，在摆脱了强制环境或者监管环境后，为了摆脱稽延性症状重新吸食毒品。

家庭因素主要是家庭功能的缺陷和家庭环境引起的。在现代社会，家庭关系是最紧密的关系之一，一般而言吸毒者的家庭自身会存在一些问题，这些问题会成为促使其吸食毒品的原因之一，而戒毒人员又因吸毒进一步破坏了家庭功能。当吸毒人员在戒治期间，相对隔离，更加不能发挥正常家庭功能，家庭成员之间的缝隙有可能会变大；在戒治后往往要回到家庭继续康复，这时候家庭监督、照顾是非常重要的，如果缺失很容易导致再次吸毒。另外家庭环境中可能存在曾使用过的吸毒工具、场地等刺激其联想或者回忆吸毒欣快感，导致其复吸。

朋友因素主要是朋友对吸毒人员产生的影响。通常情况下吸毒会是一个群体行为，或者在吸毒过程中购买毒品和工具，结识相关人员，逐渐形成一个与吸毒相关的朋友圈。吸毒人员如果因吸食毒品强制戒毒，更是大大增强了这种吸毒朋友圈的建立，在他们的诱导和压力下，容易产生复吸行为。

社会因素是指社会融入度、接纳度（支持度）。在社会环境中，吸毒人员戒治后，会被标签化，与普通人相比，会经常受到更多挫折与打击，如亲友的冷遇、社会歧视、工作问题等。他们无法很好地融入社会，缺失了一部分社会角色，甚至无法自我谋生，在这种情况下，复吸是很有可能的。

四、毒品现场检测

（一）吸毒检测的检材与采集

根据《吸毒检测程序规定》，可用于吸毒检测的检材包括被检测人员的尿液、血液、唾液和毛发等生物样本。吸毒致死案件除采取涉案人的尿液、血液等外，还可采取肝脏、肾脏、胆汁、注射针眼和对照处皮肤等检材。

1. 尿液

尿液检材的适宜采取时间一般在服药后 2 小时至 3 天内，尿液分析主要用于识别近期吸食的毒品。应当注意的是，采集尿液时，要注意尿液的真实性，即做到应在办案人员在场的情况下尽早收集尿液，采集 10 毫升以上。

2. 血液

毒品检验一般使用全血，采取时可加适量的抗凝血剂，血液采集 5 毫升以上，A、B 两瓶。但是，血液的检测窗口宜为一天甚至几个小时，宜冷藏。

3. 毛发（包括头发、阴毛、腋毛）

毛发的检测窗口取决于头发的长度，一个拥有齐肩长发的女性会携带大约 2 年的吸毒记录；而阴毛和腋毛等通常不会定时修剪的毛发，会携带更长时间的用药记录。根据《吸毒成瘾认定办法》第 7 条规定，吸毒人员毛发样品检测出毒品成分的，可以作为证明其具有吸毒史的证据，结合其他情形可以认定吸毒人员吸毒成瘾。

4. 唾液

唾液中毒品的浓度比尿液中的毒品浓度低，需要使用灵敏度较高的检测器材，且容易受口腔中分泌物的影响。采取唾液样本通常将专用的海绵体取样器放入被检测人的口中 1—3 分钟，待海绵体吸收满唾液后，将取样器放入取样瓶中待检，唾液一般取 1 毫升以上。

（二）吸毒检测的分类

关于吸毒检测与成瘾的认定，吸毒检测有三种类型，分别是现场检测、实验室检测、实验室复检。现场检测由县级公安机关或者其派出机构进行。

实验室检测由县级以上公安机关指定的取得检验鉴定机构资格的实验室或者有资质的医疗机构进行。实验室复检由县级以上公安机关指定的取得检验鉴定机构资格的实验室进行。实验室检测和实验室复检不得由同一检测机构或相同人员进行。

检测样本有尿液、血液、唾液或者毛发等生物样本。

检测对象包括涉嫌吸毒的人员、被决定执行强制隔离戒毒的人员、被公安机关责令接受社区戒毒和社区康复的人员、戒毒康复场所内的戒毒康复人员、进入公安办案场所的违法犯罪嫌疑人。

现场吸毒检测器材只能用于初筛吸毒检测，检测结果不能作为定性依据，如检测结果为阳性，必须将检测样本送至公安机关指定的取得检验鉴定机构资格的实验室或者有资质的医疗机构进行实验室检测。

检测程序是由公安机关采集、送检、检测样本，且由两名以上工作人员进行；采集女性被检测人尿液检测样本，应当由女性工作人员进行。采集的检测样本经现场检测结果为阳性的，应当分别保存在 A、B 两个样本专用器材中并编号，由采集人和被采集人共同签字封存，采用检材适宜的条件予以保存，保存期不得少于 6 个月。

如是由实验室或医疗机构进行检测的，接受委托的实验室或者医疗机构应当在接到检测样本后的 3 日内出具实验室检测报告，由检测人签名，并加盖检测机构公章后，送委托实验室检测的公安机关。公安机关收到检测报告后，应当在 24 小时内将检测结果告知被检测人。

（三）社区戒毒社区康复现场检测

社区戒毒社区康复人员尿检周期不能按照自然月，而是按照报到日起。在做检测前，工作人员会发一个社区戒毒社区康复人员尿检通知单给社区戒毒社区康复人员。通知单需要社区戒毒康复工作站盖章。

现场检测报告书除了正确填写各项信息外，被检测人需要签字按指纹，检测人需要 2 名民警签字，并加盖派出所公章。

根据《关于明确吸毒人员异地检测信息录入工作的补充通知》要求，异地检测的被检测人员范围包括：异地检测的被检测人员包含且不局限于吸毒人员，检测方式以尿检、毛发初筛为主。有检测需求的其他人员到派出所或社区戒毒社区康复服务中心提出检测的，各单位应无条件予以办理。

第二节　禁毒社会工作知识

一、禁毒社会工作价值

（一）社会工作价值观的概念与内涵

社会工作价值观是指在社会工作专业或职业范围内形成和发展起来的一套对人、对事和对专业的总体判断与核心理念，它对树立专业使命、规范专业行为和保护服务对象的利益发挥很重要的作用[①]。在禁毒社会工作中，就是禁毒社会工作者为吸毒、戒毒、康复人员和其他服务对象提供服务时所必须具有的价值取向和伦理规范，运用它来保证禁毒社工的服务过程是专业的、符合服务对象的利益的。

1. 社会工作价值观的作用

（1）保障专业服务目的实现。社会工作的主要目的就是协助有需求的人应对危机、缓解困境，同时激发潜能，促进“助人自助”以及社会环境改善。社会工作价值观和专业伦理在服务介入过程中提供指引和规范，保证目的的实现，从而促使服务对象的各方面权益得到保障。

（2）促进专业服务创新和发展。社会工作是帮助有困难群体的活动，与一般助人活动相比存在“专业助人行动”“注重专业价值”“强调专业办法”“注重实践”“互动合作”“多方协同”等特点[②]，通过专业的服务活动回应服务对象需求。在社会工作价值观和专业伦理的指引和规范下，社会工作者通过专业实践展现和维护专业形象，保护组织和机构的信誉。同时，还通过不断地学习和研究，推动理论和实践方法的创新，进而推动社会工作专业的健康发展。

（3）促进社会服务机构的能力建设。在共同服务宗旨和专业使命的连接

① 全国社会工作者职业水平考试教材编写组：《社会工作综合能力（中级）》，北京·中国社会出版社，2016 年版，第 31 页。

② 全国社会工作者职业水平考试教材编写组：《社会工作综合能力（初级）》，北京·中国社会出版社，2016 年版，第 3 页。

下，社会工作者和机构彼此相互合作，促进专业的发展。机构内所有工作人员根据社会工作价值观和专业伦理的指引和规范，通过专业服务协助有需要的人解决各种问题和困难的同时，不断反思和完善实践过程中的伦理规定，从而不断加强机构的服务能力。

（4）促进社会公平和正义。在宏观层面上，社会工作的核心使命是为了促进社会公平和正义，社会工作者在社会工作价值观和专业伦理的指引和规范下协助有需求的人应对危机、缓解困境，促进“助人自助”，展现社会工作专业形象和使命。同时，不断总结经验和反思实践，促进专业的发展和个人、组织能力提升，营造一个公平、正义的社会大环境氛围。

2. 社会工作价值观的内涵

当前，我国的社会工作职业化和专业化是在党和政府的直接领导与推动下开展的，是建设社会主义和谐社会和实践科学发展观的重要组成部分，因此我国社会工作价值观的形成和发展除了借鉴国际经验，也要考虑本土的实践经验以及本土的文化特色（尤其是具体的国情、社情和民情），要反映新时代社会需求和民众需要。

（1）以人为本，回应需要。社会工作者应该本着以人为本、从服务对象的角度出发的态度，真诚地对待服务对象的问题和需要，及时回应并通过专业服务来满足其需要。“以人为本”不仅仅体现在社会工作者提供具体服务上，还应当体现在相关政策制定和落地实施中。

（2）接纳和尊重。在社会工作实践过程中，尊重和接纳是需要贯穿整个服务的，无论在哪一个阶段的服务过程中，都应该从内心真诚地对待所有服务对象。“尊重”要求平等对待所有服务对象，而“接纳”则意味着不因服务对象的年龄、性别、种族、生理及心理状况、宗教信仰、政治倾向等对他们采取歧视或拒绝提供服务。

（3）个别化和非评判。社会工作者应充分尊重每个服务对象的个性与人格，充分理解他们之间存在的差异。针对不同的服务对象即使提供相同的专业服务，也要注意方式、方法的因人而异。要充分考虑到个人特质（年龄、性别、种族、生理－心理状况、文化背景、职业、社会地位、宗教信仰、政治倾向性等）对服务需求和服务模式的潜在影响。

（4）注重和谐，促进发展。“建设和谐社会”作为中国共产党和各级政府指导社会建设的核心原则，要求专业社会工作者要将和谐和发展作为自己的重要的价值观，在为有需要的人服务的时候，需要注意其多方面的和谐发展。“和谐”包括家庭关系、人际关系、群体关系、人与社会环境等和谐，而“发展”则是要求社会工作者要不断地研究总结经验，提出新的理论和方法，不断提升社会行政和社会服务的水平。

（5）平等待人，注重民主参与。社会工作服务过程中，建立专业工作关系是实践的基础。社会工作者要与服务对象建立相互理解与合作的工作关系，一同参与面对问题，寻找问题的解决途径和方法，充分尊重服务对象的意愿和想法。尤其是在对服务对象的需求和解决策略的决定上，尊重服务对象个人的意见，以避免因个人的主观独断和偏见造成对服务对象的伤害。

（6）权利与责任并重。“助人自助”作为社会工作的核心目标之一，要求社会工作者在服务实践的过程中要协助服务对象树立责任意识，逐步强化其自我改变和自我发展的能动性，减少服务对象对制度和外部支持体系的依赖，真正达到“助人自助”的目的。

（7）个人的发展与社会发展相结合。社会工作的目标不仅是帮助有困难或需要的个体和群体解决现实生活和发展中的困难，改善他们的社会功能，促进他们融入社会，更重要的是还要致力于通过制度建设和政策改革推动社会进步、促进社会发展、实现平等和公正。在禁毒社会工作中，社会工作者除了协助戒毒康复人员解决生存、家庭关系、操守保持等问题之外，仍需要通过社会倡导消除标签、歧视，以及问题研究形成政策建议，推动社会对戒毒康复人员接纳和包容的环境营造。

3. 社会工作价值观的实践原则

社会工作伦理价值观在强调“尊重”“独特性”“相信人能改变”三大基础信念的支撑同时，重视在实践过程中的原则，指导社会工作者正确处理专业关系及服务中的各种处境。

（1）接纳。在专业服务过程中，社会工作者要从内心接纳服务对象，对服务对象的价值偏好、习惯、信仰等都应保持宽容和尊重的态度，不能因为上述原因而拒绝提供社会服务。但是，接纳不代表认同，它是社会工作者对服务对象的价值观和个人背景特征的一种包容，也是社会工作者对社会大众的统一服务态度，是建立专业助人关系的重要前提。

（2）非批判。社会工作者应当避免将自己的价值观强加给服务对象，更不应该批判服务对象的言行和价值观。“非批判”原则具体体现为社会工作者对服务对象的性格、性取向、生活方式、宗教、政治倾向等不作倾向性的批评和判断，尊重服务对象在观念和生活方式上的选择。但在实务工作中，社会工作者个人所持有的信念和态度，必然会影响其面对案主时的感受和言行，从而也会影响整个助人过程。要求社会工作者保持完全的“价值中立”几乎是不可能的。尤其是当面临有与社工所持有价值观强烈冲突的服务对象时，比如一个对家暴非常反感和厌恶的社工，遇到一个有家暴行为的服务对象时，可能会让社工出现厌恶服务对象的情况，从而影响价值判断。这个时候，社工需要坦诚地面对自己因这个冲突出现的矛盾心理。

（3）个别化。每个人都应当有权利和机会发展个性，社会工作者应当尊重服务对象的个体差异，不应当使用统一的服务方法回应他们的独特需要，尊重个性化需求，充分挖掘个人潜能。在禁毒社会工作中，社会工作者需要十分关注个别化的原则，如同是冰毒成瘾者，无论是接触毒品原因、成瘾原因以及戒断动机都有可能存在不同。

（4）保密。社会工作者应当保护服务对象的隐私，未经服务对象同意或允许，社会工作者不得向第三方透露涉及服务对象个人身份资料和其他可能危害服务对象权益的隐私信息。保密要求社会工作者有义务使服务对象在专业关系中所透露的信息不被曝光，即使得到服务对象的允许或书面授权可以公开的信息也要做好相关的保护措施。同时，当社工、服务对象、第三人的生命受到威胁以及法律规定必须透露服务对象相关信息的，应以遵守法律、法规为前提。

（5）服务对象的自我决定。自我决定的权利是个人尊严的体现，在开展专业服务的过程中，服务对象有权利在充分知情的前提下选择服务的内容、方式，并在事关服务对象利益的决策中起主导作用。如果服务对象没有能力进行选择和决策，社会工作者应根据法律或有关规定由监护人代行选择和决策权利。在禁毒社会工作服务中，社会工作者常常会存在“服务的目标便是协助服务对象戒除毒瘾/保持操守”的固定思维，从需求调研到制订计划都自动代入这一思维，而忽视服务对象当下的迫切需求，往往服务成效甚微。因此，自我决定既是社会工作者的价值观实践原则，更是促进服务开展更切合服务对象需求和权益的举措。

（二）社会工作专业伦理与困境

社会工作专业伦理是一整套指导社会工作者正确履行责任和义务并预防

道德风险的行为准则，它来源于社会工作价值观并且与价值观保持一致[①]。包括社会工作者的自我行为控制和调节以及对他人的行为期望标准[②]。

1. 社会工作专业伦理的作用

（1）指引和评判专业服务。社会工作的专业伦理为社会工作者开展实务提供了依据和指导，明确“应该做什么?”“应该遵循什么准则?”等问题。并根据约定的行为准则去衡量社会工作者开展的专业服务的适当与否。

（2）保障服务对象的权利。社会工作以“人”作为服务对象，过程中存在复杂的人际互动关系。社会工作专业伦理作为服务过程中出现价值理念、契约信任、服务效果等冲突时的评判标准，保障社会工作者与服务对象双方化解冲突，促使服务得以延续。

（3）提供伦理抉择指引和依据。专业服务过程中常遇到价值理念对社会工作者的要求与实际情形需要相冲突的两难抉择境地，若不及时有效地作出选择，不仅影响服务，更有可能伤害服务对象。社会工作伦理作为行为准则在此时给社会工作者提供指引和选择依据，协助其作出果断决定。

（4）奠定社会对社会工作信任的基础。专业伦理是得到业内认可并得到社会大众普遍认同和参照的服务公约。社会工作伦理不仅作为准则指引和规范社会工作者的言行，同时保障服务对象权益，建立并维护双方之间的良好关系。同时在践行的过程中，也促进了社会工作专业形象的树立。

2. 社会工作专业伦理的内容

（1）对服务对象的伦理责任。社会工作者在提供服务的过程中必须要以服务对象的利益为出发点，充分体现尊重、保密和公平。具体表现在：信守协助服务对象的承诺；尊重服务对象的自我决定；尊重服务对象的知情和同意；提供力所能及的服务；妥善处理服务过程中可能发生的利益冲突；尊重隐私及保密。

（2）对同工的伦理责任。社会工作是一个团队协作的专业服务活动，强调同工之间的合作精神，要求社会工作者相互尊重、团结互助。具体表现在：相互尊重；保护隐私；协同合作；相互咨询成长；落实服务转介。

---

① 全国社会工作者职业水平考试教材编写组：《社会工作综合能力（中级）》，北京·中国社会出版社，2016 年版，第 42 页。

② 潘泽泉：《禁毒社会工作培训系列教材——禁毒社会工作基础知识》，北京·中国社会出版社，2016 年版，第 145 页。

（3）对服务机构的伦理责任。社会工作者既是雇主与受雇者的关系，更是在服务中合作扶持的关系。因此，如何处理好双方的关系，在伦理上把握好责任和义务十分重要。具体表现在：遵守机构规定；落实机构服务宗旨；维护机构整体形象；保障服务工作成效。

（4）作为专业人员的伦理责任。社会工作是专业助人的职业，强调专业主义和回应服务对象需求和保障服务对象权益的伦理义务。具体表现在：对工作的正确认知、展现专业能力、提供专业服务、保持服务品质、公平和正义、专业知识的拓展。

（5）对社会工作专业的伦理责任。社会工作者的服务过程影响着社会大众对于专业的评价和对于专业权威的认可。因此，社会工作者有责任促进行业的权威及其发展。具体表现在：保障专业的完整性和遵循专业的评估和研究。

（6）对全社会的伦理责任。社会工作的核心目标是促进社会福祉的发展和促进社会进步，社会工作者应在专业范围内各尽其责推动社会变迁和进步，促进社会正义。但是在现实中，社会工作专业服务的操作必然受到个人、机构以及环境等因素的制约，完全按照伦理规定来执行是困难的。因此对社会的伦理责任的实现也要考虑当下社会制度的现实性以及当下普遍社会工作者的行动能力。

3. 社会工作实践中面临的伦理难题

作为一种专业的助人活动，社会工作涉及人与人、人与机构以及人与环境之间复杂而微妙的关系和处境。社会工作者经常会面临各种挑战和矛盾，不仅包括资源本身的缺乏，也包括体制和政策的限制，还涉及伦理原则自身的相互制约，这就是社会工作实践中的伦理难题[①]。

（1）保密问题。社会工作者有责任和义务保护服务对象的隐私不受伤害，这是社会工作伦理的基本原则。但是在实际工作中这一原则有时很难把握。如一名离家出走的青少年服务对象向社会工作者表达自己存在“轻生”的念头，同时要求社工不能将此事告诉其家人，否则将不再接受服务。面对服务对象的隐私保密和生命保护的两难抉择，需要谨慎地思考和判断，才能避免

① 全国社会工作者职业水平考试教材编写组：《社会工作综合能力（中级）》，北京·中国社会出版社，2016 年版，第 45 页。

出现伦理错误和失误。

（2）人情与法制及规定的冲突问题。中国是一个讲究“人情”的社会，也是一个熟人的社会，人与人之间的关系在日常生活中异常的重要。而社会工作服务介入的开端在于与服务对象的关系建立，而这个关系的度往往不容易衡量，如何正确和有效地区分人情、法制和规定的影响及后果，常常使社会工作者陷入困境。如在持续开展服务的过程中，服务对象与社会工作者的关系越来越紧密，会将社会工作者当成生活中亲密的朋友。尤其是在禁毒社会工作领域，服务对象常常表示：“你是我唯一正常的朋友。”并通过送礼、请吃饭等方式表达他的心意，如果社会工作者拒绝则往往会导致与服务对象关系变得紧张，不利于服务开展。面对着专业关系的维持和职业规定的冲突，社会工作者往往十分两难。

（3）价值介入与客观性的矛盾。禁毒社会工作中，社会工作者与育有下一代的服务对象探讨戒毒动机的时候，往往会以“为了孩子作改变”作为价值介入的引导，很容易忽视探讨“毒品戒断”对服务对象个人带来的益处和变化。社会工作是一个价值主导的专业和职业，要求社会工作者在实践服务中展现出很强的价值关怀，从而影响服务对象，帮助其解决问题，提升能力，最终改善其社会功能。但社会工作又是一种科学实践，需要通过有效的方法并结合可信的证据来实施服务计划。要求社会工作者减少个人主观上的判断，多倾听服务对象的声音，因此可能会出现矛盾和冲突。

（4）社会工作者的个人利益满足与职业的社会责任之间的冲突。在禁毒社会工作服务中，服务对象常常出现在非办公时间寻求协助的情况，同时由于互联网的发展，通信手段的多样性，也使得服务对象与社会工作者的联系更加容易，同时也带来工作和生活界限不清的情况。社会工作者除去职业身份也是一个普通公民，同样存在着一定需要和需要处理的困难。由于职业上的要求与限制，社会工作者有时很难兼顾工作与个人的利益。

（5）自我决定问题。社会工作强调鼓励服务对象自我决定，但在特殊情形下，要面对特殊的服务对象没有能力作出决定，难以对自身的处境作出清晰的判断。此时社会工作者应根据法律或有关规定由他人代行选择和决策的权利。尽管如此，社会工作者还是尽可能避免为服务对象作伦理决定，实在避免不了，也需要与行业伦理专家、机构督导和同工等商议，集体作一个决定，避免出现负面后果和风险。

4. 伦理难题的基本处理原则

在社会工作实践中，由于存在各种不同的伦理难题，对社会工作者来说必须了解在不同情境下伦理难题对服务对象的影响，正确评估这些影响可能导致的结果。无论在何种情形下，社会工作者面对实践中的伦理难题及行动抉择，必须作出价值观和伦理顺序的优先性安排，妥善处理好责任与义务的关系[①]。

拉尔夫·多戈夫（Ralph Dolgoff）、弗兰克·M.洛温伯格（Frank M. Loewenberg）和唐纳·哈林顿（Donna Harrington）提出了一个伦理原则的优先次序（EPS，图示如下）。将各项伦理原则进行等级排序，当分析实践中面临各项选择，相关的伦理原则不止一个，运用不同的原则会带来不同的结果，则以“先满足高一级原则的要求再满足低一级原则的要求”来作决定。

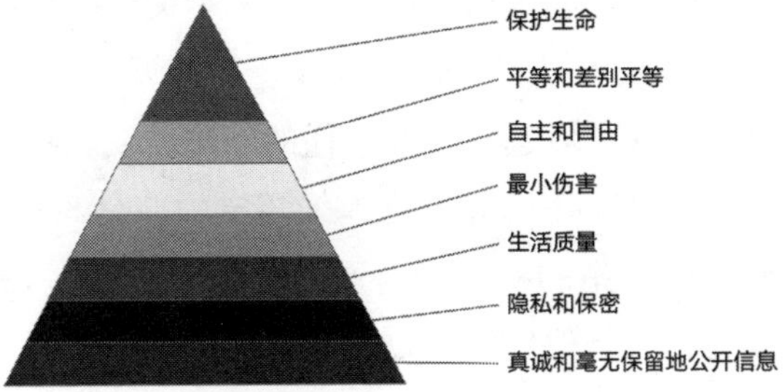

伦理原则优先次序（EPS）

（1）保护生命原则。保护生命原则高于其他所有伦理原则，社会工作者不仅有义务保护服务对象的生命，也有义务保护其他所有人的生命。

（2）差别平等原则。社会工作者在实践中既要以平等的方式对待服务对象，同时又要注意服务对象的差异，在助人过程中充分把握好平等待人和个别化服务的理念。

（3）自由自主原则。在实践中要充分保障服务对象的自由和自主，以提升服务对象的能动性与参与能力。主要体现在：充分调动服务对象在服务参与中的积极性和能动性；充分尊重服务对象的意见；鼓励服务对象表达不同意见；注重倾听服务对象的意见和声音；尊重服务对象在服务过程中的选择和决定。

---

① 全国社会工作者职业水平考试教材编写组：《社会工作综合能力（中级）》，北京·中国社会出版社，2016年版，第46页。

（4）最小伤害原则。在作伦理决定和提供服务中，要尽力保护服务对象的利益不受到侵害，要最大限度地减少甚至预防伦理决定和服务对服务对象的身体、心理和精神上的可能伤害，尽可能实现其利益最大化。

（5）生活质量原则。社会工作者要本着通过专业服务来不断提升服务对象生活质量的目标的精神，在直接服务和间接服务两个层面，通过社会服务和政策干预，以满足服务对象的需要，不断提升服务对象的福祉和促进服务对象生活水平的提高及社会融入的程度。同时，在实践中要通过服务来改善服务对象的身体及心理状况，满足服务对象的需要，从而改善服务对象的生活质量和提高服务对象的身体及心理健康指数。

（6）隐私保密原则。一旦与服务对象签订了服务协议，社会工作者就要在提供服务的各个环节，始终遵守保护受助者个人隐私和有关信息的承诺，绝不能轻易泄露服务对象的私人信息以及同服务相关的隐秘信息。

（7）真诚原则。在服务过程中社会工作者要坦诚对待服务对象，适当地做到向服务对象呈现自我，以建立相互信任的工作关系。

5. 伦理难题处理实例——人情与法制及规定的冲突

小林是街道戒毒康复站的社工，与戒毒康复人员的关系都特别好，很多戒毒康复人员也认为小林是他们的朋友。近日，戒毒康复人员小白去泰国玩，知道小林颈椎不舒服，特意买了价值近 1000 元的药给小林，小林很意外，想把钱给小白，但小白说，如果给钱就是小林不把他当朋友，小林因此陷入了两难困境。

（1）社会工作伦理要求：不能与服务对象发生金钱的往来，不管是给予或收取。

（2）冲突点：社工与服务对象关系的建立，是朋友关系还是专业工作关系，处于人情及规定的矛盾。戒毒康复人员为表示感谢，给社工礼物。

（3）不同处理方式分析：如接受，可能后期会出现戒毒康复人员认为自己与社工关系已经比较好，可以有一些人情协调，比如尿检日期推迟等；或者与其他人沟通的时候，说明自己的关系是比较好的，导致社工专业关系破裂。对社工机构来说，如接受，社工违反了相关伦理要求，可能会被投诉。而不接受，则戒毒康复人员感觉自己面子被驳了，后期与社工关系变差，一些工作配合效率变低。对社工来说，后期与戒毒康复人员沟通，需要更多的努力。

(4) 适宜的解决方式是：首先对服务对象的礼物表示感谢。其次向服务对象说明机构和行业的相关规定，不能发生金钱或者是物质往来，并说明如果自己接受会面临的惩罚；最后再次表示感谢；澄清如真的想要感谢社工，更好地保持自己的戒毒操守，好好生活就行。

二、禁毒社会工作服务理论

（一）社会生态系统理论

1. 社会生态系统概述

社会生态系统（Society Ecosystem Theory）简称为生态系统理论，用以考察人类行为和社会环境交互关系的理论。最早由著名心理学家布朗芬·布伦纳提出，并由美国社会工作学教授查尔斯·扎斯特罗进一步阐述，将个体存在的社会生态系统划分为三种基本类型：微观系统、中观系统以及宏观系统（图示如下）。微观系统即生态系统里的每个个人；中观系统指的是和个人相关的小规模群体，如家庭、社区、邻里等；宏观系统则是大于小规模群体的社会环境，更多指的是环境形成的文化、风俗、制度等。三个生态系统之间存在着相互作用力，个体行为与环境相互联系、相互制约、相互影响。

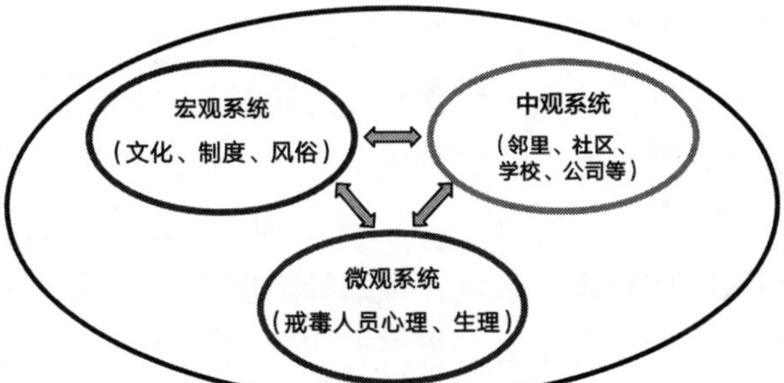

查尔斯·扎斯特罗社会生态系统

2. 社会生态系统理论与禁毒社会工作

根据社会生态系统的理论，可看出个人系统在社会环境中是依靠与多种系统（中观和宏观系统）相互作用而发挥其功能的。服务对象出现问题，常常是本人的微观系统内部，或者与中观、宏观系统的互动出现问题，所以要通过服务促进它们之间的互动，从而推动服务对象的问题的改善。戒毒康复人员的需求和困境，不仅仅存在个人微观系统内部的心理和生理失衡，也与家庭、朋辈群体等中观系统的影响密切连接，同时“歧视、不接纳”的社会环境也在一定程度影响了戒毒康复人员的需求实现和困境改善。因此，在社会生态系统理论下，社会工作者需要构建三个不同层面的介入。

（1）以微观系统作为介入的核心，促进戒毒康复人员正确认识自身优势和资源，提升其自我效能感和社会融入信心。吸食毒品成瘾作为违法行为，曾经吸戒毒的经历也使得戒毒康复人员被冠以“违法人员”的标签，受到大众的歧视和排斥，从而变得自我效能感低下。社会工作者应当扮演好鼓励、支持、协助的角色，引导服务对象发现和发挥自身优势和资源，提升改变的信心。

（2）以中观系统作为系统的桥梁，增强系统间的有效互动，搭建有利于服务对象的环境。在禁毒社会工作的实务过程中，帮助戒毒康复人员戒毒以及社会融入，要放眼整个社会生态系统动用各系统的力量，应对需求和改善困境。如家庭层面，从物质的支持上，改善戒毒康复人员的生存处境，优化其戒毒或保持操守的基础环境；从精神支持上，营造关爱、信任、鼓励的家庭环境，提供戒毒康复人员正向的精神氛围。社会工作者可从家庭出发，协助服务对象积极获得家庭方面的支持，协助其得到家人的认可和原谅。

（3）以宏观系统规划长期介入，构建有利于服务对象的可持续发展环境。吸毒的违法性和毒品预防过于“妖魔化”的形象塑造，一定程度隔绝了戒毒康复人员与社会的连接。社会工作者要将协助服务对象的工作放到更加广阔的社会环境中思考，逐步改善社会对戒毒康复人员的看法和态度，形成有利于其发展的文化氛围、制度环境。如社区层面，通过大众传媒等影响舆论，让社区成员逐渐认同戒毒康复人员；再如社会层面，通过问题的研究和经验总结，形成影响政策制度的报告和提案，实现戒毒康复人员的集体增权，促进其顺利融入社会。

（二）社会支持网络理论

1. 社会支持网络概述

（1）社会网络。英国社会人类学家拉德克利夫－布朗最早提出了“社会网络”一词，他认为社会网络是一组人或群体形成一组独特的关系，这些关系是传递物质、信息、观念、情感等资源的纽带。复旦大学社会学系教授桂勇认为“社会网络”意味着在个人或群体之间存在着一套比较固定的联系或与此类似的社会结合。禁毒社会工作视角下的“社会网络”可界定为：戒毒康复人员与其周边个人或群体组成用以传递物质、信息、观念等资源和支持的社会关系集合。

（2）社会支持。关于社会支持的概念有很多讨论，美国杜克大学社会学教授林南（Lin，N）综合众多学者的讨论提出一个综合的定义：社会支持是由社区、社会网络和亲密伙伴提供的感知的和实际的工具性或表达性支持。“工具性支持”包括引导、协助、有形支持（含物质、金钱等资源）与解决问题的行动等，“表达性支持”包括心理支持、情绪支持、自尊支持、情感支持、认可等。禁毒社会工作视角下的“社会支持”可界定为：为戒毒康复人员提供的包含物质、金钱、情感等社会资源、社会资本以及协助解决问题的行动。

综上，在禁毒社会工作视角下，戒毒康复人员的社会支持网络指的是为其提供物质的、情感的以及问题解决等方面协助的关系集合，是其借以获得各种资源支持的社会网络。

2. 社会支持网络理论与禁毒社会工作

社会支持网络理论背后的价值理念是协助服务对象形成有效的社会支持网络。尤其是包含戒毒康复人员在内的特殊群体，长期深陷困境之中，除内在动力和自我认可偏低之外，所能获得的外部支持和资源也十分匮乏，社会工作者在针对这类群体开展专业服务时，可运用社会支持网络理论视角对服务对象进行系统的评估和分析，并针对性进行服务介入，介入大致可以分为三个层次。

（1）个人网络工作。它是指一个人通过亲戚关系以及其他正式或非正式的渠道，与他人发展相互的接触，而这些人际关系形成一个社会支持系统，保护个人免受伤害。个人网络的分析内容包括：网络的大小，即自我认为周围可以并愿意伸出援手的人的数量；关系的基础，即来自 6 个不同影响范围的愿意提供援助的人——家庭、亲戚、朋友、邻里、同事和其他援助者；网络成员提供资源及运用资源的能力；评估资源和实际提供援助时的愿意程度。在具体的实务工作中，个人网络的工作步骤是先辨认网络的大小、关系基础、能力、资源和愿意程度；然后是对网络成员的互动关系进行分析，其中包括成员之间接触的次数、方向性、耐久性和强烈程度等；最后是通过社会工作者或其他人将最适合的关系成员连接在一起形成支持网络。

（2）自助群体和小组的网络工作。自助群体网络是指一群有意识地界定会籍、目标的人所组成的网络。社会中处于弱势地位，同时又想改变现状的一些群体自发组织一些自助团体。如一些自发的戒酒的团体，遭受家庭暴力的家庭妇女组织的一些团体等。小组工作网络不仅包括自助的群体，还存在为这些群体提供服务的工作人员，将服务的提供者及他们的组织结合成网络，以改善相互的沟通与资源共享。当下社会中还存在一些为需要帮助的群体提供服务的 NGO 团体。

（3）社区网络工作。社区社会工作是专业社会工作的一种基本方法，它以社区和社区的居民为服务对象，通过发动和组织社区居民参与集体行动，确定社区问题与需求，动员社区资源，争取外力协助，有计划、有步骤地解决或预防社会问题，调整或改善社会关系，减少社会冲突，培养自助、互助及自决的精神，加强社区凝聚力，培养社区居民的民主参与意识能力，发掘并培养社区领导人才，以提高社区的社会服务水平，促进社区的进步。从社会支持网络理论的视角来看就是促进社区人际的接触，使个人在社区中维持社会接触。

（三）认知行为理论

1. 认知行为理论观点

认知行为理论由行为主义和认知理论整合而来。行为主义认为，除一些天生的反射行为，人类大多数行为都是通过学习获得的，因此人类可以学习新的行为、改变旧的行为。而认知学派的基本观念是人类的思想、感觉和行动之间是有相互联系的，认为人的行为受学习过程中对环境的观察和解释的影响。不适宜的行为产生于错误的知觉和解释。综上，认知行为理论认为在认知、情绪和行为三者中，认知扮演着中介与协调的作用。认知对个人的行为进行解读，这种解读直接影响着个体是否最终采取行动。同样的事件，不同认知的个体，所采取的行为也是不同的。

2. 认知行为理论与禁毒社会工作

认知行为理论将认知用于行为修正上，强调认知在解决问题过程中的重要性。主要包括问题解决、归因和认知疗法原则三方面。“问题解决”指的是增强个体界定问题、行动目标、规划及评估不同行为策略的认知能力。“归因”指的是个人对事件发生的原因的解释和看法。“认知疗法原则”指的是修正一些认知上的错误决定，包括过度概括、选择性认知或归因、过度责任或个人肇因假定、自我认错或顶罪、灾难性思考、两极化思考等。

在吸毒人员的思考中，常见的错误认知有："我吸毒是用的自己的钱，为什么要抓我强制隔离戒毒"，这个认知忽视了其吸毒的违法性，属于选择性的认知；"我只要一回老家就会复吸，我自己没有办法能够控制自己"，属于灾难化思考；"我父亲的去世，都是因为我吸毒造成的，我罪无可赦，没有救了，你们也不用帮我了，就让我继续麻醉自己吧"，属于过度责任或个人肇因假定。

认知行为疗法常用的有六大技术，包括苏格拉底式对话、引导式教育、认知重建疗法、暴露疗法、理性情绪疗法以及正念减压疗法。后续章节将结合服务重点介绍苏格拉底式对话、认知重建疗法、理性情绪疗法以及正念减压疗法。

（四）动机改变理论

动机改变理论由 Prochaska and Diclemente & Norcross 提出。用于评估服务对象改变的意愿和不抗拒改变的程度，处理和应对其抗拒，从而激发和增强改变动机的服务技术。每个人对改变都有所抗拒，就改变与否和服务对象发生争执，会增加其抗拒情绪；强迫服务对象去改变，更会增加抗拒情绪。动机改变理论中最重要的两个重点就是动机访谈与改变之轮。

1. 动机访谈

动机访谈指的是通过帮助服务对象找寻和挖掘改变自身行为的内在愿望，通过愿望与现实的对比，使服务对象从内心的意愿出发，达到彻底改掉不良习惯的目的。它认为在安全与支持的气氛下，服务对象就可以自在地探索个人经验和为自己的问题找出解决的方法。激发动机的五个基本原则是：发现差距、表达同理、避免争辩、处理阻抗、支持自我效能感，具体概念和访谈的基本技巧将在后续章节展开描述。

2. 改变之轮

心理学家普罗契卡与狄克礼门提出改变发生的模式分为懵懂期、沉思期、决定期、行动期、维持期、复发期六个阶段，俗称为"改变之轮"。在不同的阶段，服务对象会有不同的表现，也会面临不同的挑战，社工所需要完成的任务也有所不同。成瘾者在成功戒毒之前，往往在这六个阶段往返，每一次的往返，成瘾者从中吸取到不同的教训，从而得到正面的经验，进而建立新的行为模式。

在禁毒社会工作服务视角下，改变之轮不同时期，服务对象的表现如下：懵懂期的服务对象未意识到吸毒所带来的影响，未有改变的意愿；进入沉思期的服务对象开始意识到吸毒的负面效果，考虑是否要作出改变；决定期的服务对象意识到需要作出改变，改变的动机时强时弱；行动期的服务对象改变动机逐渐加强，开始制订改变的计划并付诸行动；维持期的服务对象有意识巩固行动期的行为，能在较长的时间内维持，逐步适应新的生活；掉入复发期的服务对象，在维持已作出的改变中遭受挫折或遇到高位处境，从而引致重新吸毒。

（五）优势视角

优势视角是一种关注人的内在力量和优势资源的视角。意味着应当把人们及其环境中的优势和资源作为社会工作助人过程中所关注的焦点，而非关注其问题和病理。作为社工，所应该做的一切，在某种程度上要立足于发现和寻求、探索和利用案主的优势和资源，协助他们达到自己的目标，实现他们的梦想。

1. 优势视角的主要理念

（1）可塑性：人们具有改变、拓展、重塑行为、感觉和认知。

（2）赋权：帮助个人、小组、家庭以及社区以内部或周围探求和扩展其资源。

（3）成员资格：承认我们服务的所有人和我们自己一样，是一类成员，并享有与成员身份相匹配的自尊、尊重和责任。

（4）抗逆力：个人和社会可以超越和克服重大麻烦和负面事件。抗逆力是一种面对磨难而抗争的能力，抗逆力强的人可以在遇到挫折时作出正向选择。

（5）治愈和整合：治愈意味着整合和调动身体和心灵的机制，去面对障碍、身体疾病或精神断裂。

（6）对话和合作：要求我们与服务对象一起工作时，敞开心扉接受协商，欣赏服务对象，隐去专家身份而给服务对象充分话语权，以达到良好的合作关系。

（7）悬置怀疑：充分相信服务对象，让其自述自己的情况和需要，相信其有能力评估自己的真实情况并能为自己的生活作出合理的决定。

2. 优势视角的主要原则

（1）每个个人、团体、家庭和社区都有优势。社工要相信服务对象自身有优势和潜能，他们可以帮助服务对象战胜困难并致力于转变和成长。在工作过程中，社会工作者需要倾听服务对象的故事、了解服务对象的资源和过往经验，找到服务对象解决问题的优势和潜能。

（2）创伤和虐待、疾病和抗争可能具有伤害性，但也可能是挑战和机遇。在逆境中学习到的方法和处理经验，能够帮助服务对象在后续中对抗磨难的能力。社工要看到在迎接挑战中，服务对象的成长和收获。

（3）假定你不清楚个人、团体、社区成长和改变的能力的上限，严肃看待个人、团体和社区的期望。社工需要避免以专家的身份去给服务对象下诊断或受已有评估材料所迷惑，而是应该以平等的身份去跟服务对象沟通，了解其真实情况。

（4）与服务对象合作，我们可以更好地服务于服务对象。最了解服务对象问题的人是他自己，所以与其合作，能够充分调动起积极性，让其发挥自身的优势和潜能从而对自己产生信心，进而更好地解决社会问题。

（5）所有的环境都充满资源。社工在服务过程中，应该注重各种环境下解决问题的资源，而不是关注问题及限制。

（6）关怀、照顾和脉络。关怀和照顾是社会工作发展的基础，照顾包括家庭成员之间的相互照顾、正式组织的收费照顾和对社会上需要的照顾者的照顾，通过多方之间的照顾和互动，增强社会关系。

三、禁毒社会工作服务模式

（一）“魔方”模式

1.“魔方”模式概述

2012 年，深圳市温馨社工服务中心的禁毒社工在总结年度服务经验时发现，虽然服务开展多元，但依然存在规划不清晰、成效设置模糊、产出无法回应服务目标的现实情况。通过深入调研和整合，创建“魔方”模式，推动服务规划的系统化和规范化。“魔方”模式是以毒品危害作为索引，以价值、视野、使命作为核心，借鉴社会生态系统理论、三级预防理论，利用社会工作的三大手法研究服务发展方向，制订服务计划的工具，是一个用三维角度检视和制订服务的计划模式（图示如下）。

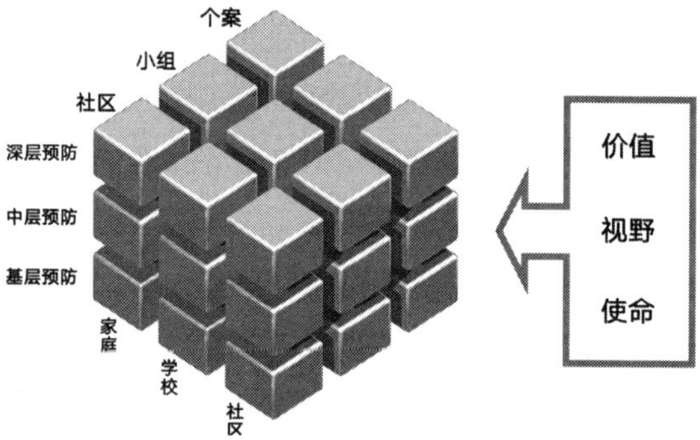

“魔方”模式图示

2. 理论基础

（1）核心（图示如下）。

价值理念：“相信人能改变”作为社会工作价值观的基础信念支撑，也是“魔方”模式的核心价值理念、模式认识，禁毒社会工作的服务对象，无论是戒毒康复人员，抑或是社会大众，他们的观念和行为都是能够改变的。

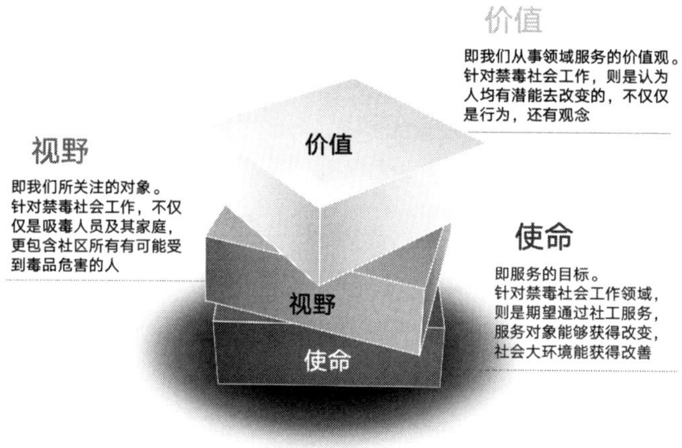

“魔方”模式图示

视野：“魔方”模式的视野即是禁毒社会工作所针对的服务对象，包含戒毒康复人员及其家属、社区/学校等场域的社会大众。

使命：基于生态系统理论的指引，“魔方”模式的使命也指向个体的微观系统、社群的中观系统和大社会环境的宏观系统。通过社工服务，戒毒康复人员困境得以改善，社会大众免于毒害，营造“拒毒防毒”“接纳包容”的社会氛围。

（2）社会生态系统理论。社会生态系统理论把人的社会环境如家庭、机构、团体、社区等看作是一种社会性的生态系统，强调每个人的生存环境应该是一个完整的生态系统体系，即由一系列相互联系的因素构成的一种功能性整体。该理论是以宏观的角度去理解“人类的社会功能”，强调个人、家庭、群体、社区及其他社会环境之间的和谐互动，而要达到这一目标，社会工作者要关注个人与环境中各个系统的相互作用，并致力于改变环境，使之能有效地回应个人、家庭、群体和社区等各个系统的需要。根据该理论基础，社工将戒毒服务划分为“社区服务”“家庭服务”“学校服务”“美沙酮服务”“监所服务”等多个方面（图示如下），通过多方面的互动，促进环境及个人的改变。

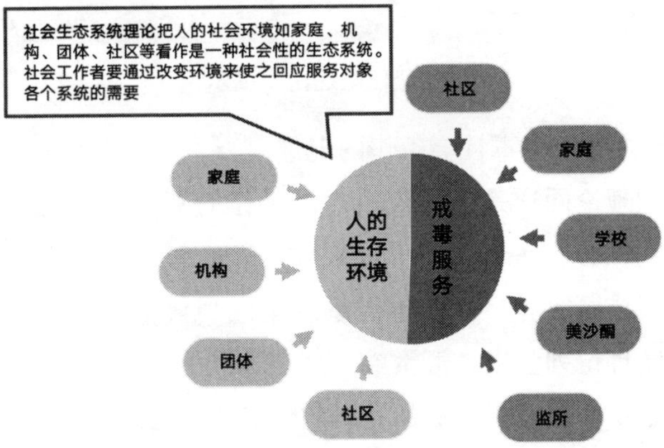

“社会生态系统理论”图示

（3）三级预防理论

Peter Leonard 根据社会问题的形成和发展的前因（pre-conditions）、原因（causes）、结果（effects）和后果（consequences）四个环节，提出了三级干预的策略。初级干预（primary intervention）的重点是改变社会的总体环境，避免问题的发生；所谓的二级干预（secondary intervention），则是将重点放在原因及其结果之间，试图通过相应的对策阻止结果的产生；至于三级干预（tertiary intervention）则是一种事后的防卫，也就是尽量减小或消除“后果”对个人和社会的消极影响。

针对滥用毒品情景，我们将三级预防按照基层、中层、深层作了划分

（图示如下），基层预防是指通过宣传等形式，在社会大面积进行浅层的宣传，从而改变社会的总体环境；中层预防是指针对高危人群，如吸毒行为高发地区的群体，受到毒品间接危害严重的人群进行预防干预，阻止其进一步受到毒品的危害；深层预防是指针对吸毒者及其家庭开展的工作，借此预防毒品危害的不断加深。

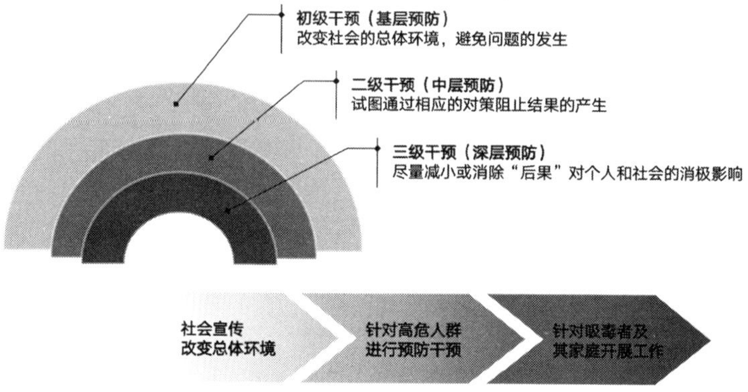

“三级预防理论”图示

3.“魔方模式”对禁毒社会工作的促进

三套不同的理论同样是引导我们开展工作的基础，它们可以是独立使用的，但是将它们糅合在一起，便形成如今的魔方模式。如上图所示，社工将三套理论立于三维魔方里，社会生态系统模式列横轴，三大社会工作手法列纵轴，三级预防理论列竖轴，汇聚成一个三维网格，从而在开展工作的时候，能够更加清晰地找准出发点，更加有目的性，改善之前工作的不足。

魔方模式中讲求的是三个理论的融会贯通，对一个领域的服务能够有更多层次的推展。以社区服务为例，可以从基层、中层、深层三个层次进行开展，如基层的社区宣传活动，中层的对受到毒品间接危害较严重的高危群体的专题讲座活动，以及深层次的消除对滥药者歧视与误解的宣传活动，等等。

同时魔方模式也要求在同一层次的服务开展中寻求更多方向的拓展，以美沙酮服务为例，关于美沙酮基层服务中，社工既可以采取活动的形式，如开展美沙酮季度生日会，为学员过生日，使其感受到社会的关怀；也可运用小组的模式，开展诸如团体小厨房或 BBQ 的形式，让他们在其中获得动力；通过上述的活动，从而发现潜在的服务对象，为其提供个案的服务，从更多方向去开展服务。

（二）“临界衔接”模式

1.“临界衔接”模式概述

2015年12月15日，国家禁毒办等11个部门发布《全国社区戒毒社区康复工作规划（2016—2020年）》（以下简称“8·31”规划），全面推进“8·31”社区戒毒社区康复工程。主要通过进一步完善戒毒治疗、康复指导、救助服务相结合的戒毒康复体系，提高对吸毒人员的服务管理水平，从而实现最大限度减少毒品的社会危害。同年7月，深圳市温馨社工服务中心禁毒社工针对4年来对戒毒康复人员“无缝衔接”服务进行总结，寻找戒毒康复人员复吸的原因以及介入的合适时机，发现戒毒康复人员在实现社会融入的路径，在两个时期处于高危情境的概率较高，第一个是戒毒所出所时，第二个是参与社区戒毒康复3年期满时，社工将其定位为“临界”。临界是指吸毒人员在戒毒康复的完整过程中所经历的阶段与阶段之间的过渡时期。在“临界”内，由于生活状态、身体状况、心理状态等的变化，都会给戒毒康复人员带来冲击，这种冲击既可以是正面的，也可能是负面的。

“临界衔接”模式是指社工根据服务需求，在每一个“临界”为戒毒康复人员提供特定的提前介入服务，以及进入以社区戒毒社区康复为主戒毒阶段的治疗、康复、辅导，实现戒毒康复人员在完整的戒毒康复过程中无缝衔接，协助其更好地戒断毒品，身心康复、社会融入的服务过程。临界衔接设置三个阶段：前置介入期、社戒社康巩固期、延伸服务期（图示如下）。

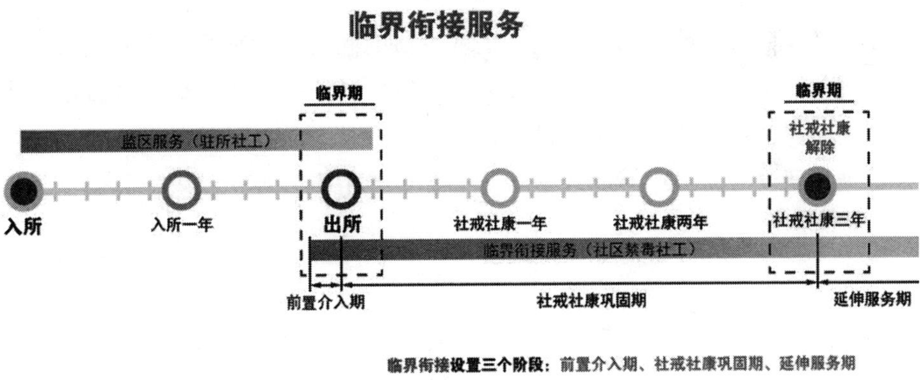

“临界衔接”模式图示

2.“临界衔接”时期简介

（1）前置介入期。前置介入期指的是吸毒人员未进入社区戒毒社区康复，处于强制隔离戒毒、自愿戒毒或仍存于吸毒成瘾状态的时期。该时期吸毒人员处于迷茫期，对未来缺乏规划，对国家戒毒政策不清晰，同时对于外界的信任较低，导致未能更好地落实戒毒康复计划。社工在前置介入期以建立专业关系、普及戒毒政策、协助厘清规划为主要工作方向，为每一名即将解戒出所、戒毒出院、接受社工个案服务的吸毒人员建立服务档案作为衔接服务的开端，推动其参与到社区戒毒社区康复工作中去。

（2）社戒社康巩固期。社戒社康巩固期指的是戒毒康复人员进入社区戒毒或社区康复的时期，这一时期亦是完整戒毒康复过程中最重要的一环。该时期戒毒康复人员处于操守巩固、身心康复期，制订规划缺乏落实、就业生存需求迫切、生活适应存在困难，存在着高危级别的复吸风险。社工在社戒社康巩固期以心理干预、家庭关系改善、就业辅导、社会适应性培育为主要工作方向，同时辅助公安机关开展操守保持监督（传统为“尿检法”），实现戒毒康复人员往社会融入方向成长。

（3）延伸服务期。延伸服务期指的是戒毒康复人员完成 3 年期社区戒毒社区康复过程后，正式全面融入社会的时期。该时期戒毒康复人员处于社会融入、自我成长期，渴望正常生活、渴望实现自我价值，同时因为解除监督所带来的自由也使得在这个阶段存在着一定程度的复吸可能。社工在延伸服务期以延伸跟进、挖掘潜能、实现价值作为主要工作方向，针对部分希望摆脱过去、正常生活的戒毒康复人员，开展延伸跟进服务，实现情况清晰，突发情况及时应对；针对部分希望在正常生活的同时，能够实现自身成长和价值体现的戒毒康复人员，引入“过来人”禁毒志愿者计划，促进戒毒康复人员参与志愿公益服务，同时通过“过来人”技能培训，开展校园、社区、企业、戒毒所“过来人”现身说法分享会，倡导拒毒防毒，实现戒毒康复人员自我成长。

第四章　禁毒宣传教育工作

第一节　禁毒宣传教育概述

一、禁毒宣传教育的概念

（一）禁毒宣传教育的重要性

联合国在 1987 年确立了两大禁毒战略：减少毒品的非法供应，降低对毒品的非法需求。这是国际社会经过长期禁毒实践所达成的共识。起初，人们简单地认为，只要限制或禁绝毒品供应，就可以解决吸毒问题。因此，在过去很长一段时期中，许多国家禁毒工作的重点都放在减少毒品的非法供应上。实践证明，这种认识和做法具有较大的局限性，很难根除毒品原植物的种植与非法生产、制造问题，只要存在毒品消费市场必然刺激毒品的非法供应。因此，禁毒工作要坚持减少供应和降低需求并重的原则。可以说，毒品预防教育是禁毒工作的治本之策，是事半功倍之举。

（二）禁毒政策法规对禁毒宣传教育的要求

1.《中华人民共和国禁毒法》

《中华人民共和国禁毒法》有关禁毒宣传教育的规定涉及国家责任、社会教育、学校教育和家庭教育。国家责任涉及第十一条和十二条，从政府层面鼓励禁毒宣传。国家采取各种形式开展全民禁毒宣传教育，普及毒品预防知识，增强公民的禁毒意识，提高公民自觉抵制毒品的能力。国家鼓励公民、组织开展公益性的禁毒宣传活动。各级人民政府应当经常组织开展多种形式的禁毒宣传教育。工会、共产主义青年团、妇女联合会应当结合各自工作对象的特点，组织开展禁毒宣传教育。

学校教育涉及第十三条，指出教育行政部门、学校应当将禁毒知识纳入教育、教学内容，对学生进行禁毒宣传教育。公安机关、司法行政部门和卫生行政部门应当予以协助。

社会教育的内容涉及第十四至十七条，分别从文化传播单位、公共场所的经营者及管理者、企事业单位、村居基层组织四个方面说明了各自所负有的禁毒宣传教育责任。新闻、出版、文化、广播、电影、电视等有关单位，应当有针对性地面向社会进行禁毒宣传教育。飞机场、火车站、长途汽车站、码头以及旅店、娱乐场所等公共场所的经营者、管理者，负责本场所的禁毒宣传教育，落实禁毒防范措施，预防毒品违法犯罪行为在本场所内发生。国家机关、社会团体、企业事业单位以及其他组织，应当加强对本单位人员的禁毒宣传教育。居民委员会、村民委员会应当协助人民政府以及公安机关等部门，加强禁毒宣传教育，落实禁毒防范措施。

家庭教育的内容涉及第十八条，未成年人的父母或者其他监护人应当对未成年人进行毒品危害的教育，防止其吸食、注射毒品或者进行其他毒品违法犯罪活动。

2.《关于加强新时代全民禁毒宣传教育工作的指导意见》

新时代全民禁毒宣传教育工作的总目标是，禁毒宣传教育体系健全完善，禁毒宣传教育内容方式丰富多样，基础设施规范完备，专兼职工作队伍普遍建立，工作责任全面落实，评估考核办法科学有效，保障激励机制健全有力；实现全民禁毒意识显著增强，“健康人生、绿色无毒”理念深入人心，全社会参与禁毒氛围更加浓厚。到 2023 年，全民禁毒知识知晓率大幅上升，群众举报毒品犯罪线索大幅上升，新滋生吸毒人数大幅下降，毒品滥用规模增幅大幅下降，人民群众对禁毒宣传教育工作满意率达到 90% 以上。要全面筑牢面向全民的禁毒宣传教育体系，加强全民禁毒普及宣传教育，加强青少年禁毒宣传教育，加强涉毒高危重点人群禁毒宣传教育，加强干部职工禁毒宣传教育。

3.《广东省禁毒条例》

《广东省禁毒条例》中第二章全部内容用于描述禁毒宣传教育，主要内容包括 7 条，规定了各级行政单位主体、社会各界等均应负有各自相关的禁毒教育职责。第十四条指出，各级人民政府应当加强禁毒宣传教育工作，推动禁毒宣传教育基地建设，结合公民法治教育、道德教育、科普教育、健康教育和职业教育开展禁毒宣传教育，普及毒品危害及预防知识。第十五条指出，教育和职业教育主管部门负责对学校禁毒教育工作的组织领导，将禁毒教育纳入学校日常教育工作，提高学生的防毒、禁毒意识。公安、司法行政、卫生、财政等部门应当协助教育和职业教育主管部门、学校开展禁毒教育，推动学校禁毒教育与家庭、社会禁毒教育有效衔接。第十六条指出学校应当将禁毒教育与法治教育、心理健康教育相结合，针对不同阶段学生的心理特点和毒品认知能力，分阶段开展禁毒教育。学校应当利用校园网络、广播、宣传栏等载体，开展禁毒教育活动。第十七条指出，居民委员会、村民委员会应当在居民公约、村规民约中规定禁毒的内容，加强对居民、村民和本区域流动人口的禁毒宣传教育。工会、共产主义青年团、妇女联合会等人民团体应当结合各自工作对象的特点，组织开展禁毒宣传教育。国家机关、企业事业单位以及行业协会等社会组织应当组织开展面向本系统、本行业、本单位职工的禁毒宣传教育。各级人民政府和有关单位应当引导社会公众开展家庭防范涉毒的自我教育，推动父母或者其他监护人对未成年人进行毒品预防教育。第十八条指出，报刊、广播、电视等传播媒体应当开展多种形式的禁毒宣传，安排专门时段、版面免费刊登、播放禁毒公益广告。从事互联网、即时通信、移动通信、公共显示屏等信息服务的单位应当刊登、播放禁毒公益广告。公共图书馆、阅览室应当配备禁毒知识读物。第十九条指出，交通运输经营单位和物流、邮政、快递企业应当在其经营场所的显著位置设立禁毒警示标识，对服务对象进行禁毒宣传。第二十条指出，娱乐场所以及其他兼营歌舞、游艺等娱乐服务的场所应当在大厅、包厢、包间内的显著位置设置禁毒警示标识，公布公安机关、文化主管部门的举报电话，播放禁毒宣传视频。

4. 禁毒宣传教育的概念

禁毒宣传教育是指国家、社会组织、学校、家庭等，通过各种途径形式普及禁毒知识、转变禁毒观念、提高禁毒的意识，让人们了解毒品知识，理解毒品造成的危害，掌握拒绝毒品的能力技巧，倡导积极健康的生活态度和行为选择，从而构筑全社会防范毒品侵袭的活动过程。

二、禁毒宣传教育的对象

2005 年 1 月 31 日，中宣部、教育部、国家禁毒办等 11 部门印发《全民禁毒教育实施意见》，文件规定禁毒教育面向全体公民，重点对象包括青少年、有高危行为的人群、有吸毒行为的人员、毒品问题严重地区的居民和流动人口、公职人员五类人群。

毒品预防教育分为三级预防。其中，一级预防旨在针对大众，通过宣传与倡导普及毒品知识，倡导健康生活的方式，提高拒毒抗毒能力，远离毒品；二级预防旨在针对高危人群，如毒情严重地区的群体或受到毒品间接危害严重的人群进行预防干预，阻止其沾染毒品，受到毒品的侵袭；三级预防旨在针对吸毒者及其家庭，教育其及时戒断毒瘾，预防复吸，防止危害的进一步加剧。由此，结合《全民禁毒教育实施意见》中五类重点对象划分，我们可以将禁毒宣传教育的对象分为普通人群、重点人群、吸毒人员三大类。

（一）针对普通人群的宣传教育

禁毒教育的对象是全体公民，普通人群是指社会大众。针对普通人群，主要是在未沾染毒品之前，开展防毒拒毒教育，最大限度地避免吸毒行为的发生。

1. 针对普通人群禁毒宣传教育的内容

针对普通人群所提供的禁毒宣传教育，主要是开展社会宣传与倡导，提升整个社会群体对毒品的抵制意识和能力。在具体的干预策略上可以通过三个维度进行。第一，知识层面，对社区居民宣传识毒、防毒、拒毒的知识和技巧，具体包括毒品种类、毒品危害、吸毒原因、拒毒技巧、禁毒法律法规等；第二，意识层面，在知识层面的基础上，通过签名、宣誓等仪式类的活动，提升社区居民远离毒品的意识；第三，行为层面，在意识层面的基础上，推动社区居民以下行为：远离毒品的行为，加入禁毒志愿者队伍的行动，为有需要的居民提供戒瘾咨询服务等。

2. 针对普通人群禁毒宣传教育的形式

针对普通人群的禁毒宣传教育形式可以多样化，常见的有悬挂横幅、流动禁毒宣传车、视频展示、禁毒教育基地参观、在公共场所播放禁毒视频或禁毒公益广告等载体宣传；也可以由禁毒社工组织设置流动摊位，发放禁毒宣传册、设置摊位禁毒游戏开展毒品预防教育宣传活动；还可以组织同类别的社会群体，开展毒品预防教育讲座、邀请过来人现身说法分享经历等形式进行。

（二）针对重点人群的宣传教育

重点对象包括青少年、有高危行为的人群、毒品问题严重地区的居民和流动人口、公职人员等人群。他们处在极其容易受到毒品危害的情境中，此类情境主要包括如某社区存在失业青少年，因长期缺乏家庭管教和约束，常与社会青年混迹、享乐于特定涉毒场所等，此情境中的失业青少年属于高危人群，其朋辈群体及家庭都属于禁毒宣传教育的重点人群。

若能及时对处于高危情境下的重点人群开展禁毒宣传教育，可有效预防该群体受到毒品侵害，禁毒宣传教育的效果可达最大化。及时介入此类干预对象的服务从一定程度上弥补了针对普通人群提供服务时出现的空缺。

1. 针对重点人群宣传教育的内容

重点人群相比较来说，处于更大的毒品危害之中，需要开展的禁毒宣传教育除了宣讲基本的禁毒知识外，更需要让他们掌握识别、防毒、拒毒的技巧，高危群体识别，以及生命教育等相关内容。从知识层面来看，重点人群亟须学习识毒、防毒、拒毒的知识和技巧，具体包括毒品种类、毒品危害、吸毒原因、拒毒技巧、禁毒法律法规等；从意识层面来看，在建立好社工专业服务关系的基础上，提升他们远离毒品的意识；从行为层面来看，他们需要将禁毒、拒毒的态度和理念行为化，在高危情境下能及时有效地做到自我保护。

2. 针对重点人群宣传教育的形式

根据重点人群的特点，禁毒社工在开展禁毒宣传教育时，要根据负责辖区的实际情况，做好对重点人群的调研，充分了解该群体的特征，结合辖区实际情况，开展内容丰富、趣味性强、互动性好的禁毒宣传教育活动，如线上禁毒知识闯关竞赛、线下生命教育工作坊、群体性的趣味禁毒讲座、以实践为主的识毒防毒技巧工作坊等形式，避免传统的说教形式。

（三）针对吸毒人员的宣传教育

吸毒人员已经处于吸毒的处境中，或因其个人认知偏差导致意识不到毒品的危害，或因其个人及家庭获取信息资源的能力不足导致不知如何戒断毒瘾，种种原因导致吸毒者个人及其家庭深受毒品危害。吸毒人员已经处于毒品的危害中，若得不到适当的帮助，可能造成的危害越来越严重，从个人身体上的伤害，到家庭破裂，再到危害社会稳定。因此，针对吸毒人员的禁毒宣传教育仍然十分重要。

1. 针对吸毒人员宣传教育的内容

吸毒人员已处于毒品的侵害中，针对此类群体的干预，通常与一个家庭密切相关，做好该类群体的禁毒宣传教育工作，能极大缓解该类群体所遇到的困难。针对吸毒人员所开展的毒品预防教育内容，从知识层面上来讲，可包括基本的毒品危害、禁毒法律法规等基本常识，纠正他们对毒品的认知偏差；从意识层面来讲，要让他们认识到自己当前的处境困难都是因为吸毒所引起的，吸毒是一件不好的事，激发他们想要戒毒的动机；从行为层面来讲，需要为他们链接相关资源，包括如何戒断毒品、如何保持操守、如何与家人相处和社会回归中可能出现的问题等专项性的禁毒宣传教育内容。

2. 针对吸毒人员宣传教育的形式

根据吸毒人员的特点和禁毒宣传教育的内容，在服务的形式上，知识层面的内容可以通过发放宣传折页、开展禁毒知识讲座、播放禁毒宣传视频等形式进行；在意识和行为层面，可以通过隐秘式个案管理介入服务，通过联动其家庭、社区相关工作人员、社工、心理咨询师、医生等从多方面介入涉毒个案工作，运用动机式晤谈法、体验式工作坊，引导涉毒者提升戒断动机，根据科学合理的戒毒方案，有步骤、有计划地减少毒品的需求，降低毒品带来的伤害，从而彻底戒断毒瘾回归社会。

三、禁毒宣传教育的重点

根据《中华人民共和国禁毒法》《全民禁毒宣传教育实施意见》和《关于加强新时代全民禁毒宣传教育工作的指导意见》的要求，联系当地具体实际情况开展毒品预防教育“七进”工作。

（一）禁毒宣传教育“进社区”

1.“进社区”的特点

禁毒宣传教育“进社区”相对较为常见，以禁毒横幅、禁毒标语、禁毒视频播放、宣传折页、禁毒布袋雨伞等为载体，通过摊位宣传、互动游戏、有奖问答、免费赠予等形式吸引社区居民参与学习，社区居民相对容易参与其中，学习有关禁毒宣传教育的知识。从禁毒宣传教育“进社区”的实践来看，其特点有受众群体广、覆盖面多、机动性强、方式灵活等。

2.“进社区”的内容

禁毒宣传教育的主要任务是从知识层面、意识层面以及行动层面传达禁毒知识、转变禁毒理念，以及掌握拒毒技巧的实践行动等。禁毒宣传教育“进社区”以社会大众干预为主，涉及的禁毒知识内容要尽可能广泛，形式要尽可能简单，适合社区内大多数群体进行学习。对此，禁毒宣传教育“进社区”的主要内容包括禁毒法律法规宣导、毒品危害知识的科普、防毒拒毒态度倡导、防毒拒毒技巧学习等禁毒知识内容的宣传普及，开展“社区是我家，禁毒我参与”活动。

3.“进社区”的形式

禁毒宣传教育“进社区”的形式需要结合具体实际情况进行，常见的有户外摊位宣传、流动车宣传、悬挂横幅、互动问答、赠予禁毒宣传品等多种形式。社区是人们日常居住生活的地方，是能让居民在工作之后休闲放松的地方，禁毒宣传教育“进社区”需要结合社区人员流动的特点，抓住主流人群的需求，开展适合该社区群体的禁毒宣传教育。

4.“进社区”的典型案例

案例背景：某街道驻点社工在开展禁毒宣传教育“进社区”的过程中，常遇到“社区大妈”随手扔宣传折页，哄抢活动礼品，对禁毒宣传教育持不认可的态度，只想获取活动礼品。

方案制订：根据“社区大妈”的生活习惯，以及参与社会活动的心理状态，禁毒宣传活动从时间、活动形式上进行设置。时间上选择下午 4—5 点，活动形式以“有条件地领取活动礼品”的形式开展，在社工完成禁毒知识宣讲后，通过向在场居民提问禁毒知识，若能答对则能获取礼品。

实施过程：按照活动计划，预先布置好活动场地，将活动礼品摆放在显眼处，并做好领取奖品说明书，让想要获取礼品的“社区大妈”明白整个禁毒宣传活动的流程，指引社区居民参与禁毒宣传。

效果反思：禁毒社工在开展活动时，需要了解“社区大妈”的关注点，她们参与社区活动的心理动态是什么，抓住她们想要获得礼品的特殊需求，将禁毒知识传达的方式与礼品发放的方式相结合，通过有奖问答的互动形式让她们学习到禁毒知识，让她们参与禁毒活动中，从而营造整个社区的禁毒氛围。

（二）禁毒宣传教育“进家庭”

1.“进家庭”的特点

家庭作为社区中的小单元，能接受比社区更深层的毒品预防教育。毒品预防教育“进家庭”所针对的是以家庭为一个整体，营造整个家庭的禁毒学习氛围，让整个家庭都能学习到禁毒常识，接受禁毒教育。禁毒宣传教育“进家庭”的特点是以家庭为服务对象，由个体到家庭整体贯宣禁毒常识。

2.“进家庭”的内容

禁毒宣传教育“进家庭”的主要内容是开展毒品预防教育学习，营造家庭竞相学习禁毒知识的氛围，普及禁毒法律法规、毒品危害知识、识毒拒毒防毒技巧，培养禁毒拒毒理念，学会积极应对毒害环境。对涉毒家庭开展毒品预防教育时，禁毒宣传教育更多的是提供更深层次的一对一的个案支持服务，包括禁毒法律法规、戒毒资源链接、家庭关系辅导等。

3.“进家庭”的形式

禁毒宣传教育“进家庭”的对象是以家庭为整体，通过对整个家庭普及毒品预防教育知识，从而达到禁毒宣传教育的目的。因此，禁毒宣传教育“进家庭”的形式通常会以促进家庭关系的亲子活动为着手点，设计以亲子互动为主的毒品预防教育形式，开展“小手拉大手、大手护小手”活动，让家长与孩子共同参与禁毒知识的学习，达到禁毒宣传教育“进家庭”的目的。

4.“进家庭”的典型案例

案例背景：社工在日常工作生活中发现，部分家庭对亲子关系很重视，且愿意参加亲子互动活动。对此，禁毒社工将亲子互动与禁毒宣传教育“进家庭”相结合，以亲子家庭共同学习禁毒知识为主，让父母与孩子能在“禁毒课堂”的参与过程中形成良好的亲子互动。

方案制订：根据亲子家庭想要的亲子互动参与，将“禁毒课堂”从理论知识的教授延伸至“禁毒小兵”的实践中。课程内容分为：禁毒知识学习篇、表达技巧学习篇、“亲子”户外实践篇，通过三个类别的课程设置，让亲子家庭共同学习禁毒文化知识，同时相互练习向他人传播禁毒知识时需要注意的技巧，最后让亲子家庭共同完成户外实践环节，成功向社区居民传播禁毒知识。

实施过程：发布“禁毒小兵养成记”亲子活动招募通知，招募20对亲子家庭（招募要求孩子的年龄定为8—12岁）。通过组织亲子家庭一起参与禁毒小课堂，学习基本的禁毒科学知识，再组织亲子家庭参与禁毒趣味运动会，加深对禁毒知识的记忆和理解。组织以“禁毒”为主题的小型演讲活动，锻炼亲子家庭的表达技巧。最后以家庭为单位，组织参与亲子户外实践活动，作为禁毒志愿者向社会大众普及禁毒知识。

效果反思：此类型活动迎合了家长培养孩子社会实践能力的需求，同时也通过亲子合作完成了禁毒知识学习及实践活动，促进了家庭对禁毒知识的学习热情，也能增进亲子关系。

（三）禁毒宣传教育“进工厂”

1.“进工厂”的特点

沿海发达地区是一个外来务工人员集聚的地方，特别是长三角、珠三角地区，外来建设者占据了大量的人口比例。但是，外来的这些建设者普遍存在学历相对较低、工作时间较长、生活压力较大、枯燥乏味的日常生活和窘迫的经济收入，禁毒宣传教育很少覆盖到他们，参与禁毒宣传教育的更少。因此，在开展禁毒宣传教育“进工厂”时，需要注意此类群体的特点，针对参与对象的学历问题、禁毒常识空白问题、缺乏学习禁毒知识的兴趣问题等，通过与政府、企业管理层、安全生产等不同层面的管理部门进行沟通协调，实现从上至下与从下至上相结合的沟通方式。

2.“进工厂”的内容

根据实践工作经验，工厂务工人员中曾确实存在吸毒群体，其隐蔽性较强，文化程度相对较低，外流地集中，容易在不知情的情况下被奇异举动吸引，导致吸毒行为发生。因此，在开展此类禁毒宣传教育活动时，需要重点普及毒品的种类、各类毒品的吸食工具及吸食方式，让他们学会辨别什么行为可能是吸毒，从而保护自己不受好奇心驱使而误入歧途。因此，禁毒宣传教育“进工厂”的内容需要根据此类人群的特点，借助政府（用人单位）资源，与工业园区沟通，开设禁毒安全教育课，课程的内容需以基本禁毒知识为主，且需通俗易懂。最重要的是，需要让这些建设者明白，毒品就在每一个人的身边，提高他们对毒品的警惕性。

3.“进工厂”的形式

在实践工作经验中，禁毒宣传教育“进工厂”要充分结合工厂的工作时间和受众群体的特点，采用简单、高效的禁毒宣传形式。禁毒社工可借助用人单位的资源，链接服务辖区的企业、工厂等管理层，通过与其工作时间进行错峰安排，结合他们的群体特征，开展针对性的主题课堂活动或小型禁毒游园会。例如，开展“家人等着我，安全最重要”“老乡不能害老乡”的禁毒宣传教育活动。

4. 典型案例

案例背景：社工在前期工作中发现，某辖区工业园出现过吸毒案例，计划在该工业园开展一期禁毒宣传教育活动。在前期走访中了解到该工业园的生产任务较重，无法单独为禁毒社工安排时间为园区工作人员开展禁毒教育活动。社工在查找用人单位所在的相关职能时发现，街道某职能部门定期在该工业园开展安全生产、消防宣传等宣传工作。

方案制订：根据前期了解到的相关情况，社工计划将禁毒宣传与街道相关部门开展的安全生产、消防宣传等工作相结合，计划通过联合宣传的形式最大限度地为该工厂人员开展禁毒宣传教育。其内容主要以普及毒品的种类、各类毒品的吸食工具及吸食方式为主，让他们学会辨别什么行为可能是吸毒，从而保护自己不受好奇心驱使而误入歧途。

实施过程：通过制订具体活动方案，与街道相关部门沟通协作，让活动现场分为安全生产、消防宣传和禁毒宣传三大类。其中，禁毒社工主要负责禁毒宣传部分，结合其他两类宣传，针对园区管理层人员和一线工作人员分别以讲座和户外宣传的形式开展，让园区管理人员能通过讲座意识到禁毒宣传的重要性，主动将禁毒宣传教育纳入企业园区的日常管理中。

效果反思：搭载多种宣传活动形式开展能快速有效地让禁毒宣传教育进入该工业园区。不同的活动形式能让园区不同的人群获得禁毒宣传教育的重点，同时也能让园区管理层人员重视禁毒教育，自动自发地加强企业自身的禁毒教育。

（四）禁毒宣传教育“进单位”

1.“进单位”的特点

禁毒宣传教育“进单位”的受众群体相对来说有较稳定的工作、固定的经济来源、社会地位相对较高。在毒品预防宣传教育广覆盖的要求下，各企事业单位工作人员也成为禁毒教育的宣传教育对象之一。禁毒宣传教育“进单位”的特点主要在于此类受众群体普遍有较好的生活环境及薪资待遇，且工作时间较长、压力较大，认为毒品离他很遥远，主动接受禁毒教育的意愿较低。

2.“进单位”的内容

根据此类受众群体的特点，禁毒宣传教育“进单位”的内容让他们意识到真实的吸毒事件可能就发生在周围，让他们知道禁毒法律法规、毒品危害以及基本的毒品常识。此类禁毒宣传活动的目的是让单位的职工明白，禁毒是全社会的共同责任，禁毒知识、禁毒法律、拒毒技巧需要学习和了解，掌握了禁毒知识拒毒技巧，可以保护自己、爱护家人、帮助同事。

3.“进单位”的形式

在此类活动的具体开展中，先做好针对单位人员的禁毒教育方案，报领导同意后再着手开展，可达事半功倍的效果。具体形式可以讲座形式、单位工作人员的知识竞赛等形式开展。禁毒社工在开展禁毒宣传教育“进单位”的过程中，需要针对不同单位的受众群体特征，充分利用已有资源，选择合适的形式，如将禁毒教育与体育竞技活动相结合，如“禁毒篮球杯”“禁毒趣味运动会”等形式。

4. 典型案例

案例背景：在6·26国际禁毒日来临之际，为加强某街道禁毒宣传教育“进单位”，禁毒社工计划开展以街道干部职工为对象的毒品预防教育活动。社工在日常工作中发现，街道群团部门常组织各部门单位参与篮球赛、歌唱比赛、朗诵比赛等积极向上的活动，以促进单位团结和积极健康的工作氛围。对此，禁毒社工计划与街道群团工作人员联合开展此次6·26期间的禁毒宣传活动。

方案制订：通过制订“禁毒趣味运动会”活动方案，设定“携手过毒阵”“缉毒大比拼”“破冰行动”等禁毒闯关游戏环节，规定“禁毒趣味运动会”注意事项。通过发布公务活动通知，组建12—15支机关单位参赛队伍。活动当天，按照参赛规则决出最后奖项。

实施过程：在活动筹备之初，禁毒社工通过积极与街道禁毒主管部门沟通协商，获得支持后，主动与单位群团工作人员沟通，借助群团部门的工作经验，事先做好活动当天各项比赛项目的预演，避免出现不可控事件，最终确保活动顺利举行。

效果反思：开展禁毒宣传教育“进单位”，可以借鉴群团部门开展的群体活动的经验，将禁毒知识融入“趣味运动会”中，能有效地对单位工作人员普及禁毒知识，同时也能营造积极健康的工作氛围。

（五）禁毒宣传教育“进场所”

1.“进场所”的特点

场所，一般是指公共场合的称呼，比如公园、办公室、机场、车站、码头、娱乐场所等。但在日常毒品预防教育宣传中，场所一般指网吧、夜店、休闲会所、宾馆、旅店等公共场所或娱乐场所。这类场所通常由各辖区派出所进行直接管理，明令张贴各类禁毒宣传教育活动。禁毒宣传教育“进场所”的特点在于，从业人员复杂、人数较多、文化较低，甚至有人涉毒、涉罪、涉黑等。

2.“进场所”的内容

禁毒宣传需要有阵地，即在大厅、包厢、包间等显著位置设置禁毒警示标识，公布举报电话，播放禁毒宣传视频。除此之外，禁毒社工在开展禁毒宣传教育“进场所”时，可以对从业人员、管理人员及消费人员等开展毒品预防教育宣传。内容包括毒品的种类、毒品的伪装、毒品的危害、涉毒高危行为、禁毒和娱乐场所管理法律法规等，尤其是如何辨识吸毒行为，杜绝场所吸毒行为。

3.“进场所”的形式

禁毒宣传教育“进场所”可采用发放禁毒海报挂画由场所张贴，电脑系统插入禁毒广告，开展安全套计划宣传等。针对管理人员及工作人员，与派出所联动，邀请有经验的民警开展毒品预防宣传教育讲座，针对其日常可能会遇到的涉毒情境，开展针对性的技巧培训，及“一个人涉毒、一个场所受害、整个行业受损”的主题宣传教育活动；针对消费人群，则主要以在场所内张贴各类禁毒宣传教育标语为主。

4. 典型案例

案例背景：社工在工作中发现，辖区娱乐场所的禁毒宣传教育以张贴禁毒海报、禁毒宣传标语为主，缺少对禁毒从业人员开展针对性的毒品预防教育。同时，辖区内有发生场所吸毒事件。因此，为加强对场所从业人员的禁毒宣传教育，禁毒社工计划开展禁毒宣传教育“进场所”。

方案制订：通过前期沟通得知，派出所、治安管理部门对辖区各娱乐场所开展定期监督管理，禁毒社工与警种、警区沟通，邀请各片区民警对各自所负责辖区的娱乐场所从业人员开展禁毒宣传教育，活动形式以“讲座+基地参观”的形式进行。其中，讲座由民警主导，结合其自身办案经验，为场所从业人员介绍基本禁毒常识及高危情境下的应对方式。禁毒教育基地参观讲解以社工为主，让从业人员认识辨别相关毒品及吸毒工具。

实施过程：确定活动方案后，通过禁毒主管部门发布活动通知，召集各场所从业人员参与禁毒活动。邀请民警开展禁毒讲座，并在讲座环节结束后，组织场所从业人员参观禁毒教育基地。

效果反思：以“讲座+基地参观”的形式开展禁毒宣传教育“进场所”，不同于以往张贴禁毒海报、挂画形式，让场所从业人员系统地接受了一次禁毒宣传教育，教会他们如何辨别吸毒行为及高危情境应对方式，有效地达到了此次禁毒宣传教育的效果。

（六）禁毒宣传教育“进学校”

1.“进学校”的特点

禁毒宣传教育“进学校”是重点中的重点。其主要特点在于青少年学生群体的特殊性。青少年学生处于人生观、价值观、世界观的形成期，极其容易受到外界不良行为的影响，在此阶段对青少年学生开展毒品预防教育宣传能传播正向价值观，有利于青少年学生的健康成长。禁毒宣传教育“进学校”的特点是要根据不同年龄阶段学生的特点，开展适合其接受能力与喜爱的形式进行禁毒宣传教育活动。

2.“进学校”的内容

针对青少年学生的毒品预防宣传教育活动内容，禁毒社工需要根据教育部《中小学生毒品预防专题教育大纲》来开展。学校学生禁毒教育总目标是，在各学科渗透毒品预防教育的基础上，通过专题教育的形式，培养学生健康的生活情趣、毒品预防意识和社会责任感，掌握一些自我保护的方法，做“珍爱生命、拒绝毒品”的人。分目标是：小学：了解毒品危害的简单知识，远离毒品危害。初中：了解有关禁毒的法律知识，拒绝毒品诱惑。高中：学会自我保护，培养禁毒意识和社会责任感，发现可疑情况能够及时报告。

教育内容：小学是：①知道常见毒品的名称。②初步了解毒品对个人和家庭的危害。③知道一些不良生活习惯可能会导致吸毒。④懂得一些自我保护的常识和简单方法，能够远离毒品。初中是：①知道毒品的概念，能识别常见毒品名称。②进一步了解毒品对个人和社会的危害。③知道吸毒是违法行为，走私、贩卖、运输、制造毒品是犯罪行为，都要受到法律的惩处。④学会一些拒绝毒品的方法，能够保护自己不受毒品侵害。高中是：①懂得选择毒品就是自我毁灭，学会向毒品说“不”。②了解当前禁毒工作面临的形势，增强禁毒意识。③培养社会责任感，参与学校、社区组织的禁毒宣传活动。

3.“进学校”的形式

小学教学活动建议是：①观看图片、资料片或毒品模型等，识别几种常见毒品。②“找一找”活动：播放或介绍一个案例，让学生找出“案例”中吸毒给个人和家庭带来的变化和痛苦。通过“找一找”活动，了解毒品的危害。③通过活动和游戏，告诉学生不要随便吃药，不要吃陌生人给的东西，不要自己买“营养品”等。④收集生活中吸烟、酗酒对身体带来危害的案例。

初中教学活动建议是：①列举常见毒品的名称和俗称，收集毒品危害的相关资料。②参观禁毒教育基地或禁毒教育展室，观看禁毒教育影视片。③讨论吸毒对个人、家庭和社会有什么样的影响，会造成什么样的后果。④运用学过的相关法律条款，分组谈谈法律如何保护未成年人不吸毒、如何打击毒品违法犯罪？⑤讨论“对好奇的事就要去尝试，是对的吗？”以吸毒为例，引导学生对“好奇”“从众”等心理的正确认识，知道一些毒犯诱惑青少年吸毒的常见手法，学会拒绝毒品的基本技巧。

高中教学活动建议是：①辩论或讨论“为什么说选择毒品就是自我毁灭？怎样向毒品说‘不’”，在挫折、压力和诱惑面前学会正确选择。②以组为单位，利用多种方法，收集有关禁毒形势、禁毒措施、禁毒成果、禁毒宣传和预防教育等资料。将收集的资料进行整理，了解禁毒工作的紧迫性、艰巨性和长期性，从自身做起，增强禁毒意识和社会责任感。③学生自己拟订一个参加学校或社区组织的禁毒活动的计划，积极参与“禁毒志愿者”“社区青少年远离毒品”“不让毒品进我家”、创建“无毒社区”等活动。

4. 典型案例

案例背景：禁毒社工在 6·26 国际禁毒日前夕，受到辖区某学校邀请，为该校学生开展一场禁毒教育宣传活动。该校为新开办的学校，目前以低年级的学生为主，参与此次活动的学生以三、四年级为主，人数约 300 人。

方案制订：根据学生人数及年龄特点，活动以“禁毒游园会”的形式进行。设置“毒品知识知多少”“禁毒大富翁”“缉毒圈”“禁毒拼图”、模拟吸毒体验的 VR 游戏等环节，通过闯关积分的形式，让所有学生在游园过程中学习毒品知识。

实施过程：按照活动设置的 5 个游戏环节，招募 12 名禁毒志愿者，活动前期对志愿者进行简单培训，说明各个摊位游戏的玩法。按照“1 名社工 +2 名志愿者”的人手分配至各游戏摊位，剩下 2 名志愿者发放游戏券和活动礼品。在学生参与游园会前，由禁毒社工讲解活动规则。为所有学生发放游戏券，开始禁毒游园活动。

效果反思：针对中低年级的学生开展“禁毒游园会”，既能为他们提供有效学习禁毒知识的氛围，学习到基本的禁毒知识，也能体验到学习的乐趣。

（七）禁毒宣传教育“进网络”

1.“进网络”的特点

随着网络时代的发展，现代网民数量越来越多，人们获取信息的方式也更多通过网络。禁毒宣传教育在时代推进下，也衍生出网络禁毒宣传教育。网络作为一种载体，不需要面对面就能获取知识和信息，更容易被人们了解和接受。因此，禁毒宣传教育“进网络”的特点在于跨时空、经济性、高效性、技术性、整合性等特点。

2.“进网络”的内容

禁毒宣传教育“进网络”其本质是通过网络这种载体，推送以禁毒教育为主的内容。以禁毒知识、吸毒危害、禁毒法律、禁毒历史、缉毒侦查、典型案例等基本禁毒元素为基础，通过图文、视频、文字等加工方式进行重新编辑，发布在微博、QQ、抖音等公众账号上，以此来进行宣传推广。

3.“进网络”的形式

网络禁毒宣传教育必然成为主要阵地。对此，禁毒宣传教育工作者需要加强网络宣传阵地建设，通过网络载体，将禁毒知识以图片、文字、视频等形式进行展示，创新禁毒宣传教育的形式。

4. 典型案例

案例背景：禁毒社工结合常用的微博、抖音等形式，设立禁毒微博账号和禁毒抖音账号，开展禁毒宣传教育“进网络”。

方案制订：设立通讯员管理禁毒微博账号和抖音账号，每天发布1—2条与禁毒相关的新闻、图片、视频等。通讯员通过设置关注、私信等方式与各类公众号达到相互关注，活跃账号信息，以获取更多关注。

实施过程：按照既定方案，设立专人管理禁毒微博账号和抖音账号。将禁毒社工日常开展的各类禁毒宣传活动定期发布至禁毒微博账号和抖音账号中，获取网络关注量。

效果反思：以文字形式发布的消息，通常较难获得高点击量。在各类短视频平台兴起下，原创视频获得了更多的流量。由简单的“文字 + 图片”的形式越来越难吸引网友的关注，有创意的原创禁毒漫画、视频等形式才更能获取关注。

第二节　禁毒宣传教育的内容

一、毒品危害

毒品是严重危害人类社会的公敌，毒品的危害涉及人们生活的各个方面，包括对吸毒者本人、家庭、他人和社会的危害等，且这些危害是长期的，甚至是永久的。

（一）躯体与心理危害

1. 躯体损害及相关疾病

毒品成瘾是一种慢性复发性脑部疾病，其表现包括躯体的病理性改变、心理（行为）异常和社会功能的损害，特别是在长期使用毒品之后这些损害尤为明显。毒品进入机体内后几乎可能影响机体所有系统（主要是中枢神经系统）的功能，改变其形态结构、生物化学过程，甚至改变基因的表达过程。一般来讲，毒品对机体的作用可以分为急性作用和慢性作用两大类，所造成的损害也包括多种方面[①]。

（1）毒品对个人生理健康的影响。吸食毒品会损害人体的各个器官、组织，可引发多种并发症。毒品可对中枢神经系统、呼吸系统、消化系统、免疫系统等造成直接损害；注射毒品者易发生各种感染及艾滋病的传播，其中化脓性感染率可达40%，此外，病毒性肝炎、心内膜炎、肾炎、结核病等的发生率也显著提高。有资料表明，吸毒者的平均寿命比一般人短10—15年，25%的吸毒成瘾者会在开始吸毒的10—20年死亡，吸毒人群的死亡率较一般人群高15倍，其中吸毒过量致死占有很大比例。

对于中枢神经系统损害：毒品对于中枢神经系统和周围神经系统都有很大的损害。常见病症有：由细菌感染引起的脑膜炎所形成的脑脓肿；由毒品掺杂物引起的脑栓塞可发展成肢体瘫痪，直至脑梗死；在精神方面可产生异常的兴奋、抑制、致幻等作用，出现烦躁、惊厥、麻痹、记忆力下降、主动性降低、性格孤僻、意志消沉、偏执、幼稚、妄想等一系列神经、精神症状。

对于循环系统损害：毒品对心肌有直接或间接的损害作用，海洛因依赖者中50%—55%的人心电图异常。毒品异物沉积可导致冠状动脉供血不足，以致心肌梗死，心率过快、过缓，心律不齐，传导阻滞等。吸毒者往往以贩养吸，在本不纯净的毒品中再加入其他成分，倒手卖给毒友。毒品和掺杂物进入循环系统后，人体免疫细胞会与其结合形成抗原抗体复合物，复合物增多引起血液黏滞，红细胞凝聚，血流速度变慢，缺血、缺氧，代谢障碍。毒品滥用时间越长，用量越大，微循环障碍越明显[②]。

对于肝脏及消化系统损害：毒品及其掺杂物通过肝脏代谢，造成对肝脏器官及功能的损害。海洛因成瘾者大都伴有肝功能异常，如急慢性肝炎、肝硬化、肝坏死，丙型肝炎等。口服可卡因可引起肠道缺血而出现肠坏死。阿片类药物可抑制肠蠕动引起便秘，诱发多种溃疡病及癌变的发生。吸毒者多表现出食欲下降、消化力差，营养不良。

对免疫系统的损害：毒品能抑制甚至灭活T淋巴细胞的生物活性，使人

① 潘泽泉编著：《禁毒社会工作基础知识》，北京·中国社会出版社，2016年版，第36页。

② 潘泽泉编著：《禁毒社会工作基础知识》，北京·中国社会出版社，2016年版，第36—37页。

体的免疫防线迅速崩溃，易患痈、脓疮、肺炎、病毒性肝炎、肺结核、淋病、梅毒、艾滋病等疾病。

对胎儿、婴儿的影响：孕妇吸毒可使胎儿染上毒瘾，形成“海洛因婴儿”，甚至会发育畸形或造成死胎。吸毒妇女的乳汁中同样含有毒品，使新生儿不吃含毒品的乳汁就会哭闹不止，呼吸急促，心动过速、惊厥、抽搐等。

对性功能的影响：长期吸食毒品者，随着时间的推移对性功能的损害也越来越明显。年轻女性吸毒者突出表现为经期紊乱、闭经和性功能障碍；男性吸毒者造成性欲低下、阳痿、射精延迟、精液不足、精子活力不足、精子畸形以致死精。

（2）毒品使用导致传染病蔓延。研究显示，使用海洛因、可卡因和苯丙胺类等毒品后状态，以及成瘾后不顾后果的、不可控制的用药行为，均可损害使用者的判断和决策能力，极有可能导致异性和同性之间的高风险的性行为（性乱行为和无保护性交行为）、共用注射针具、性毒品交易等，促进性传播疾病（STDs）和血源性疾病，如艾滋病病毒（HIV）、丙型肝炎病毒（HCV）和乙型肝炎病毒（HBV）在药物滥用人群中传播[①]。

2. 心理障碍及行为问题

毒品是通过直接作用于中枢神经系统导致成瘾，中枢神经系统是人类精神活动如感知觉、思维、情感、意志行为等的物质基础，长期使用毒品导致中枢神经系统功能与结构的改变，并且这些改变是不可逆的，吸毒成瘾者不仅会出现一系列的躯体并发症，还会导致精神、心理异常、情绪波动大、智力衰退、性情乖张、冷漠孤独、人格扭曲，甚至心理变态。

（二）家庭的影响

家庭是社会的基本细胞，是人类美满生活和社会结构中的重要稳定因素。近年来，由于毒品恶潮的侵害和蔓延，导致无数家庭家破人亡、妻离子散、家业败落，家庭欢乐和幸福不复存在，吸毒成瘾者家庭解体率是普通家庭的数十倍。吸毒引起的家庭问题和危机日益突出。

---

① 赵敏、张锐敏编著：《戒毒社会工作基础》，北京·军事医学科学出版社，2011 年版，第 47 页。

1. 导致家庭经济困难

由于毒品的价格非常昂贵，同时，吸毒成瘾后会使人产生对毒品的持续的渴求，从而导致吸毒成瘾者无力自制的觅药行为，使吸毒成瘾者都不可避免地耗费巨大的毒资。很多吸毒成瘾者往往会为了购买毒品而出卖一切可以出卖的物品和财产，最终只能沦落到倾家荡产，身无分文，四处举债。加之吸毒成瘾者无心工作，一心只想毒品，难免被解聘或被开除，这就更加剧了家庭经济的困难。

2. 导致家庭破裂

吸食毒品往往使人丧失对家庭应负有的责任感，一旦成瘾，会使吸食者完全以毒品为中心，导致夫不为夫、妻不为妻、父不为父、母不为母，使得家庭蒙上一层黑暗的阴影。吸毒导致性欲丧失、性功能障碍，夫妻正常性生活失调乃至无法维持，给吸毒者的配偶造成极大的心理压力和精神上的伤害，最终会导致婚姻破裂，家庭解体。长期吸毒会导致吸毒者的心理变态、精神不振和道德沦丧。吸毒成瘾者往往有暴力行为或倾向，当其毒瘾发作时，可能会殴打家庭成员，尤其是殴打子女，而受虐子女由于在家庭中处于弱势地位，受到伤害后往往得不到帮助和安慰，因此，极易造成心理压抑和性格孤僻，这在很大程度上会对其一生的成长和发展造成不良影响。在吸毒者家庭中，受害最惨重的莫过于未成年子女，由于吸毒者不顾一切地寻求和吸食毒品，丝毫不尽父母的责任。其子女无人照管，从小感受不到家庭的温暖，无法接受正常的培养和教育；有的子女流落街头，误入歧途；有的甚至被人拐卖，惨遭非人待遇[①]。

（三）社会危害

毒品问题已经成为世界各国密切关注并高度重视的社会问题，因为毒品损害的不仅是人体的健康，引起一系列家庭问题，还会对社会造成巨大的危害。

1. 公共卫生问题

吸毒问题产生的不仅仅是医疗卫生问题，还是覆盖面更大的公共卫生与社会问题。采用静脉、皮下或肌肉注射形式吸毒的人，由于使用不洁注射器

① 李健宇主编：《大学生安全教育读本》，2017 年版，第 227 页。

或共用注射器造成传染性疾病通过血液直接传播。据统计，以注射形式吸毒的人其艾滋病感染率为50%—60%。吸毒人员的性接触（包括同性恋）也容易感染病毒。吸毒者在初期毒品的刺激、兴奋作用下，对性的需求很强，且艾滋病病毒进入人体后有相当长的潜伏期，感染者在毫无症状或不知情情况下去娱乐场所，他们把病毒传给卖淫妇女，后者又传染给嫖客，嫖客再传染给他们的妻子或女友。这种传播方式使艾滋病毒从高危人群迅速扩散到一般人群。除此之外，毒品还助长了性病、肝炎和结核等多种危害人体健康传染病的蔓延，对社会公共卫生造成威胁。

2. 经济损失

毒品泛滥消耗巨额的社会财富，给社会的经济造成巨大的损失。据《2015年中国禁毒报告》显示，全国每年因吸毒造成的直接经济损失达5000亿元，间接经济损失超过万亿元。据美国《新闻周刊》报道，吸毒的职工时常迟到、早退和旷工，在工作时常发生各种事故，由此造成的经济损失每年达260多亿美元。另外，为了遏制毒品犯罪的蔓延，国家和地方政府不得不逐年增加大量的资金，投放大量人力物力，用于打击毒品犯罪、进行禁毒宣传教育和帮助吸毒者戒断毒瘾，每年在因吸毒引起的执法、医疗服务等方面的费用也是非常巨大的。

3. 人力资源损失

在吸毒引起的社会损失中，人员损失是一个不可忽视的内容。人员损失分为两类：一是明显的人员损失，二是不明显的人员损失。明显的人员损失是指那些因吸毒而直接致死者。据《2014年中国毒品形势报告》显示，截至2014年底，仅全国在册登记吸毒人员已死亡4.9万名，其中35岁以下约占60%。青壮年是国家的重要资源和希望所在，也是重要的劳动力和中坚力量，而吸毒使他们的体质下降，甚至丧失劳动能力，这对国家在人力资源成本上的损失难以用数字来说明。

4. 社会安全问题

吸食毒品会导致吸毒人员的人格变异，发生一些攻击他人的行为。由于毒品价格昂贵，再富有的吸食者也无力承受，而毒瘾又是吸毒者所无法控制的。随着吸毒时间的延长，吸毒者对毒品的耐受性不断增加，为了得到毒品，为了不断加大毒品的吸食剂量来获得开始时的快感，当经济能力不能满足需要的时候，部分吸毒者甚至会不惜铤而走险，以身试法，坑蒙拐骗、卖淫赌博、偷盗抢劫、绑架勒索，甚至行凶杀人。吸毒问题严重的地区往往也是抢劫盗窃事件的高发区，是社会治安较为混乱的地区。吸毒行为使毒品犯罪蔓延开来，大批吸毒者以贩养吸，加入贩毒者的行列[①]。近年来，因吸毒诱发的故意杀人、故意伤害、以危险方法危害公共安全、交通肇事犯罪等，严重影响和危害了社会治安及人民的生命财产安全。

二、毒品诱惑

（一）毒品泛滥的高危场所

传统毒品的贩卖与滥用，毒贩子行踪诡秘，吸毒者东躲西藏，他们都有自己固定的圈子和活动空间，没有清晰可循的痕迹。较之鸦片、海洛因等传统毒品，新型合成类毒品的泛滥以公共娱乐场所为主，主要在以下场所出现：KTV、夜总会、酒吧、旅店、饭店、会所等。“天色会”号称长沙装修最高档的会所，装修费用超过 2000 万元。在经营上，这家会所实行会员制，没有会员卡的人员根本没有进入该会所的可能，而办理一张会员卡，则须万元至十几万元钱。平时这家会所要到很晚才营业，在旁人眼中显得神秘。公安机关调查发现该会所为客人提供吸管、大头样签、托盘等吸毒工具，供客人吸食新型合成类毒品，还从全国各地招聘一批“KTV 公主”，为客人提供吸毒陪侍等服务。2009 年 9 月，160 名民警实施行动，突袭了“天色会”会所，100 名男女吸食 K 粉等毒品后正在随着音乐疯狂，民警当场抓获 134 名违法人员[②]。

（二）毒品的伪装

近年来，新型化学合成类毒品和新精神活性物质层出不穷，特别是以新面孔出现的各种伪装毒品和新类型策划药。一些不法分子通过改变毒品的形态、包装，生产销售一些新奇的毒品，比如邮票、巧克力、奶茶、跳跳糖等，降低人们的警惕，具有极强的伪装性、迷惑性和时尚性，容易导致人们在不知情的情况下误食、滥用。

据美国广播公司网站报道，美国印第安纳州西北警方日前表示，2017 年

---

① 李健宇主编：《大学生安全教育读本》，2017 年版，第 227 页。

② 曲靖市禁毒委汇编：《毒品预防教育读本（中学版）》，2012 年版，第 69—71 页。

7月6日，11名青年人因为食用了含有毒品的小熊软糖而不得不住院治疗。这些青年都在18—19岁，6男5女。他们吃的小熊软糖经检验发现含有THC（四氢大麻酚），是大麻中影响人心智的主要成分。这种“小熊软糖”不是沾了毒品的“小玩意儿”，这是浓度很高的硬毒品，只要吃掉一块半即可产生心率过速、双腿疼痛，眼前发花以及出现幻觉等症状。这种鱼目混珠的小熊糖果伎俩，2016年8月就曾在我国台湾出现过。

（三）常见毒品陷阱

除了面临来自不健康心理所导致的诱惑之外，毒贩子还编造了种种谎言，拉青少年吸毒甚至骗青少年贩毒。

毒招之一：谎称“毒品吸一两次不会上瘾”。

案例：网友“我想戒”：“那还是在20世纪90年代初期，少不更事的我不相信海洛因会给人那样的魔力。当然，那时听到的是如何地‘飘’和‘美妙’。于是开始了第一次，尝过以后也没有觉得什么特别。觉得不像他们说的那样‘妙不可言’，也不像宣传中所说‘一口上瘾’。就这样有了一次又一次，感觉找到了，也就再也找不回自己，再也丢不掉它，离不开它了。”

毒招之二：“免费尝试”。

案例：薇薇和美美是同班同学。美美父母离异，妈妈出国打工，她和姥姥生活在和龙市的一处偏远山区，17岁那年由于成绩突出，考取了一所重点中学，结识了薇薇。薇薇的父母也出国打工了，她经常带着美美出入娱乐场所，她们在KTV认识了一个叫“峰哥”的人。一次，峰哥带她们来到迪厅，“带你们小孩玩点刺激！”边说边拿出了吸毒工具。二人好奇就试了。最初峰哥还为她们提供冰毒，二人上瘾后，就开始高价卖给她们毒品。家里给的钱远远不能满足她们的需求，二人开始从家里骗钱、偷钱，不得已开始用自己的身体换取毒资。

毒招之三：“能减肥”。

案例：小苹是个胖女孩，常常为减肥烦恼。在迪厅跳舞时听信了“摇头丸可以减肥保持身材”的说法，就吃了。成瘾之后，她变得骨瘦如柴，并引发了急性心脏病。

毒招之四：声称“吸毒治病”。

案例：一个近六旬的老汉，为治疗风湿疼痛，竟然轻信毒品是良药，然而，不但病没有治好，自己却吸毒成瘾了。

毒招之五：谎称“吸毒可以消除烦恼，治疗心灵创伤”。

案例：女孩小云在外打工，因失恋心情很不好，一个朋友知道后，拿出一些冰毒，对她说吸一下什么烦恼都没有了。就这样，心烦意乱的小云，接触了毒品。

毒招之六：声称“吸毒时尚”。

案例：31岁的米航家境优越，留学归来接管家族企业，任执行总经理。他的朋友圈子大多也是这样年轻的“权贵”。一次朋友生日聚会上，大家正喝得酣畅时，有两个人拿出一袋K粉，提出要和大家一起分享。见到一群人拿着吸管用鼻子猛吸，米航知道这是吸毒，刚开始非常厌恶和抗拒。结果几个朋友都笑话他：留学反而“老土”了，连最新鲜、最过瘾的“打沙”（吸食K粉者的“圈内”名词）都不知道。看着身边的人一个个显得非常开心的样子，米航开始了第一次尝试，果然是更“high”，更放得开。原本还有一些罪恶感的他，在第二天醒过来后，发现自己完全恢复了正常，就和喝醉了一次酒一样。这一次充满幻想的奇妙之旅，让他大开眼界，他也渐渐融入这个圈子中，经常是互相请客“打沙”。半年以后，他因精神错乱被送进了医院。

毒招之七：说“吸毒可以解乏提神、可以帮你提高学习成绩”。

案例：听说服用兴奋剂可以提高学习效率，重庆一对父母为了女儿的前程，让女儿服用兴奋剂。在药物的作用下，女儿考上了重点高中，然而却患了严重的药物依赖症，像吸毒一样的“药瘾”随时折磨着这位花季少女，父母后悔莫及……。

毒招之八：一些毒贩子专门在学校周围用掺有毒品的香烟、饮料等诱骗学生，待其成瘾后，利用学生从事毒品分包、销售等活动。还有的毒贩出入迪厅、KTV、酒吧等娱乐场所，趁青少年离开时，在其饮料内添加毒品。

案例：赵某逃课去网吧打游戏，遇到了辍学的王某，两人一直玩到深夜，为了提神，吸食了王某递过来的香烟。之后，两人经常相约与别人网游。为庆贺网游升级，他们吸食了网游朋友给的“神奇香烟”，成了瘾君子①。

---

① 曲靖市禁毒委汇编：《毒品预防教育读本（中学版）》，2012年版，第72—82页。

三、防范策略

面对毒品的各种诱惑，以及现阶段毒品犯罪日益严重的趋势，可以从个人、家庭、学校、社区等方面做好防范措施。

（一）个人防范

1. 提高拒毒的能力

大众在防范毒品上应提高抵抗毒品侵袭的心理素质，一是做到“四知道”：知道什么是毒品；知道毒品极易成瘾，难以戒掉；知道毒品的危害；知道吸毒、贩毒是违法犯罪，要受到法律制裁。所谓知己知彼，百战不殆，只有对毒品有全面的了解，才能防范和抵制毒品的侵害。二是正确把握好奇心，自觉抵制不良诱惑，千万不要吸食第一口。三要正确面对困难和挫折，绝对不要用毒品来麻痹自己，逃避现实。

2. 养成良好的行为习惯

一是远离烟酒。吸烟、喝酒不利于身体健康，吸烟、喝酒的不良行为是沾染毒品的第一步。据调查，在吸毒者中，从青少年时期就吸烟、喝酒的人占的比例最高。吸烟、饮酒的年龄越早，越有可能沾染上毒品。因此，青少年必须把不吸烟、不沾酒作为自己的生活准则。二是避免涉足复杂的场所。一些歌厅、舞厅、迪厅、酒吧、网吧、游戏厅等娱乐场所是一些毒品违法犯罪活动的多发地点，涉足这些场所，容易沾上吸烟、喝酒等不良习惯，甚至可能是沾染毒品，给毒贩以可乘之机。远离不健康场所，多参加一些健康有益的文体活动和社会公益活动，可防止染毒行为的发生。三是谨慎交友。“朋友是另一个自己”，这是一位外国诗人说的。如果你的朋友有恶习你也跟着模仿；如果你的朋友炫耀自己抽过白粉见过世面，你也不甘示弱；如果你的朋友向你描述吸毒的妙处，你经不住诱惑也要尝尝。那么最后必然的结局是，你和你的朋友一起毁灭！所以，慎重交朋友，遵循交友原则，同样是远离毒品的有效办法。四是不盲目赶“时髦”。新型毒品和第三代毒品层出不穷，加之毒品的伪装越来越隐蔽，以及现在通信、物流发达，让不法分子有机可乘。比如前段时间流行的“咔哇潮饮”的饮料，里面含有致瘾成分，经公安机关毒品实验室对咔哇饮料的检验和分析，发现其中含有高浓度的管制毒品——“γ－羟基丁酸”。所以，不要盲目追赶时尚潮流，对新事物要保持理智、客观的态度。

（二）家庭防范

家庭是青少年毒品犯罪防范的“第一防线”，家长是孩子的第一任老师，因此，家庭对孩子成长有着重大的影响。家庭教育被认为是防范青少年毒品危害的第一道防线。因此家庭要发挥自己的特点和优势，开展对青少年的管理和教育，防范毒品对自己孩子的侵害。家长应当向孩子进行正确的人生观、道德观、价值观的教育，帮助孩子抵制外界不良的影响和引诱；家长是青少年成长过程中的第一位老师，应当以身作则，为孩子树立良好的榜样；家长应当对毒品和毒品犯罪的知识有所了解，才能在对孩子的教育中具备理论知识，并有针对性；家长应当抽时间与孩子交流，通过交流了解孩子对毒品基本知识和危害性的认识程度，并在沟通中帮助孩子远离毒品的危害；家长应当注意孩子所交的朋友，一方面要教育孩子不与行为不轨的人来往，另一方面一经发现孩子与不良青年交往的，就应当采取有效措施进行制止和阻挠，发挥家庭的保护功能，防止他们受到负面影响后堕落；家长更不能出于爱面子和所谓的为孩子的前途考虑，竭力袒护、包庇、掩盖孩子已经吸毒的事实，因为这样反而会延误孩子戒毒的时机。

（三）学校防范

很多吸毒者是从学生时代就开始接触毒品，青少年最主要的社会化主体是学校，因此，学校教育是构筑防毒的第二道防线。学校作为专门对青少年学生进行教育的机构，是国家有目的、有计划、有组织、有系统地通过一定的教育措施和手段来塑造青少年学生的主要场所。充分利用学校教育的主阵地，把毒品预防教育纳入常规课程，将禁毒元素有机融入语文、历史、化学、生物、思想品德等课程，发挥渗透教学作用，严格落实每学年至少安排 2 课时的毒品预防教育专题课程。拓宽和创新各种教育渠道与方式，使广大青少年学生充分认识毒品的特点和危害，提高自我保护意识和防范能力。比如，举办禁毒知识竞赛等，利用大众媒介和视听手段，增加禁毒宣传教育的趣味性。积极组织和鼓励学生参与禁毒活动，如“不让毒品进校园”“禁毒志愿者行动”等。

（四）社区防范

作为基层服务的社区，在当今社会体系下，不仅要促进自上而下的权利运行，而且要形成自上而下的权利救助机制，增强其在社会动态发展中的灵活性、能动性。主要措施有：一是加强重点地区和重点人群的管理，加大力度控制或消除当今的一些环境诱因，比如城中村环境比较复杂，人口流动性大，容易暗藏吸贩毒人员，街道、社区有关部门要重点排查。同时对高危人群加强教育、矫治、帮扶等防治措施，充分发挥社区的作用，积极引导他们树立正确的人生观，以避免这些“易感人群”滑入吸毒者的行列。二是加强社区的文化管理建设，净化、优化社区文化环境。比如，可以建立社会监督员队伍，强化监督、治理的力度，另外通过电视、广播、报纸、宣传栏等大众传播媒介，不断向社区公众传递反毒防毒信息，举办多种禁毒宣传教育活动。

四、生活技能

毒品预防教育是安全教育，是科学教育，是人的全面发展教育。它既关注人的生存安全，也关系人的健康生活，更关乎人的生命价值[①]。毒品预防教育应是集知识、态度、技能和行为于一体的综合性教育，应将国际组织倡导的生活技能教育理念运用到毒品预防教育教学中，力求通过此种教学方法促进教学过程中学生与教师、学生与学生之间的有效交流，提高学生的学习动机和学习兴趣。目前，世界各国都在推进以生活技能教育为基础的健康教育（即通过知识、态度，特别是技能的发展）来创造或保持健康的生活方式和状态。世界卫生组织将生活技能定义为一个人的心理社会能力，即一个人有效地处理日常生活中各种需要和挑战的能力，是个体保持良好的心理状态，并且在与他人、社会和环境的相互关系中，表现出适应和积极的行为的能力[②]。根据这个定义，可以有许多种能力被称为“生活技能”，主要包括自我认识能力与同理能力、有效的交流与人际关系能力、调节情绪与缓解压力能力、创造性思维和批判性思维能力、决策能力。

（一）自我认知能力

在心理学中，自我认知（self-cognition）也叫自我意识，或叫自我，是个

① 莫关耀：《青少年毒品预防教育存在的问题及解决的路径》，载《中国药物滥用防治杂志》2019 年第 1 期。

② 骆寒青、祝卫莉主编：《毒品预防与戒毒康复》，2014 年版，第 22 页。

体对自己存在的觉察，包括对自己的行为和心理状态的认知。简单地说，自我认知就是人在社会实践中对自己的生理、心理、社会活动及自己与周围事物的关系进行认知，它包括自我观察、自我体验、自我感知、自我评价等。

自我认知能力对个体发展具有十分重要的作用。如果一个人不能正确地认识自我，看不到自我的优势，觉得处处不如别人，就会产生自卑，丧失信心，做事畏缩不前；相反，如果一个人过高地估计自己，也会骄傲自大、盲目乐观，会影响对事物的正确判断。因此，恰当地认识自我，实事求是地评价自己，是自我调节和人格完善的重要前提。在吸毒人员案例中，有很多吸毒人员就是缺乏自我认知能力，有的认为毒品没有危害，有的认为吸毒不会成瘾，自己可以控制。往往就是因为吸毒者没有正确的自我认知，导致走上吸毒之路。

（二）人际交往能力

在社会学中人际交往被定义为人们在生产和生活活动过程中所建立的一种社会关系。而在心理学中则将人际关系定义为人与人在交往中建立的直接的心理上的联系[①]。据资料表明：良好的人际关系，可使工作成功率与个人幸福达成率达到85%以上；一个人获得成功的因素中，85%决定于人际关系，而知识、技术、经验等因素仅占15%。人是社会的人，有人的地方就有人际交往，从人性的角度来说，人人都渴望真诚友爱，大家都力图通过人际交往获得友谊，满足自己物质和精神上的需要。但在这个过程中，一旦遇到不良因素的影响，容易导致焦虑、紧张、恐惧、愤怒等不良情绪。实践证明，友好、和谐、协调的人际交往，有利于我们对不良情绪和情感的控制和发泄。

（三）情绪管理能力

情绪是以人的内在体验为载体，驱使人行动的动力。它是一种主观体验，是人类自我意识的核心。情绪不可能被完全消灭，但可以进行有效疏导、有效管理、适度控制。国内的心理学家一般认为，情绪管理是指一个人对情绪的自我认识、自我控制、自我区分等能力，以及对他人情绪认识与适度的反应能力，即情绪管理包含了如何准确地了解自己的真实感受，如何克服冲动，

---

① 张驰：《一口气读遍心理学常识》，2016年版，第75页。

如何发展延迟满足、如何调度情绪，如何避免因过度沮丧而影响思维，如何设身处地地为他人着想，如何真诚地理解别人，如何激励自己克服挫折，对未来充满希望等内容[①]。

情绪管理是个体早期社会化的重要内容，也是个体适应社会生活的关键心理机制之一。俗话说："情极百病生，情舒百病除。"可见情绪管理对人的身心健康具有重要的意义。因此，只有学会管理自己的情绪，保持健康、良好的情绪状态，才能有助于学业、事业的进步、人际关系的改善和身心健康的提高。情绪管理不仅与身心健康有密切关系，从广义上讲，与我们能否适应社会、获得事业成功也有着密切的联系。一个善于管理情绪、调节情绪的人，当他面临困难挫折的时候，他往往能够及时地调整自己的情绪，合理地看待困难和挫折，从而使自己保持乐观、自信的心态，并最终战胜困难、挫折。反之，一个不善于管理情绪、调节情绪的人，当他面临困难挫折的时候，他往往不能够合理地看待困难和挫折，从而使自己陷入悲观、消极的心态中无法自拔，甚至一蹶不振，最终则会被困难挫折所击垮。

（四）创造性思维

创造性思维是以感知、记忆、思考、联想、理解等能力为基础，以综合性、探索性和求新性为特征的高级心理活动，需要人们付出艰苦的脑力劳动。创造性思维是在整个创造活动中体现出来的思维方式，它是多种思维类型的复合体。我国著名数学家华罗庚说："'人'之可贵在于能创造性地思维。"创造性思维深藏于人的大脑之中，它既是一种无形的资源，又是一种潜在的能量，没有创新就没有发展。

（五）决策能力

决策能力是根据既定目标认识现状、预测未来、决定最优行动方案的能力，是管理者的素质、知识结构、对困难的承受力、思维方式、判断能力和创新精神等在决策方面的综合表现。每个人都是决策者，日常生活中的各个方面都需要作决策。我们一生会作出很多决定，而这些决定会成为我们人生的基石。制定适当决策的能力是一生中最重要的一种能力，作对的决定，比

---

① 白秦川、姜明君主编：《人力资源应用心理学》，2018 年版，第 238 页。

其他事情产生的影响都大得多，而过去犯的错也都可以追溯至当初错误的决策。数据表明，世界上企业倒闭的原因，85% 以上是由于决策失误引起的。由此可见，企业家的决策能力是决定企业成败的关键。拿破仑说：“作决定的能力最难获得，因此也最宝贵。”

以上这些能力能帮助青年人正确认识自己、他人和环境，调整自身行为，发挥个人潜能，建立健康的生活方式，较好地适应社会，健康成长。生活技能教育是在考虑文化和发展的前提下，恰当地锻炼强化青少年的心理社会能力，促进发展，保护人权，预防健康和社会问题。生活技能教育能有效预防修订药物滥用、不安全性行为、性病及艾滋病、自杀、暴力、意外伤害等问题行为。

第三节　禁毒宣传教育的形式

禁毒是全社会的共同责任。《中华人民共和国禁毒法》第四条规定，禁毒工作实行预防为主，综合治理，禁种、禁制、禁贩、禁吸并举的方针。关于禁毒宣传教育，《中华人民共和国禁毒法》第十一至十八条规定国家鼓励公民、组织开展公益性的禁毒宣传活动。教育行政部门、学校应当将禁毒知识纳入教育、教学内容，对学生进行禁毒宣传教育。公安机关、司法行政部门和卫生行政部门应当予以协助。居民委员会、村民委员会应当协助人民政府以及公安机关等部门，加强禁毒宣传教育，落实禁毒防范措施。未成年人的父母或者其他监护人应当对未成年人进行毒品危害的教育，防止其吸食、注射毒品或者进行其他毒品违法犯罪活动等内容。

《关于加强新时代全民禁毒宣传教育工作的指导意见》要求，深入开展禁毒斗争，有效治理毒品问题，必须坚持关口前移、预防为先，从根本上遏制吸毒人员滋生，从源头上减少毒品需求。加强禁毒宣传教育，是我国禁毒工作的一项基本方针，也是禁毒斗争长期实践经验的总结，是解决毒品问题的治本之策和重要根基。面对国际国内严峻的毒品形势，只有把预防宣传教育作为禁毒工作的第一道防线和关键环节抓实做好，教育广大人民群众清楚地辨识毒品，清晰地了解毒品危害，清醒地拒绝毒品诱惑，坚定理想信念，坚守道德观念，才能有效抵御毒品侵蚀，保障人民身心健康。只有通过传播禁毒知识、弘扬禁毒精神，在全社会形成“珍爱生命、远离毒品”“健康人生、绿色无毒”的共识，凝聚人民群众力量，自觉参与禁毒斗争，才能形成整体合力，推动毒品问题有效治理。

在国家禁毒政策法规的指导下，禁毒工作者结合实际工作需求，已开展了形式多样的禁毒预防宣传教育服务。

一、禁毒宣传形式

（一）新媒体禁毒宣传形式

1. 概念

我们这里提到的新媒体宣传，是指单位和组织通过现代化移动互联网手段，利用微信、微博、抖音等新兴媒体平台工具进行禁毒宣传、态度推广的一系列宣传手段。通过策划主题相关的优质、高度传播性的内容和线上活动，向大众广泛或者精准推送消息，达到相应宣传的目的①。

2. 常见的宣传形式

（1）微信公众号：通过公众号，单位和组织可在微信平台上实现和特定群体的文字、图片、语音、视频的全方位沟通、互动，形成一种主流的线上线下微信互动宣传方式。

① 百度百科．新媒体运营，https：//baike. baidu. com/item/% E6% 96% B0% E5% AA%92% E4% BD% 93% E8% BF% 90% E8% 90% A5/16845836？fr = aladdin.

（2）官方微博：官方微博以微博作为宣传平台，单位和组织利用更新自己的微型博客向网友传播禁毒政策、毒品常识及危害、涉毒案例等信息，向大众传递多元的知识，并与大众交流互动。

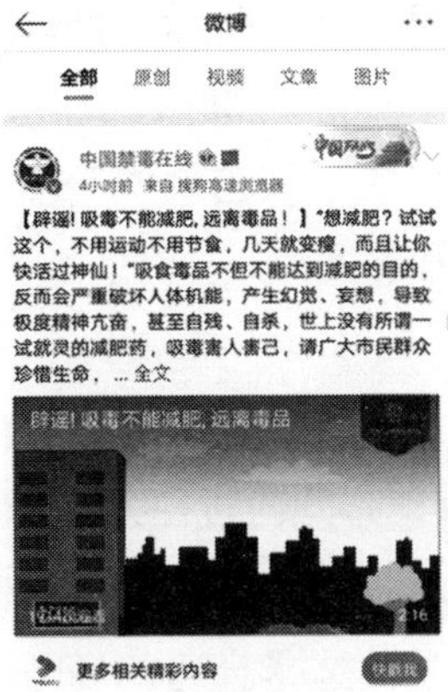

（3）抖音平台：是一款可以拍摄短视频的音乐创意短视频社交软件，单位和组织通过整合视频片段、文字、图片，结合音乐、特效制作禁毒相关的多主题创意短视频，吸引大众对禁毒宣传的关注。

（4）其他自媒体平台宣传：自媒体是单个的个体作为新闻制造主体而进行内容创造的，而且拥有独立用户号的媒体①。自媒体内容的主要表现形式有文字、图片、音频、视频等，内容呈现形式丰富多样，满足了人们对于简单、快捷、趣味性的需求。需要禁毒工作者多多发现优质宣传平台，并学习运用。

① 百度百科．自媒体，https：//baike. baidu. com/item/% E8% 87% AA% E5% AA% 92% E4% BD% 93/829414？ fr = aladdin.

（二）传统禁毒宣传形式

1. 概念

传统禁毒宣传形式是指单位和组织联合辖区各责任主体，在日常生活场所开展的知识传递和态度倡导的一系列宣传活动。通过策划主题相关的活动，以摊位式宣传、健康运动生活类、文艺展演等形式，向群众讲解毒品常识和危害，倡导拒毒防毒的意识和态度。

2. 常见的宣传形式

（1）摊位宣传：选择辖区内人流较密集场地，以发放宣传册、互动游戏、VR 体验、仿真毒品讲解等互动形式向过往人群开展禁毒知识、政策法规等的宣传。

开展此类服务需注意的是，选择合适的场地合适的时间，保证宣传效果的同时，保证参与对象的安全。

（2）健康运动生活类：包括禁毒健步走、骑行、微型马拉松、各类球赛、大合唱、广场舞比赛等。

此类服务多为户外活动，且参与者多为 100 人以上的大型活动，除了做好服务策划和管理，一定要注意安全，给参与者购买合适的意外保险，并准备好急救医药箱，安排相关急救工作人员或志愿者为服务作保障。

（3）禁毒主题文艺展演：如禁毒主题电影（包括微电影）展演、禁毒歌舞表演、话剧展演、禁毒小品、行为艺术展示、“快闪”、禁毒主题绘画展、禁毒主题摄影展等。

关于艺术形式，“每个人都是天生的演员”，不乏禁毒工作者自编自导自演的优秀作品，后续工作中还可以持续探索创新。

二、禁毒教育形式

（一）线上禁毒教育形式

线上禁毒教育是基于互联网各种平台开展的禁毒教育，主要形式如下。

1. 禁毒主题教育系列微课线上投放

可根据不同人群的特征和需求，开发禁毒主题教育系列微课，投放各大视频网络平台，尤其是禁毒主题教育网络平台，便于长期使用。但这种线上投放课程的形式也有其缺点，便是无法做到与听课对象的及时互动。青骄第二课堂里就挂有云南师范大学莫关耀教授主持的“你不知道的毒品真相”慕课。

2. 禁毒主题教育课程线上直播

根据不同人群特征和需求，开发相应禁毒主题课程，并通过直播平台，进行线上直播，不仅可以向社会大众传授禁毒知识，还可以通过直播平台与学员及时互动。线上禁毒教育形式，不仅大大节约了场地成本和时间成本，还摆脱了空间的束缚。只要有手机和网络，可以根据需求随时随地地开展“空中云课堂”。

（二）线下禁毒教育形式

1. 概念

线下教育，是指单位和组织联合辖区各责任主体，于线下开展的禁毒教育服务。以教育基地参观、班会讲座、禁毒志愿者培养、文化艺术作品创作与比赛等形式，针对服务对象讲解禁毒工作相关理论、技巧与知识，通过实践教育促进参与式互动。

2. 常见的禁毒教育形式

（1）教育基地参观：整合资源，带领辖区大众（主要侧重在校的青少年学生）前往禁毒宣传教育基地参观学习，通过可视化的历史、知识、案例展示，以及互动式的模拟，向参观者进行禁毒教育。

（2）班会/讲座：联合教育部门、学校，针对在校儿童青少年学生，开展专题的知识教授式班会（50 人以内）和讲座（50 人以上），提升学生对毒品及危害的了解，倡导拒毒防毒。

（3）禁毒志愿者培养：通过禁毒相关理论、技巧与知识学习，禁毒线下宣传及教育服务的实践，培养教育禁毒志愿者队伍。

（4）文化艺术作品创作与比赛等：面向所有社会群众，以各类群众喜闻乐见的艺术形式结合禁毒教育主题开展。

（5）专门的禁毒知识竞赛、演讲比赛和辩论赛等。

三、禁毒宣传常用技巧

（一）文案设计技巧

1. 新媒体文案

文案写作方法：核心扩展法、各个击破法、倒三角写法、故事引导法[①]。

（1）核心扩展法：顾名思义，先确认文章核心观点，然后从核心观点出发进行扩展阐述。

（2）各个击破法：将文章重点放在服务的特色亮点内容上。对每一个特色亮点内容，通过图文并茂的方式，进行单独具体详细的阐述。

（3）倒三角写法：类似开门见山的写法，通过第一段集中阐释服务的特色亮点，吸引读者继续阅读的兴趣，然后再具体阐释文章内容，最后总结服务的优势，让读者对文章和服务的印象更加深刻。

（4）故事引导法：通过故事案例讲述的方式，引起读者的兴趣，同时增强读者的代入感，更加形象地体会到服务的效果。需要注意的是，故事案例的逻辑要严谨、价值观要正确，可以是在真实服务案例的基础上作优化，切忌胡编乱造故事。

2. 纸媒新闻稿

（1）新闻稿六要素：包括“五个 W”：Who（何人）、What（何事）When（何时）、Where（何地）、Why（何故），以及“一个 H”：How（如何），即时间、地点、人物、事件的起因、经过、结果[②]。

（2）新闻稿组成：分类、结构、标题、导语、主体、结语、背景。

分类：消息、通讯、评论等。

结构：一般包括标题、导语、主体、结语和背景五部分。前三者是主要部分，后二者是辅助部分。

标题：高度概括，抓人眼球。

导语：用来提示消息的重要事实，使读者一目了然。

主体：随导语之后，是消息的主干，是集中叙述事件、阐发问题和表明

---

① https：//baijiahao. baidu. com/s？ id = 1598910408863924483&wfr = spider&for = pc.

② 新闻的六要素，http：//www. ccutu. com/270326. html.

观点的中心部分，是全篇的关键所在。

结语：一般指消息的最后一句或一段话，是消息的结尾，它依内容的需要，可有可无。

背景：是事物的历史状况或存在的环境、条件，是消息的从属部分，常插在主体部分，也插在导语或结语之中[①]。

3. 政府简讯

（1）政府简讯组成：标题、导语、正文、结尾、附图/附件、尾注。

标题：避免出现“简讯”“……活动简讯”字样。

导语：导语是简讯开头的一段话，可用极简明的话概括简讯的最基本内容（有些简讯可无导语）。

正文：体现新闻稿撰写六要素的内容，以三段式为佳，是简讯的主要部分，要求具体清楚，内容翔实，层次分明。

结尾：全文内容小结（有些可无结尾）。

附图/附件：主要放与稿件中事件相关的图片等资料。

尾注：可加上活动主办和协办部门与年月日。

（2）政府简讯范文：此处提供内容参考，具体行文格式，参照用人单位的要求。

×××禁毒工作

〔2020年〕第1期示范创建专刊第43期

×××禁毒委员会办公室编　　　　　　　　2020年1月2日

我市圆满完成禁毒专干和禁毒社工专业能力提升培训工作

为提升我市禁毒专职工作人员和禁毒社会工作者职业技能，受省禁毒办委托，12月26—27日，×××受到×××市委党校开展为期一天半的禁毒社会工作基础知识普及课程培训。全市各乡镇（街道）禁毒专干，各县、区禁

① 新闻稿，https：//baike. baidu. com/item/% E6% 96% B0% E9% 97% BB% E7% A8% BF/6869821？fr = aladdin.

毒社工组织人员共 134 人参加了此次培训。

开展禁毒专干和禁毒社工专业能力提升培训，是新时代禁毒工作对禁毒工作者提出新的要求，本次课程是省禁毒办在全省范围内实施的禁毒社工专业能力提升工程，是加强禁毒社会工作者队伍建设，提高禁毒专业社会工作服务质量，提升全省禁毒工作整体水平的重要举措。将在参与社区戒毒康复、预防宣传教育等禁毒实践，在深入推进我市全民禁毒工程建设中发挥重要作用。

本次课程内容涵盖禁毒政策法规、禁毒社会工作理论与工作方法及戒毒康复工作实务等禁毒工作基础知识，深圳温馨社工服务中心的资深社工讲师×××、×××深入浅出、图文并茂，理论联系自身工作实践经验，为参训人员奉上一场知识饕餮盛宴。参训人员学习情绪高涨，课后讨论热烈，纷纷表示，此次课程内容丰富生动，强化了禁毒理论知识武装，对今后开展禁毒工作具有重要意义。

（可根据需要添加简讯相关图片 3 张）

报：省禁毒办，市委，市人大，市政府，
市政协；发：各县、区禁毒办，市禁毒委
各成员单位。

（存档 1 份）

签发人：××× 审核人：××× 责任编辑：×××

（二）活动照片常用拍摄构图技巧

我们常说“有图有真相”，是因为好的现场照片能够让受众直接感触到现场的情境，甚至能够引起人们的情感共鸣。所以要宣传好一场服务，离不开好的现场照片，但目前大部分禁毒社工拍出的现场服务照还有很大的提升空间。跟我们开展社工专业服务的道理一样，要拍出好的照片，是需要技巧和方法的，尤其是构图的技巧，下面就跟大家介绍 3 种常用且易学的构图技巧。

照片构图方式：中心点构图、三分法构图（九宫格构图）、均衡式构图。下文将具体阐述[①]：

中心点构图：中心点构图是将拍摄主体放置在画面中心。这种构图方式便于突出拍摄主体，且画面容易取得左右对称平衡的效果。这种构图方式十分容易操作，特别适合拍摄活动全景场面、人物背影、物品、logo 等。

三分法构图（九宫格构图）：三分法构图也被称为九宫格构图，是一种比较常见且简单实用的构图方法。一般由“井”字形线条将画面均分，拍摄时将主体放置在线条四个交点上、在线条上或者在交叉的方框内均可。现在许多手机、相机自带九宫格构图导引线，便于实操使用。此构图方法适用于拍摄服务现场中景、人物特写，突出画面的故事内容。

① 构图法则，https：//baijiahao. baidu. com/s? id = 1617215613491694827&wfr = spider&for = pc.

均衡式构图：均衡式构图就是维持画面平衡，让主体与背景衬托物体呼应从而让画面更有平衡感，增加画面纵深和立体感，给人以美的感觉，常用于月夜、水面、夜景、新闻等题材。此构图方法在社工服务中常适用于拍摄服务现场中景、人物特写。

当然，想要拍出一张好的服务照片，除了掌握必要的摄影技巧，作为服务现场摄影者还需要了解该场服务的目标、意义、流程环节等内容。同时，服务现场可能条件有限，现场拍摄的原图达不到预期，所以也要学习图片后期处理的技能，根据服务需要对图片进行编辑处理。一般的图片处理，手机自带的软件就够用了，要求高一些，可以考虑使用 PS 等容易上手的软件处理。如果还有更高要求，则可以找专业人员处理。

四、禁毒教育常用技巧

（一）善用理论

思想指导行动，理论指导实践。掌握禁毒教育服务开展的理论并运用于指导禁毒教育服务方案的设计与执行，既是禁毒教育工作的要求，也是做好禁毒教育工作非常重要的一个技巧。如社会学习理论、程序逻辑模式在禁毒教育工作中的应用，能够对禁毒教育活动的内容筛选、流程设计提供指导。

（二）寓教于乐

禁毒教育面向社会大众，重点面向青少年，这是毒品预防工作的一个重要方面。禁毒教育之于一般教育来说，主题相对沉重。书籍、电视、网络、海报、宣传手册等上面常看到许多因吸毒导致吸毒者本人或者其他人的身体受到伤害的案例，不少画面可以用“血淋淋”来形容。这种方式固然可以给信息接收者直击心灵的刺激，令其对毒品和吸毒行为产生抗拒，但是也有可能会产生心理不适的反应，尤其是给心智尚未成熟的少年儿童带来负面影响。所以这种“恐吓式教育”一般使用时都会谨慎考虑服务对象的接受程度。此外，对于毒品知识和与禁毒工作相关的政策法规等内容的教育，照本宣科会比较枯燥，且服务对象也会觉得难以理解记忆，禁毒教育工作的效果也会打折扣。

因此禁毒教育工作应多以人民群众喜闻乐见且易于理解的方式开展，对于青少年的禁毒教育多以积极正向的方式为主，注重禁毒教育内容和形式的多样性、新颖性和趣味性，引发服务对象的学习兴趣，提高学习主动性和禁毒教育活动的成效。

（三）寓教于境

“读万卷书，行万里路”“纸上得来终觉浅，绝知此事要躬行”，都在告诉我们学习不应该只局限于书本上和课堂里，还应该走出去，在实际情境中、在实践的过程中通过体验学习知识。

1. 参与式教学

就是调动受教育者的学习兴趣，在教育者的引导下积极参与到禁毒教育的活动中来，用游戏、活动等形式体验禁毒教育的魅力。

2. 体验式教学

前往禁毒教育基地、禁毒展览馆、科普馆等场所参观。可以充分利用这些场所资源，带领服务对象开展体验式学习。此外还可以借助高科技工具，运用声、光、电、画面等带服务对象感受吸食毒品给自己带来的影响。

3. 情境模拟

为了运用已有的场所，我们还可以根据事实案例创造“模拟情境”，让服务对象通过“角色扮演”的方式在模拟情境中感受和学习。

书本上和课堂上的学习依然重要，但是恰当地使用“体验式教学”和“情境模拟”的技巧，会让服务对象更感兴趣，也对所学知识记忆更加牢固。

（四）因材施教

每次开展禁毒教育工作，都要收集分析服务对象的基本信息与特点，了解其普遍性和差异性。主要信息包括年龄、性别、学历、兴趣，根据禁毒教育对象的特点设计相应的禁毒教育活动方案并执行。

如在禁毒志愿者培养教育服务中，根据老年志愿者、少年志愿者、青年志愿者等不同年龄层的学习能力和学习时间，以及参与后续实践志愿服务的程度不同来展开。又如，开展禁毒教育讲座，面对小学、初中、高中、职高、大专、大学等不同层面的学生，讲课内容深度及讲解方式及侧重点均应有所不同。

（五）充分的双向互动

教育的过程是一个双向互动的过程，禁毒教育工作开展过程中也应注重与服务对象之间充分的、有效的互动。有效互动的技巧主要包括以下 3 个方面。

1. 给服务对象充分的沟通表达和交流展示空间

在禁毒教育工作开展过程中，给予服务对象积极倾听和正向鼓励，为其创造一个轻松包容的氛围。

2. 及时给予服务对象准确恰当的回应

有效的互动是双向的，面对服务对象的表达，禁毒社工需要给予及时恰当的回应。如果没有足够准确的信息回应服务对象，为避免误会，不要模糊回应，可以在了解清楚之后再予以回应。

3. 在互动中综合运用眼神、语言和肢体语言

如果互动仅仅靠语言，面对“词不达意”“语言苍白”的时候，我们的表达就会受限制。这时就可以综合运用眼神和手势、身体姿势等肢体语言，更加灵活生动地去表达。

（六）善用辅助工具

“君子性非异也，善假于物也。”在开展禁毒教育工作的过程中除了以上

介绍的技巧，还要善用辅助工具。恰当的辅助工具可以为我们的教育工作锦上添花。禁毒教育工作中常用的辅助工具如下。

1. VR、AR、PPT、视频

随着社会发展和科技进步，电子设备已经广泛应用在各个方面，这些工具可以在禁毒教育讲座过程中使用，VR、AR、PPT 和视频的使用可以丰富讲座内容，调动服务对象的学习兴趣，也从视听方面加深服务对象对所学的记忆。

2. 道具模型

禁毒工作中常用的道具模型主要是“仿真毒品模型”“仿真吸毒用具”“仿真吸毒场景”，可以帮助服务对象更加直观形象地认识毒品。道具可以帮助服务对象直接体验吸毒的感受，打消其对吸食毒品的感觉的好奇心。

3. 教案、讲稿

在开展禁毒教育服务中，对教育者的知识储备和讲授要求是比较高的，所以需要提前做好充足准备，认真准备教案和讲稿，并且安排时间进行演练。

第四节　禁毒宣传教育的策划

一、社会服务方案策划概念及常用理论

社会服务方案策划是运用理性的方法，通过清楚了解服务机构的工作理念、政策、资源和发展方向而确立服务目标，并从多个服务方案中选取一个理想方案，然后分配和动员资源，并在推行服务活动中结合实际修改服务计划的过程。

一个服务方案计划是一套实现预定目标的工作蓝图。社会服务方案策划一般由评估服务对象的需要，建立具体的服务目标，选择最有效的行动策略，设计资源的筹集与分配方案以及向服务对象提供服务的构想组成。

（一）程序逻辑模式

1. 基本理论

程序逻辑模式（Program Logic Model）中“程序”与“逻辑”是两个关

键环节。程序是指项目运行的环节及其流程，逻辑是指环节及其流程之间的关系。程序逻辑模式认为，项目发展必须依据设定的程序，程序的环节之间必然具有逻辑性。如果环节不依据流程或流程之间不具有逻辑性，说明项目的设计和运行可能存在问题。

程序逻辑模式将形态各异的评估内容归纳为“处境分析”“理论假设”“资源投入”“活动/服务”“服务成效”“外在环境因素”“各环节的逻辑联系”等七个环节。

2. 主要环节

处境分析（Situation）：即项目的背景阐述。例如，“青少年毒品预防宣传教育”项目的“处境分析”这样描述项目的背景：“青少年对毒品常识及危害认识不足”“学校缺乏专业、系统的教育课程”“青少年对新型毒品和传统毒品的了解度存在差异”“青少年了解毒品的途径单一”等。

理论假设（Assumptions）：指项目的理论支撑，它关系到“项目的科学性和有效性”的问题。如“人具有发展的潜能”是我们进行助人活动获得成效的理论依据。理论假设是项目灵魂，是项目成败的一个十分关键的因素，所以必须是合理可行的。

环境因素（External Factors）：指推行项目的服务或活动时的外在因素，是项目设计者和运行者所控制不了的外部环境，包括但不限于经济、社会、政治、文化及社区因素等。

资源投入（Inputs）：指项目实施过程中所投入的（人、财、物）等各种资源，它是项目成功运行的必要保障，是项目运行的最原始的起点。资源的投入与成效的实现通常具有一定的正相关。

活动/服务（Outputs）：“投入”资源后，“产出”就是活动/服务，通过向服务对象提供一定数量、形式与内容的活动/服务来实现既定目标。

服务成效（Outcomes）：指通过资源的“投入”、活动/服务的“输出”，相应地为服务对象带来的获益。它是衡量项目成功与否的关键性指标，可分为短期、中期和长期三个维度。短期的成效与“学习”有关，服务对象通过学习，很快地在知识和感觉层面获得了提升，长期成效与“状况转变”有关，是指服务对象的问题得到基本的解决。长期成效通常需要一年或数年的时间才能呈现，它是项目的价值所在，也是项目所追求的终极目标。

各环节的逻辑联系（Logic links）：运用好程序逻辑模式的重要之处，是必须正确把握各环节之间的逻辑联系。其逻辑思路是在项目初期或规划期，以“服务成效”为起点，来反推或设定“活动/服务”与“资源投入”，以确保“服务成效”的实现；在项目的评估期，以“资源投入”为起点，来考察“资源投入”与“活动/服务”“活动/服务”与“服务成效”的适配性。当然，毋庸置疑，前提条件是处境分析、理论假设和外在因素分析等这些环节必须做到位。

在七个环节的具体内容中，处境分析、理论假设、外在环境因素等诸项必须言之有物，有根有据；资源投入、活动/服务以及服务成效这三大环节的具体内容必须全方位覆盖。如帮助社戒社康对象解除心瘾，保持操守的服务中，内容可能是：一年内社工走访6次，尿检12次，面谈12次，心理咨询辅导6次，职业技能训练3次等。活动的详细内容设定及开展进度，必须依据相关理论的指引，通过大量的专业调查，运用定性和定量的方法分析来确定。

（二）5W2H法

5W2H分析法又叫七问分析法，是第二次世界大战中美国陆军兵器修理部首创。简单、方便，易于理解、使用，富有启发意义，广泛用于企业管理和技术活动，对于决策和执行性的活动措施也非常有帮助，也有助于弥补考虑问题的疏漏。

这七个方面是：

（1）WHAT——是什么？目的是什么？做什么工作？

（2）WHY——为什么要做？可不可以不做？有没有替代方案？

（3）WHO——谁？由谁来做？

（4）WHEN——何时？什么时间做？什么时机最适宜？

（5）WHERE——何处？在哪里做？

（6）HOW——怎么做？如何提高效率？如何实施？方法是什么？

（7）HOW MUCH——多少？做到什么程度？数量如何？质量水平如何？费用产出如何？

5W2H分析法，在社会工作者策划活动中，是一个简单、易操作的工具，对于新手社工也便于掌握。如我们开展一场禁毒趣味运动会活动，就需要思考，我们为什么要开展禁毒趣味运动会（WHY）？禁毒趣味运动会的具体内容和环节包含哪些（WHAT）？趣味运动会的参与人员是谁？工作员有哪些人

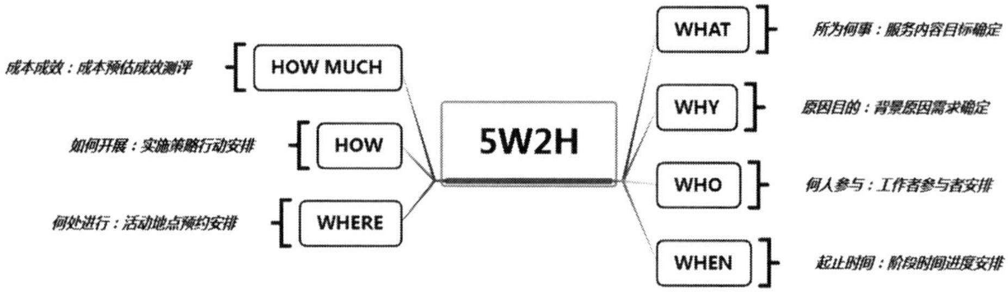

(WHO)？禁毒趣味运动会在什么时间开展？各项工作筹备的时间节点(WHEN)？禁毒趣味运动会在哪里开展，是室内还是室外（WHERE)？趣味运动会具体的每个环节的内容和流程安排如何（HOW)？通过禁毒趣味运动会的经费预算如何？可以达到什么样的成效目标（HOW MUCH)？

二、禁毒宣传教育方案策划的步骤和方法

服务的提供可分为计划、执行和评估。其中计划由两部分组成，即问题的分析与目标制定。因此，社会服务方案的策划分为问题的认识和需求分析阶段、目标的制定阶段、方案安排阶段和服务的评估阶段共四个阶段。

我们在做禁毒宣传教育方案策划时，需要依照这四个阶段结合禁毒服务的实际情况进行方案的策划。

（一）问题的认识和需求分析阶段

问题的认识和需要评估是社会服务方案的首要基础，一个全面的问题的认识和需要评估的过程主要包括认识问题、寻求解决问题的资源、根据问题的严重性排列优先次序、开展方案策划与提供服务。

问题认识即要认识需要解决的社会问题。在禁毒宣传教育的方案策划中，我们需要了解我们策划活动的背景是什么？面临的问题是什么？问题形成的原因有哪些？我们的服务从哪些角度进行介入？

如在禁毒的宣传教育活动策划中，我们发现的问题，如社区居民不能辨识毒品和非毒品的区别、对毒品的危害认识不足、不懂得如何拒绝毒品的诱惑、对毒品的相关法律法规不了解。

方案策划者通过分析形成这些问题的成因，寻找解决这些问题的方法和资源，同时根据前期的调研分析，来评估目标群体的需要。方案策划者在确

认问题，掌握了问题在社区的分布情况，确定了未来行动的“目标对象”后，必须进行需要评估工作，即要评估某种需要的人群范围与程度，包括界定处于危机的人口、目标对象人口以及求助者或受影响的人口。

如下图所示，最外圈是全部人口；第二圈是面临危机的人口，其中一部分危机人口可以通过个人力量、家庭支持以及寻求朋友、同事、单位帮助而化解危机；而另一部分则落入第三圈，成为社会服务机构的目标对象。但是由于社会服务机构的人力、物力、财力等资源的限制，服务方案一般只能真正帮助那些最里圈的“求助者或受问题影响的人口”。

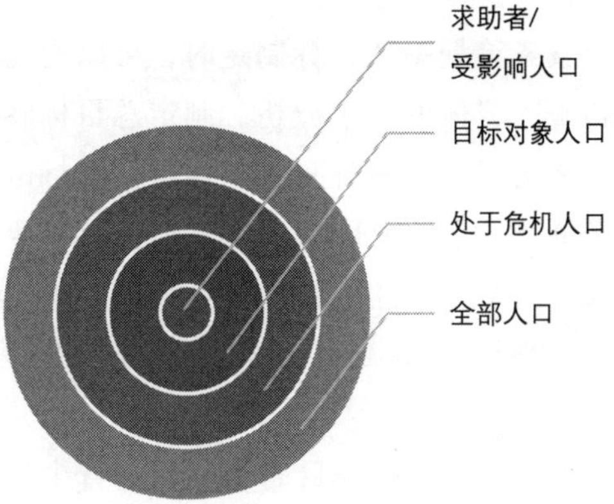

禁毒服务群体主要包含吸毒人群、吸毒人群的家庭、青少年、社区居民等，而在禁毒的宣传教育活动策划中，更多的是作为预防性的工作，服务方案策划的对象，不仅仅针对求助者和目标对象人口，还包括处于危机人口和全部人口。当然全部人口也包含地域性的不同、年龄差异等，我们一般会分为青少年群体和社区居民群体。而针对青少年群体的禁毒宣传教育，重在教育，传授知识，更多地是在校园中开展。针对社区居民的禁毒宣传教育，重在宣传，改变思想，更多地在社区开展。同时，推进禁毒“七进”活动，通过“进校园、进家庭、进社区、进单位、进场所、进网络、进工厂”开展禁毒宣传教育活动时，服务策划的服务群体也有不同。

（二）目标制定阶段

1. 界定总目标和影响性目标

方案策划者首要的工作是从目标对象人口中找出要介入提供服务的“求

助者/受影响人口”，并制定要达到的总目标和影响性目标。总目标指机构在社会服务方面希望达到的一些总体状态。此类目标比较抽象，难以测量。影响性目标是社会工作干预所要达到的目标。为了保证服务目标的实现，除了影响性目标，还应确立服务性目标和确定支持保障目标。

2. 界定目标的优先次序

方案策划者根据已经确定的“明确的问题”，建立目标的优先次序，其重点是考虑可拥有和可动员的资源。资源主要包括环境因素和情境状态，还有人力、财力、物力配置等。另外，还要思考以下因素：服务对象的发展阶段和特点、机构的目标、问题的紧迫程度、社会正义等。

在禁毒宣传教育服务策划中的目标制定时，可以使用程序逻辑模型，联系前述的存在问题和服务群体的需求分析，制定总目标和影响性目标，在服务方案中，我们常称之为目的和具体目标。而具体目标的设定，我们一般需遵循 SMART 原则。SMART 是一个目标设定原则，能够帮助我们设定理想的项目目标。原则上来说，所有项目的目标都应该满足 SMART 原则，即符合下面五个原则：具体性（S）、可衡量性（M）、可实现性（A）、相关性（R）和时限性（T）。

如在禁毒宣传教育活动中，服务目的是“促进青少年对禁毒知识的系统化学习，提升青少年识毒、防毒、拒毒能力”。活动的影响性目标是“让90%的青少年在活动中至少认识到毒品的 3 个危害；让 90% 的青少年在活动中至少认识到 6 种以上的毒品类型；让 90% 的青少年在活动后至少学习到 3 种向毒品说‘不’的方法；参与者对活动的满意度达到 90% 以上”。

（三）方案安排阶段

1. 制订各种可以实现目标的可行性方案

方案制订者在这个过程中主要是讨论多种可行的方法，清晰地描述出各种限制，甄别哪些服务是可行的、有效率的，能有效满足服务对象需要的。这个阶段要尽可能地列出多种可能提供的服务方案。各方案的详细内容包括：目标、对象、活动形式、日期、时间、场地、服务程序表、人力分配、财政预算、所需设备、预期困难和应对方法等。

2. 选择理想的可行方案

策划者可选用“可行性方案模型”来筛选理想方案，这个模型有 6 个筛选标准：一是效率，指方案资源投入和服务产出比值；二是效果，指方案实现目标的程度；三是可行性，指实施这个方案达到成功的程度，包括方案是否实际可行、机构是否可以完成这个方案、机构过去完成这类方案的记录、方案计划是否适当；四是重要性，指这个方案是否是唯一能达到目标及必须推行的程度；五是公平，指这个方案公平地提供给有需要的个人或团体的程度；六是附加结果，关注的是方案中所产生的意外（目标之外）的效果，包括对社会所产生的正面和负面效果。

3. 决定资源需求和争取资源

策划者确定理想、可行的方案后，就可以决定资源的总需求并进行资源的争取工作。那些处于优先的、最可行的方案比较容易获得资源。对于社会服务机构高层管理者而言，他们在决定是否采用某服务方案时，一般会考虑“经济上是否有效益”“社会上是否接纳”与“政治上的可行性”。具体而言，包括如下一些考虑：这项服务是否符合机构或服务方案的目标和优先次序，机构是否有足够的资源提供这项服务；所提供的服务是否被服务对象和社区成员接纳，是否可由现在的服务提供者继续给予干预；这项服务是否满足政策的要求，这项服务是否是机构所必须提供的，这项服务的可能效益是否比估计的成本更重要；能否测量这项服务的“服务效果”，被选择或批准的项目能否发展成“实践计划”，推行这项服务过程中是否有严重的危机存在等问题。

4. 制订行动计划

当服务计划被批准可以执行后，必须先将服务方案的目标分解成若干具有可操作性的“执行目标”，执行目标需有方法及其完成的服务内容，并充分考虑：完成服务方案的重要活动是什么，谁负责完成每项活动或任务，哪些重要的活动应在何时开始、何时完成，要完成每一项活动所需要的基本资源是什么等。在制订行动计划中，一般可以分为活动筹备安排的事项和活动当日流程安排的事项。

在禁毒教育活动的筹备阶段：

序号	活动内容	完成时间	负责人	备注
1	宣传招募活动人员	6 月 15 日	王社工	招募人数
2	撰写方案申请预算	6 月 17 日	王社工	

续表

序号	活动内容	完成时间	负责人	备注
3	邀请培训讲师	6月18日	李社工	需制作 PPT
4	活动物资购置准备	6月21日	李社工	
5	场地沟通、布置安排	6月22日	王社工	
6	签到表、满意度问卷	6月23日	李社工	

在禁毒教育活动的当天流程安排（6月26日）：

序号	活动内容	时间安排	负责人	备注
1	活动人员签到	14:00—14:20	李社工	
2	介绍活动目的、流程安排	14:20—14:30	王社工	
3	禁毒知识讲座	14:30—15:00	禁毒讲师	PPT
4	游戏互动环节	15:00—15:30	王社工	李社工协助
5	朋辈督导员分享	15:30—15:45	王社工	过来人故事
6	活动反馈、满意度测评、合影	15:45—16:00	李社工	满意度问卷
7	社工小结、收拾场地	16:00—16:30	李社工	所有人

（四）考虑服务的评估

方案策划者在设计服务方案的同时也应设计有效的评估方法，用来检验各项行动计划中所要推行的“方案活动”是否能根据原定计划和日期推行和完成，更重要的是看确定的方案活动是否能实现目标以及达到的程度如何。

方案的评估一般采用两种方法：过程评估和效果评估。过程评估关注方案进行过程中服务对象和人数的变化，服务方案中必须完成的主要工作项目的完成情况、资源使用情况、经费支出情况是否按照预定的日期进行。效果评估主要测量的是方案实施后所产生的效果，该部分需结合前述的影响性目标进行回应，来评测服务成效。同时，也可以通过服务满意度测评来评估活动时间、场地、内容及环节安排上，参与对象的满意度和参与度。评估的方法可以通过现场的访谈、活动后的分享、满意度问卷测评等进行。

三、禁毒宣传教育经典案例

（一）禁毒教育活动策划案例

“学馨教育　无毒青春”
——DL 街道青少年禁毒知识教育宣传进校园系列活动

（以 DL 街道实验学校为例）

一、活动背景

近年来，受国内外多种因素影响，我国毒品形势严峻，毒品滥用问题发生新变化，以青少年为主体的滥用合成毒品问题突出，吸毒人员低龄化趋势明显，青少年群体的好奇心强、防守能力较低、毒品知识了解匮乏的特点也较为突出。

为了避免因青少年对毒品的无知而受害，特针对 DL 街道实验学校在校生开展禁毒知识教育宣传进校园系列活动 3 场，重点宣传《中华人民共和国禁毒法》《戒毒条例》《易制毒化学品管理条例》《广东省禁毒条例》以及物流寄递渠道禁毒管控办法等法律、法规和政策的相关知识；并围绕毒品预防教育、重点开展毒品危害、毒品辨别、毒品防控知识等方面的宣传教育；促进青少年对禁毒知识的系统化学习，提升青少年识毒、防毒、拒毒能力。

二、活动参与对象

DL 街道实验学校的儿童青少年 600 人。

三、活动目标

1. 让 90% 的青少年在活动中至少认识到毒品的 3 个危害。

2. 让 90% 的青少年在活动中至少认识到 6 种以上的毒品类型。

3. 让 90% 的青少年在活动后至少学习到 3 种向毒品说“不”的方法。

4. 参与者对活动的满意度达到 90% 以上。

5. 预计活动的直接参与人数为 600 人，通过分享以点带面的影响家庭（父母）、社区（朋辈群体）、学校（同学）等环境的禁毒意识，间接影响 DL 街道实验学校在校学生及家庭成员。

四、活动时间及地点

1. 时间：2019 年 10 月 23 日（周三）下午 15:00—16:30。

2. 地点：DL 实验学校礼堂

五、活动筹备安排及人员分工

序号	工作事项	具体细项要求	负责人	完成时间
1	活动计划	撰写活动方案、活动预算等文书资料，并进行修改与完善，申请活动经费	社工 1	2019. 10. 11
2	活动管理	对接讲师、朋辈辅导员、社工组建团队，项目宣传物资、仿真模型、游戏道具的设计制作与购买，费用经费申请等	社工 1	2019. 10. 14
3	学校对接	在活动开始前一周与学校确认排期、场次、学生年级及每场学生数量，确认礼堂大小、电脑、音响、投影设备情况	社工 2	2019. 10. 16
4	物资管理	在活动开始前一天，协助负责社工清点准备好活动物资并确认数量，打印礼品签收表	社工 2	2019. 10. 22
5	授课安排	负责本校活动统筹，包括但不限于活动流程安排（需包含授课、问答环节、朋辈分享、游戏体验环节）、活动新闻稿、活动总结、照片等	讲师	2019. 10. 23
6	朋辈分享	负责朋辈分享演讲，协助社工运送、摆放物资，发放禁毒宣传册，协助讲师带领游戏等	朋辈辅导员	2019. 10. 23
7	活动协助	负责运送物资、发放禁毒宣传册（每人 1 本）、互动礼品发放及签收（笔记本套装）、拍照等	社工 2 社工 3	2019. 10. 23
8	活动总结	活动费用核销、活动总结及检讨，档案汇总提交等	社工 1	2019. 10. 25

六、当日活动流程安排（以其中一场活动为例，90 分钟，2 学时）

序号	时间安排	课程内容	备注	负责人
1	14:40—15:00	签到，发放禁毒知识宣传册，宣传标语拍照	讲座前	社工 1 社工 2
2	15:00—15:10	讲座（毒品危害）	PPT 有奖问答	讲师
3	15:10—15:25	讲座（毒品辨别）	PPT 仿真模型	讲师

续表

序号	时间安排	课程内容	备注	负责人
4	15:25—15:40	讲座（毒品防控）	PPT 互动环节	讲师
5	15:40—15:50	禁毒互动 VR 体验	VR 体验	讲师、社工 1
6	15:50—16:00	禁毒同辈辅导员分享	演讲	朋辈辅导员
7	16:00—16:20	禁毒知识游戏互动体验	禁毒大富翁	社工 2 社工 3
8	16:20—16:30	宣誓合影	宣誓语	讲师、社工 1、 朋辈辅导员

附：游戏名称：禁毒大富翁

1. 适用人群：不限（根据群体设置关卡难易度）。

2. 目的：让参与者认识毒品，了解毒品危害以及相关禁毒法律法规，学习拒毒方法，倡导健康生活方式。

3. 所需物资：大富翁海报 1 幅、大骰子 1 个。

4. 具体玩法：在大富翁的图板上有关于毒品、毒品危害、戒毒方式、健康生活方式等，参与者按顺序掷大骰子，按照掷出的点数移动，移到相应的格子，则需要回答社工的提问或做出相应的动作，能够成功走到终点则可以获得适当的奖励。

5. 引导解说：过程中参与者每移动一次，社工可跟进该格子的内容提问或是让参与者分享，例如“现在你移到了冰毒上，说出两个冰毒的危害、说出冰毒的形状和颜色等特点”显示要转 10 圈，转完之后，让参与者说感受，告知吸食毒品亦会出现的感觉。提问的难度和分享的程度视现场参与者的年龄等情况而定，社工在当中既充当提问者又充当禁毒知识和法律法规的宣传者。

七、活动评估

1. 过程评估：通过参与社工的小结会，评估活动内容环节设计、流程安排、人员分工及时间地点安排是否合理；观察各个环节中参与者的参与情况等进行自评；亦可通过问卷反馈来汇总分析参与者的评分。

2. 成效评估：根据现场互动、问卷反馈分析汇总，评估活动目标是否完成。

3. 满意度评估：根据活动参与者的访谈、问卷反馈分析汇总，评估满意度。

八、预计困难及应对方法

1. 时间和人员安排：为保证活动效果，活动时间需要占用 2 节课的时间，需要与学校进行提早沟通，并确认活动时间和参与学生安排等。

2. 活动对象年龄差异：DL 实验学校包含小学和初中，针对不同的年级学生，需要针对性地设计授课内容和互动游戏内容等。

3. 活动评估样本：本校活动开展 3 场，共计 600 人，每场次平均 200 人，每场活动抽取 50 个样本进行问卷反馈。

九、活动预算

（略）

（二）禁毒宣传活动策划案例

多元智能拒毒行——青少年认知多元训练营

（以“学毒品知识　为青春护航”青少年禁毒演讲赛为例）

一、活动背景

全国毒品滥用问题以青少年为主体的滥用合成毒品问题突出，吸毒人员低龄化趋势明显。2015 年 6 月，国家禁毒委员会部署开展全国青少年毒品预防教育“6・27”工程，调动了社会力量参与禁毒斗争的积极性，有力推动禁毒人民战争深入开展，增强青少年自觉抵制毒品的能力，减缓新滋生吸毒人员增长势头。

“多元智能拒毒行——青少年认知多元训练营项目”以多元智能理论为基础，结合青少年感兴趣并擅长的某种智能相应策划禁毒宣传活动，青少年在自己擅长并感兴趣的活动中全身心投入的状态下，可以更好地融合所学知识，提升青少年拒毒意识。本次活动主要以多元智能理论中的语言智能发展方向策划一场禁毒室内演讲赛，通过帮助学生有效运用口头语言及文字的能力，来描述毒品知识和吸毒案例，表达自己的想法，用同伴教育的方式促使学生主动吸收禁毒知识。

二、活动参与对象

LH 街道社区青少年 150 人。

三、活动目标

1. 100% 参加者能上台作禁毒主题演讲。

2. 90%参加者认为此次演讲比赛学习了3种以上毒品知识。

3. 100%参加者对毒品知识有基础的了解并且学会如何拒绝毒品。

4. 90%参加者认为此次演讲比赛很有意义，更加深刻地学习了毒品知识。

四、活动时间及地点

时间：2019年7月30日下午14:30—18:00。

地点：龙华街道文化街老干部中心四楼礼堂。

五、活动筹备及流程安排

时间	活动目标	活动内容	所需物资	负责人
10:00—12:00	布置现场，创造一个适合演讲的环境	挂横幅、试设备、拷课件、准备饮用水及宣传资料、毒品模型、摆放X展架等	横幅、胶布、剪刀、笔记本电脑、毒品模型、饮用水、X展架等	社工1 社工2 社工3
14:15—14:30	签到	学生签到、工作人员签到、引导分组就座、分发宣传资料、引导加入活动群等	签到表、签到笔、分组名单、禁毒宣传资料、打印好的群聊二维码等	社工2
14:30—15:00	分组练习 活动初选	各组在志愿者的带领下分组进行演讲练习，其他组员给予相关建议与意见，优化演讲内容。了解演讲规则，并进行初选，确定上台顺序	组牌、演讲顺序登记表、分组名单	社工1 志愿者
15:00—15:10	介绍“青春家园项目”及到场嘉宾	主持人开场作项目介绍，介绍主办方、承办方、活动安排、介绍到场领导、评委	主持稿	社工1
15:10—15:20	领导致辞	街道团工委书记致辞	讲话稿	
15:20—15:25	介绍演讲规则	主持人讲解今天的活动安排和规则，请评委老师及各参赛选手按照规则进行演讲与点评	主持稿	社工1
15:25—17:30	主题演讲	按照演讲顺序及演讲规则进行演讲，每10名选手演讲结束后上台接受评委点评	话筒 演讲稿	社工1 评委 志愿者

续表

时间	活动目标	活动内容	所需物资	负责人
17:30—17:35	才艺表演	独唱《My heart will go on》，表达抵制毒品的信心，并总结今日收获	话筒	参与学员
17:35—17:50	颁奖典礼	宣布获奖名单，颁发荣誉证书。分别请评委嘉宾为一、二、三等奖进行颁奖，并合影留念	荣誉证书及礼品	社工1 颁奖嘉宾 志愿者
17:50—18:00	满意度测评 合影留念	填写满意度反馈表，主持人作最后的总结，然后全体成员合影留念	满意度反馈表、笔、相机、横幅	社工1
18:00—18:10	整理现场	收拾物资、整理场地	横幅、相机、饮用水等	全体人员
18:10—18:20	总结分享会	总结此次活动，对志愿者及工作人员进行表彰，为更好地开展下次活动做准备		全体人员

六、活动评估

1. 评估方法：过程评估、成效评估、目标达到评估。

2. 过程评估：参加者在演讲比赛中的参与度。

3. 成效评估：满意度调查达4分及以上，100%参加者对毒品知识有基础的了解并且学会如何拒绝毒品。

4. 目标达到评估：是否达到原定目标。

七、预计困难及应对方法

1. 学生对毒品知识不太了解，难以进行演讲。针对此，社工会提前布置演讲任务，并在演讲比赛开始前再次进行毒品知识讲解。

2. 学生怯场，临时不肯上台。针对此，演讲比赛前先由志愿者带领进行分组练习。

八、活动预算

（略）

第五节　禁毒宣传教育的组织实施

一、禁毒宣传教育的组织主体

禁毒宣传教育是一个综合系统工程，涉及经济、政治、文化等多方面因素，又涉及政府、家庭、学校、社区、社会组织等多个主体，仅仅依靠禁毒办和禁毒社工的力量是远远不够的。因此，以行政权为主导开展的毒品预防教育工作向以社会力量主导、参与的禁毒宣传教育工作的转变，应是禁毒工作社会化着力推动的方向，这也意味着开展禁毒宣传教育的组织主体的多样性。

按照《中华人民共和国禁毒法》的规定，禁毒宣传教育的主体有国家和各级人民政府、工青妇等群团组织、教育行政部门和学校、新闻出版等媒介、机场车站等场所、单位、居（村）委会和家长。禁毒委员会成员单位都承担有开展禁毒宣传教育的主体责任，主要包括禁毒委（办）、公安、宣传、文旅、司法、教育、工青妇等机构组织。

二、各职能部门的主要工作职责

（一）禁毒委（办）主要工作职责

国务院设立国家禁毒委员会，负责组织、协调、指导全国的禁毒工作。县级以上地方各级人民政府根据禁毒工作的需要，可以设立禁毒委员会，负责组织、协调、指导本行政区域内的禁毒工作。禁毒办负责禁毒委员会的日常工作。

（二）公安部主要工作职责

一是掌握毒品违法犯罪动态，研究制定预防、打击对策；二是组织、指导、监督毒品犯罪案件的侦查工作，毒品预防教育、禁吸戒毒、禁种铲毒工作，麻醉药品、精神药物安全管理和易制毒化学品管制等工作；三是履行国际禁毒公约义务，统一协调禁毒国际合作。

（三）中央宣传部主要工作职责

一是宣传党中央、国务院及国家禁毒委员会有关禁毒工作的部署和指示精神；二是参与制定禁毒宣传工作的方针、政策和规划；三是组织、指导、协调新闻单位宣传国家禁毒法律、法规、方针、政策、禁毒知识和禁毒斗争的成果、经验、先进典型及重大活动。

（四）教育部主要工作职责

一是制定教育系统开展禁毒教育工作的政策、规划，将禁毒教育作为大、中、小学德育和安全教育的一项重要内容，纳入学校日常教育工作；二是加强对学校禁毒工作的组织领导，制定有关学校防毒、禁毒的制度和措施，明确校长是第一责任人，把学校无吸毒、贩毒现象作为学校德育和安全教育的一项基本目标；三是加强对大、中、小学生的法制教育和禁毒教育，提高其防毒、禁毒意识；配合有关部门开展对全社会的禁毒宣传教育工作，开展不让毒品进校园活动，创建无毒校园。

（五）司法部主要工作职责

一是开展禁毒法制宣传教育，并将其纳入普法教育规划；二是依法收治强制隔离戒毒人员，积极做好强制戒毒、治疗康复和矫治恶习工作，努力降低复吸率；三是负责对在监狱服刑的涉毒罪犯的关押改造工作，依法执行刑罚，做好教育改造工作，不断提高改造质量，努力减少重新犯罪。

（六）文化和旅游部主要工作职责

一是发挥文艺团体及各级群众艺术馆、文化馆（站）的作用，运用各种艺术形式宣传国家禁毒法律、法规和方针、政策；二是支持、鼓励文艺工作者通过艺术创作反映禁毒斗争中涌现出的英雄事迹，揭露国内外毒品犯罪分子的罪恶，揭示毒品对人类生命、社会秩序、家庭和个人幸福的严重危害性；三是按照国家禁毒委员会的部署，协助有关部门和单位做好重大宣传文艺活动的组织工作；四是配合公安机关加强娱乐场所的管理。

（七）国家新闻出版广电总局主要工作职责

一是指导各新闻出版、电台、电视台开展禁毒法律、法规和方针、政策及有关知识的宣传普及工作，协调中央人民广播电台、中央电视台、中国国际广播电台宣传报道禁毒工作；二是支持、鼓励新闻出版、广播电影电视工作者创作反映禁毒题材的电影、电视和广播节目。

（八）全国总工会主要工作职责

一是提出全国工会系统参与禁毒工作的指导意见；二是组织协调直属新闻单位，配合有关部门加强对职工群众的禁毒宣传教育工作。开展不让毒品进单位活动，创建无毒单位。

（九）共青团中央主要工作职责

一是加强青少年法制宣传教育工作，在青少年中普及禁毒法律知识，增强青少年拒毒防毒意识；二是开展丰富多彩的文化、科技、体育活动，丰富青少年精神生活，教育青少年远离毒品；三是组织青少年积极参与禁毒专项斗争和有关禁毒工作；四是优化青少年成长环境，进一步维护未成年人的合法权益，做好涉毒青少年的帮教工作；五是广泛开展创建优秀“青少年维权岗”活动，协调与青少年事务有关的部门共同禁毒。

（十）全国妇联主要工作职责

一是加强毒品预防教育工作，教育妇女远离毒品；二是把禁毒工作作为各级妇联参与社会治安综合治理的重要工作内容之一，实行目标管理，通过组织形式多样的活动，推动禁毒工作；三是组织、动员妇女积极参与禁毒斗争，特别是参与社会帮教工作；四是发挥妇女在家庭中的特殊作用，努力做好家庭毒品预防教育工作，开展不让毒品进我家活动。

三、利益相关方沟通

（一）利益相关方沟通的重要性和必要性

1. 利益相关方的概念

利益相关方这个概念是弗里曼（Freeman，1984）提出的，指在组织的决策或活动中有重要利益的个人或团体，可以是组织内部的，如组织内的销售部门的相关方，包括组织内的各部门及其各级员工，也可以是组织外部的，如银行、社会、合作伙伴、政府部门等。

在禁毒宣传教育活动中，利益相关方是指受禁毒宣传教育活动影响或者对禁毒宣传教育活动目标的实现有影响的群体或个人，如政府、禁毒社工、社区民众、戒毒人员及其家属等。从利益相关方视角来审视禁毒宣传教育活动，可以将其理解为：由于每个利益相关方都对禁毒宣传教育活动产生影响，禁毒宣传教育活动组织主体在开展活动过程中需要了解不同利益相关方的需求、期望和关注，建立畅通的沟通机制，并满足他们的诉求。

2. 利益相关方沟通的重要性和必要性

基于禁毒宣传教育组织主体的多样性，利益相关方之间的沟通显得尤为重要，因此在与利益相关方进行沟通时，需要构建利益相关方沟通框架。框架的制定可以从四个方面着手：首先，沟通管理体系的建立，沟通对象和议题的识别，沟通信息的确定，沟通渠道和方式的选择。沟通管理体系的建立是形成针对利益相关方反馈的闭环管理体系，并融入日常工作推进的过程中。其次，通过实质性的分析，识别禁毒宣传教育组织主体的沟通对象以及沟通议题。再次，根据禁毒宣传教育组织主体的特点和特定的利益相关方确定沟通的信息。最后，选择适当的沟通渠道和方式进行有效沟通，并在过程中确保沟通信息的统一性、有效性和准确性。

（二）利益相关方沟通的步骤

1. 建立利益相关方沟通管理体系

在禁毒宣传教育组织主体间，利益相关方沟通管理体系至少应该包括三个方面的内容：一是利益相关方沟通管理架构的设立，如各街道设置的禁毒组织领导架构，明确禁毒专干（专员），并定期开展关于组织禁毒宣传教育活动的沟通会议，就沟通对象、议题、形式等问题进行讨论；二是设置利益相关方沟通规章制度，有针对不同利益相关方沟通的原则、政策和措施，使利益相关方沟通能切实与禁毒宣传教育组织主体策划开展的活动相结合；三是利益相关方沟通评价体系的构建，利益相关方沟通的对象、内容和形式都比较宽泛，禁毒宣传教育组织主体应构建利益相关方沟通评价体系，以保证不同利益相关方的诉求和信息反馈并能有效回应和传达。

2. 识别重要的沟通议题

一项议题在沟通中是否重要，可以从两个方面考虑，即禁毒宣传教育组织主体和利益相关方。对于禁毒宣传教育组织主体而言，需要考虑的是从自身的职责、活动面向的人群、开展活动的目的和意义、活动的形式和内容、风险管理、服务成效六个方面来确定某个具体议题的重要性。而从利益相关方的角度，则需要考虑作需求分析，以确定重要议题，其中需要注意的是同一议题对不同利益相关方的重要性是不同的，如对青少年群体而言，开展禁毒宣传教育活动的目的是要让他们知晓毒品的危害性，并习得拒绝毒品的方式和技巧；但对戒毒人员来说，开展禁毒宣传教育除了强调毒品的危害性外，还需要关注并回应其具体的需求。为此，在识别重要议题时，可能就有两种办法：第一，识别重要的利益相关方，针对重要利益相关方关注的议题进行沟通；第二，如果有必要对某特定利益相关方的关注进行识别。例如，妇联组织开展禁毒宣传教育的主题是“不让毒品进我家”，毒品对家庭的影响就是需要特别关注的议题，而不仅局限在关注毒品对女性的影响上。

3. 确定需要覆盖的沟通信息

确定了重要的沟通议题之后，接着就要开发和寻找哪些信息可以清晰地阐释这些重要议题。这些信息选择的出发点应根据其特点和特定的利益相关方所决定，沟通信息需基于一定的逻辑框架。一般来说，可以先确定若干个主信息，在每一主信息之下是各分信息，然后尽可能采用一些较客观的方式（如典型案例、数据、图片等）来支撑这些信息。如某禁毒办组织开展“禁毒杯”网球赛，重要议题是通过赛事宣传禁毒。如何在网球赛中做禁毒宣传，除了打网球这一形式，有什么内容是可以具体呈现的等，都是禁毒办组织通过赛事宣传禁毒这一议题下沟通的主信息点。分信息包括需要联动的单位、人员的招募、物资的筹备等。客观的支持性案例有禁毒办在组织该活动上投入的时间、人力、经费，前期组织的“禁毒宣传助力微马”活动的成功经验，等等。

4. 选择相应的沟通渠道和方式

禁毒宣传教育组织主体应选择相应的沟通渠道和方式与不同利益相关方进行有效的沟通对话。沟通渠道和方式包括不同利益相关方对话会议、组织参观访问、专题培训、活动报告发布、参与禁毒工作相关奖项的评选、媒体披露、新闻报道、网络调查等。此外，组织主体应列出各渠道进行信息沟通时需要注意的事项，以避免沟通带来的风险。例如，在利益相关方对话会议中，组织主体应注意对有关服务机密以及组织主体重大决策信息的保密；在申请参与相关禁毒工作奖项评选时，组织主体应注意评奖组织机构的可信度和知名度问题，以免遭到利益相关方的质疑；组织主体组织专题培训时，应注意培训地点和安排内容的针对性和透明度问题，避免造成利益相关方之间的误会或矛盾；在进行禁毒宣传教育的网络调查时，应明确调查人群、信息的使用及相关保密制度等。

四、案例分析“禁毒小邮差”青少年素质培力计划

（一）项目简介

本项目通过区禁毒办联动街道、社区、邮政系统等组织，针对青少年开展“四力”培养，扩大全民毒品预防宣传的常态化覆盖面，实现针对性人群（在校学生、青少年群体）的全民禁毒参与，打开禁毒预防宣传教育崭新格局。同时，通过深入家庭、社区、学校招募“禁毒小邮差”，进行“制服团队”模式的针对性“四力”素质培养，提升青少年对毒品知识和危害的普及率，增强青少年参与毒品预防宣传的能动性，树立预防宣传的主人翁意识，开创青少年素质教育专项培力的新局面。

（二）项目目标与实施计划

1. 项目目标

（1）通过表达演讲力、团队协作力、策划执行力、禁毒专项力的素质培养，提升参与青少年的“四力”能力，为深圳市罗湖区培育出一支“禁毒小邮差”队伍。

（2）通过“线上覆网式”宣传+“线下粘连性”活动的互联形式，推动全民禁毒的开展，实现全民禁毒工作的多元主体参与。

2. 实施计划

本项目通过罗湖区禁毒办联动邮政系统、腾讯微信广告平台、社工组织以“线上覆网式”宣传+“线下粘连性”活动的互联形式，扩大全民毒品预防宣传的常态化覆盖面，实现针对性人群（在校学生、青少年群体）的全民禁毒参与，开创禁毒预防宣传教育崭新格局。同时，利用影响深入家庭、社区、学校招募“禁毒小邮差”进行“制服团队”式针对性培养，提升青少年对毒品知识和危害的普及率，增强青少年参与毒品预防宣传的能动性，树立预防宣传的主人翁意识，开创禁毒预防宣传教育崭新格局。

（三）项目实施过程

根据项目实施计划，项目开展包括如下三个阶段的内容。执行不同的项目内容过程，涉及的利益相关方不同，需要沟通的议题和信息都不相同，为能够更好地推进项目执行，要选取的沟通渠道和方式也不同。

1. 宣传招募阶段

（1）具体内容：通过“线上覆网式”宣传+“线下粘连性”活动的互联形式，建构线上朋友圈禁毒宣传覆盖和线下禁毒小邮差“四力”禁毒行动，以宣传和招募禁毒小邮差预备队员为主要目标。

（2）利益相关方：腾讯微信广告平台、社区党群服务中心、禁毒小邮差预备队员。

（3）沟通的议题：与腾讯微信广告平台沟通的主要议题是禁毒公益广告的推送，包含推送的时间、广告接收的用户、广告的时长等；与社区党群服务中心沟通的主要议题是招募禁毒小邮差预备队员，包含招募活动的形式、时间、要求、内容等；禁毒小邮差预备队员需要沟通的主要议题是活动的意义，包含对禁毒小邮差的要求、活动时间的安排、相关的注意事项等。

（4）沟通的方式：与腾讯微信广告平台、社区党群服务中心、禁毒小邮差预备队员的沟通可以采用实地考察、现场评估、沟通会议、活动方案等方式进行，就明确的沟通议题及信息进行具体的沟通与讨论，以确保项目的推进执行。

2. 禁毒小邮差培育阶段

（1）具体内容：通过参观教育基地、历奇拓展、知识传授等方式，培养青少年的高效表达力、团队协作力、策划执行力、禁毒专项力，提升参与青少年的整体能力，为罗湖区培育出一支“禁毒小邮差”队伍。

（2）利益相关方：禁毒小邮差培育阶段涉及的内容相对较多，本书选取其中的历奇拓展活动分析相关的利益方，主要包括禁毒教官、禁毒小邮差队员。

（3）沟通的议题：与禁毒教官沟通的主要议题是历奇活动蕴含的意义，包含提升团队的向心力和队员间的团队协作能力等；与禁毒小邮差队员沟通的主要内容是活动的意义，包括历奇拓展活动的内容、相关的注意事项等。

（4）沟通的方式：通过一对一的面谈，与禁毒教官就历奇活动方案进行探讨，以便为禁毒小邮差队员提供合适的拓展方案。组织禁毒小邮差队员通过会议的形式就历奇活动进行整体的说明和要求。

3. 建模阶段

（1）具体内容：通过“禁毒小邮差”的培养和研究，形成罗湖区毒品预防青少年“制服团队”的培养模式和服务方式，创新毒品预防工作形式。

（2）利益相关方：罗湖区禁毒办、莲塘街道办。

（3）沟通的议题：与罗湖区禁毒办沟通的主要议题是政策支持，包含政策的具体要求、指导、工作形式的试点等；与莲塘街道办沟通的主要议题是项目支持，包含项目的推进与执行、场地和人员的协调等。

（4）沟通方式：面对禁毒办和街道办都可以通过会议、谈话、建模报告等方式进行沟通，加强对“禁毒小邮差”的培养形式、研究程度及成效进行不同维度的沟通和优化，完善青少年“制服团队”的培养及服务方式，创新毒品预防的新模式。

（四）项目实施成效

1. 评估方法

（1）服务成效评估。本项目通过制服团队，以启动动员、领导授制服授旗、训练营学习、社会实践、结营时发放宣传包、服务证、勋章等形式，让禁毒小邮差感受“制服团队”的使命感。项目结束后，“制服团队”成员们立即兴致满满地穿戴制服帽、戴上勋章、拿起宣传包奔走于街区角落开展宣传工作，可以明显看到项目带给他们的是角色和使命的力量。通过随机访谈服务对象的家长，了解服务对象的变化，100% 的家长表示服务对象均有很大的变化，主动将学习到的禁毒知识分享给家人、邻居。

（2）服务素质评估。通过问卷调查，服务对象对活动平均满意度为 97%，说明整体项目得到了服务对象的普遍认可。罗湖区禁毒办作为主管单位亦对该项目作出高度评价。

2. 成效分析

2019 年 6 月 26 日至 7 月 17 日，“禁毒小邮差”项目联合邮局、腾讯微信广告平台进行“线上覆网式”宣传，按每日 3 万人次的数量向辖区居民定向推送禁毒公益广告，22 天时间共计投放 66 万人次，实现 49543 人次的网络曝光；同时结合 20 场“禁毒小邮差”专题线下宣传活动，向 7330 人次社区大众开展禁毒宣传，成功招募到200余名禁毒小邮差预选队员，实现禁毒宣传多维投放。

本项目执行期间，获得国家、省、市、区纸媒和网媒的关注，对项目执行、过程成效进行全方位、跟踪式报道，如获得新华网、搜狐网、新浪网、腾讯视频、今日头条、《南方都市报》《深圳晚报》《深圳特区报》等各类媒体广泛报道相关禁毒新闻共计50篇，其中国家级12篇、省级5篇、市级27篇、区级6篇。此外，自2019年6月26日启动，项目结合“罗湖禁毒”“深圳禁毒”等公众号对项目进行宣传展示，共计发出推送10期，阅读量超2000人次。

（五）经验反思

1. 完善的沟通机制是项目执行的助推器

建立成文的沟通信息公开机制，对公开内容、形式、范围、相关负责人进行明确规定，规范信息工作，提升项目执行效果。同时，建立起服务对象和合作伙伴的沟通管理计划，及时收集和处理他们提供的反馈意见和建议，从而不断改善服务，提升项目成效。

2. 完善的沟通机制促进整合项目资源

一个项目的执行涉及多个利益相关方，建立完善的沟通机制能够规范组织与利益相关方的工作信息，共同搭建资源平台，扩大合作效益。切实做好戒毒康复人员全方面无缝接轨，社会支持系统无缝链接，为戒毒康复人员融入社会、巩固成效奠定基础，真正实现社会安定和谐。

第五章　社区戒毒康复工作

第一节　社区戒毒康复人员介入服务理论

一、认知行为疗法

（一）理论简述

认知行为疗法（CBT，Cognitive Behavioral Therapy）起源于以研究抑郁症而出名的精神病学家贝克，发展至今已有多种类别。综合来说，可以概括为三大类：认知充足治疗、应对技巧治疗和问题化解治疗[①]。这三大类治疗方法具有三个共同特点：一是把治疗的焦点集中于服务对象当前所遇到的问题上，分析其当下所处的环境、所遭遇的事件以及自身的情况等，而不过于关注服务对象之前的经历，一般不把其当前问题与过去的生活经历联系起来；二是在服务过程中对目标会给予一定的限制，使其清晰、明确，具有可实现性和可测量性，不过于追求过大的治疗效果；三是认知行为疗法属于一种短期治疗的方法。

（二）常用技术

认知行为疗法常用的技术有六大技术，包括苏格拉底式对话、引导式教育、认知重建疗法、暴露疗法、理性情绪疗法以及正念减压疗法。结合其在禁毒领域的使用情况，本节将重点介绍苏格拉底式对话、认知重建疗法、理性情绪疗法以及正念减压疗法。

---

① 樊双义、刘素刚：《认知行为疗法概述》，载《灾害医学与救援（电子版）》2015年11月第4卷第4期。

1. 苏格拉底式对话

苏格拉底式对话是一种采用对话的方式，来澄清彼此的想法，找到问题所在。通过连续地提出问题，让被提问者能够理性思考，发现谬误、拓宽思路、获得启发，在过程中找寻真相，最终能够找到针对自己问题的答案。这种对话方式，社工偏重于提问，不会轻易回答对方的问题，只通过引导对方回答其所提的问题，并从回答中引导出问题的本质，引导对方从多角度看同一问题，从而得出不同的结论，进而找到解决问题的方法。在对话中，如何提问是这种技术的关键。在建构苏格拉底提问中，主要有五个步骤。

一是澄清问题。澄清概念是基础，在讨论问题中，对概念进行清晰的界定，才能够继续深入探究。在明确概念中，可以通过以下提问进行：这个××的意思是什么？你为什么会问这个问题？你说的××具体是指什么？可不可以举个例子，说明你要表达的概念？是什么让你有这个问题（认知）？

二是了解背后的假设。在澄清问题之后，你会发现，问题的存在背后有其一定的认知，也就是导致问题产生的假设。了解背后的假设，可以通过在其回答中进一步提问。例如，在这里的假设是什么？为什么会作这样的设想？你如何证明或推翻这个假设？

三是理性分析，探究背后的原理。对其中的假设进一步进行分析，你是如何得出这一结论的？可以举个什么样的例子呢？是什么让你相信的？是否有理由怀疑这一结果？最坏会发生什么？如果发生了要怎么应对？最好的结果是什么？最现实的结果是什么？

四是开阔思路，引导对方从不同视角重新看其所面对的问题。对这个问题其他人可能会怎么看？可以用其他的方式或方法来看待这件事吗？有没有别的解释？假设你的朋友或家人处于这种状态，你会对他说什么？××和××的观点在哪些地方一致？哪些地方不一致？

五是探究可能的结果。你这么说隐含的意思是什么呢？如果我们换一种想法，会有什么样的结果？可供选择的办法是什么？如果那样的话，还有可能发生其他的什么事？具体要怎么做呢？

通过五个步骤连续的提问，服务对象已经看到自己可能存在的概念上的模糊、暗含假设的非理性信念，以及在这个信念推导下导致的谬误，随着问题打开思路，发现问题的本质。在这一过程中，最后找到自身解决问题的方法，通常是以具体的行动居多。

目前在禁毒领域多用于预防复吸的介入，针对戒毒康复人员在可能复吸的情境下，通过问答的方式，找到其解决目前复吸问题困境的方法。

2. 认知重建疗法

认知重建疗法诞生于20世纪60—70年代的美国，它是基于认知过程会影响个人情绪和行为的理论假设，认为通过认知和行为技术可以改变服务对象的不良认知，从而矫正其适应不良的情绪或行为的心理治疗方法。认知行为理论认为情绪来自人对所遭遇事情秉持的信念、解释或评价，而非事情本身。在情绪、行为、认知三者中间，认知是决定个人行为的决定因素。该疗法的治疗目标，不仅仅针对行为、情绪这些外在表现，而且分析其思维活动和应对现实的策略，从中寻找错误的认知并加以纠正。

3. 理性情绪疗法

理性情绪疗法（Rational-Emotive Behaviour Therapy，REBT）是艾利斯（Ellis）在20世纪50年代所发展的。它强调认知、情绪、行为三者之间的关系。它认为激发事件A（activating event）只是引发情绪和行为后果C（consequence）的间接原因，引起C的直接原因则是个体对激发事件A的认知和评价而产生的信念B（belief）。即人的消极情绪和行为障碍结果（C），不是由于某一激发事件（A）直接引发的，而是由于经受这一事件的个体对它不正确的认知和评价所产生的错误信念（B）所直接引起的，错误信念也称为非理性信念。而其中协助服务对象对自己非理性信念系统进行质疑，即对非理性信念进行识别和辩论，这个过程可以用D（disputing）来表示，协助其克服各种非理性信念，最终使求助者的情绪和行为困扰消除，形成一种理性的生活方式，达到目标E（a new emotional and behavioral effects）[①]。

非理性信念通常具备抽象化、绝对化和普遍化等特点。其中抽象化实施指服务对象将具体环境中得到的特定认识概括为一般的准则，比如服务对象将自己在特定环境中受到的肯定概括为一般的要求，强调自己在所有的事情中都需要被肯定。绝对化是指个体以自己的意愿为出发点，认为某一事件必定会发生或不会发生，并常以“必须”“应该”的形式出现，如“必须成功”“社会应该公平”等，当事物的发生与其绝对化要求相悖时，其易陷入情绪困扰之中。普遍化是服务对象把自己对某件或某些事物的看法概括为所有事物

① 许莉娅：《个案工作》，北京·高等教育出版社，2004年版，第176—178页。

的普遍特征。比如认为自己做错了某一件事情，就糟糕透了，没有任何可取之处，全盘否定自己。

理性情绪疗法的实施大致可以分为四个阶段：第一阶段是解说，针对服务对象说明其问题是因非理性信念导致；第二阶段是证明阶段，与其梳理情绪困扰一直存在是因为其继续存在不合逻辑的思考所致，与其共同找出不合理信念；第三阶段是放弃阶段，以驳斥及挑战的方式，引导服务对象修正或放弃非理性信念；第四阶段是重建阶段，鼓励服务对象建立合理的信念及健康的生活方式。

在目前的禁毒工作中，有很多的服务对象存在一些非理性信念，而这些非理性信念会导致其在生活中遇到状态不断出现复吸等的情况。因此，对服务对象的非理性信念进行辩驳也是关键服务技巧之一。

4. 正念减压疗法

正念减压疗法是以正念为基础的集中性训练的压力管理疗法。通过鼓励服务对象运用自身内部的资源和能量积极主动地关注自己，从而使身体得到更大的放松，心灵上更加平和，生活得到更好的平衡。这里主要介绍“身体审视”和“坐式冥想”。其中“身体审视”是指将注意力逐步从脚部向头部转移，不带任何批判性地将注意力集中于身体每个部位的感觉和感受，同时注意有节奏的呼吸和身体的放松感受；“坐式冥想”包括对呼吸或腹部随着呼吸而产生的起伏进行注意，同时也是一种对思想中不断涌现的认知、想法以及分心事件进行完全客观的识别的状态。通常这两种方法都会加入一些轻音乐和引导语。

具体做法分为三步。第一步是引导服务对象选择一个自己焦点关注的对象，可以是一个声音或自己的呼吸、身体感觉、运动感觉；第二步是选择舒适的方式坐好，闭上眼睛，进行简单的腹部呼吸放松练习（建议不超过 1 分钟）；第三步是调整呼吸，将注意力集中在所选的焦点对象上。注意此时如果出现有其他的想法、感受也没关系，只需要回到原来的注意力即可。类似训练 10—15 分钟，静静地休息 1—2 分钟，然后再从事其他的正常工作活动。

（三）案例分析

1. 案例一：关于因担忧复吸而产生焦虑情绪的介入

（1）服务对象基本情况。

姓名：小明（化名）

性别：男

年龄：40 岁

文化程度：初中

婚姻状态：离异

职业：建筑工人

（2）案例背景。社区康复人员小明近期在接受尿检时，向社工求助。自己父亲近期身体不适，需要人照顾，但是自己又不敢回老家，因为一旦回老家自己就会控制不住复吸。他是家中的独子，又没有其他合适的亲戚可以去照顾，母亲年纪也大了。当时离开家乡，也是为了离开家里吸毒的那帮朋友，之前每次复吸都是因为他们。这次来深圳工作，父母也是支持的。但是现在父母年纪逐渐增大，慢慢已经不能够自己照顾自己了，自己迟早要回去的。如果回去，又肯定会复吸。小明因此陷入了极度的焦虑。

（3）介入理论及分析。

介入理论：认知行为疗法、苏格拉底式对话。

分析：通过上述案例背景，我们发现，服务对象因为父亲生病无人照顾与自己回家肯定就会复吸两者之间的冲突出现较大的焦虑。对此，我们可以通过苏格拉底式对话，引导服务对象一步步对自己面临的问题以及其中可能存在的假设进行分析，让其看到自己出现焦虑情绪的原因，以及从多角度看问题，引导其尝试找到解决问题的办法。

（4）介入步骤。

第一步：澄清服务对象面临的问题。

首先社工可以通过同理，处理服务对象焦虑的情绪。其次，再引导其一步步澄清自己因为何事而产生的焦虑。

社工：我感觉到您因为不能回去家里照顾父亲而非常焦虑，是什么原因让你不能够回家呢？

服务对象：因为我一回家，肯定会复吸，复吸了肯定也没办法好好照顾他们，而且又走回老路，他们肯定更伤心难过。

社工：是什么让您回家后一定会产生复吸的问题呢？

服务对象：以前我每次都是，一回到老家，就跟朋友一起去玩，然后就复吸了。

到此时，社工已经基本澄清了服务对象面临的问题，是担心回家后复吸的问题，而非不能照顾父亲的问题。所以，需要针对其复吸的问题进行后续的介入。

第二步：了解背后的假设。

结合前期的互动我们可以了解到，在服务对象复吸的问题上，他存在一个自动化的思维，就是“一回到老家，就会跟朋友去玩，复吸”。对此，社工可以引导其发现自己存在导致这个问题的假设。

社工：为什么你会认为自己只要回到老家就会跟朋友去玩，然后复吸呢？

服务对象：因为之前每次都是这样啊。

社工：有没有一次是你回到老家，但是没有跟朋友去玩，或者是去玩了，但没有复吸的呢？

服务对象：好像有的。

在这里，服务对象已基本认识到自己自动化的思维出现，社工引导其分析找到例外的情况。后续进一步分析背后的原理。

第三步：理性分析，探究背后的原理。

社工：可以举个具体的例子吗？当时是什么样的情况？

服务对象：那是在2018年过春节的时候，因为当时刚从戒毒所出来不久，父母好不容易让我重新回来家里一起过年，我不想让他们失望，所以有朋友来找我一起出去玩的时候，我就没有去。后来去了一次，他们在玩，我也坚定自己的想法，不能再犯，就没有和他们一起玩，马上离开了。

社工：当时你脑海里闪过什么念头呢？

服务对象：一定不能再玩了，因为父母需要我，我也需要承担家庭的责任。

社工：现在父母也正处在需要你的时候，你要做什么，才能回去后不复吸呢？

服务对象：坚定自己的决心，减少跟吸毒的朋友接触。但是，万一真的接触了呢？又复吸了怎么办呢？

社工：如果发生了，最坏的结果是什么？

服务对象：被抓，又被强制隔离戒毒两年。然后父亲没有人照顾，可能会有危险，自己跟家人的关系也会变得更糟糕。

社工：最好的结果是什么呢？

服务对象：我能够一直坚持住，维持好的戒毒操守。

社工：最现实的结果是什么呢？

服务对象：刚开始我可以很坚定地保持，专心照顾父亲。但是，我还是可能会接触那帮朋友，偶尔在遇到困难的时候，可能会动摇坚持的决心。

第四步：开阔思路，引导对方从不同视角重新看其所面对的问题。

社工：刚刚我们聊到，您面对这个问题，最现实的结果是开始可以坚定，但是偶尔可能会动摇。假设您的朋友在维持戒毒操守的时候，动摇了，您会对他说什么呢？

服务对象：我可能会跟他说，你好不容易坚持那么久了，家里人也那么需要你，为什么要放弃呢？有什么事情过不去的，我们一起解决不可以吗？

社工：有人曾经跟您讲过类似的话吗？当时您怎么想？

服务对象：有的。一开始我真的跟他一起解决了，所以曾经也维持过一段时间。但是，后来，问题越来越多，没办法面对，就又复吸了。

社工：那如果您朋友也这样，那您可以对他说什么呢？

服务对象：很多问题，其实都是越积越多，所以当我们发现有问题时，要及时面对解决。吸毒是解决不了问题的，只是逃避而已，迟早需要面对。

第五步：探究可能的结果。

在此时，服务对象已经对复吸的问题，有更多的思考，而且结合自己的经历有了一些建议和反思。出现一个关键的内容“吸毒是解决不了问题的”，而这隐含了他可能会有不一样的选择。

社工：您说“吸毒是解决不了问题的”，隐含的意思是什么呢？

服务对象：当我们闪现复吸的念头的时候，我们可以选择复吸，也可以选择解决问题。看我们维持戒毒的决心而已。

社工：如果坚持维持戒毒操守的话，还可能发生什么呢？

服务对象：那样我就可以回家找一个正式的工作，或者是开个小店，在家里照顾父母。

社工：具体要怎么做呢？

服务对象：首先，我需要跟父母商量回家的事情和安排。其次，跟他们说清楚。我觉得，我可以回家，照顾父母了。只要我能够坚定自己的信心，随时提醒自己，作为一个儿子，我早就到了需要承担责任的时候了，如果复吸会打乱自己全部的生活。如果动摇，需要早点解决问题。

社工：很开心看到您找到自己解决问题的办法。照顾父母和复吸并不是两个完全冲突的对立。而复吸的问题，您可以发现，并不是回到家就会发生。在每个阶段都会有自己的选择，而对于这些选择，都是您自己可以决定的。今天我们的面谈也差不多了。您还有没有其他想要聊的?

服务对象：很感谢您给我的支持。我现在心情好多了，而且也有了很清晰的方向。

社工：不客气。祝您父亲早日康复，相信您一定可以很好地照顾他们的。后续如果您还有需要咨询，可以联系我。到时候您回到家一切顺利的话，很乐意您与我分享。

服务对象：好的，再次谢谢您。

（5）评估与检视。通过辅导，服务对象焦虑的情绪得到缓解，而且找到针对自己目前面临问题的方法。在整体的面谈中，社工并未直接回答其面临的问题，而是通过在其回答中的信息，持续地进行提问和引导，最终使其自身找到自己的行动方向。在本案例中，主要针对的是其当下面临的问题和困难的分析。在过程中，服务对象所形成的认知是经过长时间形成的障碍，并不能简单通过一次面谈就能解决。所以，后续过程中，可能会出现反复。对此，社工可以通过持续的跟进及相对应的引导，持续进行。

2. 案例二：对服务对象非理性信念的驳斥

（1）服务对象基本情况。

姓名：小林（化名）

性别：女

年龄：19 岁

文化程度：初中

婚姻状态：未婚

职业：无业

（2）案例背景。服务对象在 2019 年 12 月时，因为与朋友聚集吸食大麻，尿检阳性，责令社区戒毒 3 年。到社区戒毒康复工作站报到时，向社工抱怨说，自己只是跟朋友聚会的时候吸了一下，在某些国家大麻都是合法的，为什么自己要被责令社区戒毒。现在这样真的糟糕透了，如果被其他人知道我吸大麻，肯定就没有人跟我做朋友了。现在父母不知道自己吸毒的情况，如果知道了自己就完蛋了，父母会与自己断绝关系的。还有之前一直很喜欢我的姑姑他们，再也不会喜欢我了。如果我的父母和姑姑他们不喜欢我，我的人生感觉没什么希望了。

（3）介入理论及分析。

介入理论：理性情绪疗法。

分析：结合上述案例背景，服务对象出现明显的非理性信念。一是遇到自己不顺心的事情，就感觉到糟糕透顶，存在灾难化的思考。二是她认为自己喜欢的人，绝对需要对自己肯定，存在绝对化的思维。同时，在面对自己被责令社区戒毒的过程中，她忽视了国内对于大麻管制的法律规定。在过程中，社工可以通过检查技巧，引导其认识到自己的非理性信念，然后再对其进行反驳，最后引导其形成理性信念。

（4）介入步骤。

第一阶段：解说阶段。

向服务对象介绍理性情绪疗法，引导其理解一个人的情绪和状态，并不是由事件直接引发的，而是由个人对事件所持的认知信念所导致的。明确在过程中，首先会与其分析其目前面临的情绪和困境，她可以真诚地分享自己的情绪和感受。其次，是明确介入的步骤，包括分析事件、检查非理性信念、辩论、学会理性生活方式以及巩固效果。最后，检视整体服务的效果。在其中需要注意与服务对象建立良好的合作关系，只有服务对象能够真诚地分享和配合，才能够达到治疗效果。

第二阶段：证明阶段。

通过分析，在本案例中，服务对象的引发事件 A 是服务对象因吸食大麻被责令社区戒毒 3 年，所引导的各种认知、情绪和行为 C 是感觉到自己的人生没有希望了，存在严重的焦虑情绪。在过程中，社工可以引导服务对象通过反映自身感受，来检视自身对事件 A 所秉持的信念 B。其中服务对象在此时存在的信念 B 有三个，一是大麻在某些国家是合法的，自己被责令社区戒毒不合理；二是其他朋友知道自己吸食大麻后，会失去他们；三是父母、姑姑等会因为自己吸食大麻，与自己断绝关系。

第三阶段：放弃阶段。

通过对服务对象的非理性信念进行反驳 D。

社工：大麻在某些国家是合法的，那么在国内的情况是怎样的规定呢？

服务对象：不太清楚。

社工：在我国的禁毒法、刑法、治安管理处罚法等法律中均规定了大麻是属于毒品，吸食后如果在个人生物样本中检测到相应成分，都会被认定吸毒违法，面临被拘留、社区戒毒或强制隔离戒毒的处罚。而且大麻具有成瘾性，停止后会有戒断反应，出现头痛、颤抖、出汗、胃痛、恶心、腹泻、厌食、烦躁易怒、失眠等症状。所以，按照法律规定，吸食大麻会被社区戒毒。

服务对象：哦。

社工：为什么你会认为吸食大麻后，会失去你的朋友呢？以及你的父母、姑姑等也会因为你吸食大麻，与你断绝关系？

服务对象：毕竟是违法的事情嘛，而且吸毒都是不好的啊。

社工：那你觉得父母或朋友发现你吸食大麻，最糟糕的结果是什么？

服务对象：就是我现在想的那样，以后都没有朋友，父母也不理我了。

社工：最好的结果呢？

服务对象：他们其实也知道我只是好奇玩一下，不会怪我。

社工：那最现实的结果呢？

服务对象：可能会有一些朋友不理解，然后怕我带坏他们，不跟我玩了。但是，我觉得我的父母肯定是知道我的，只要我肯改过，他们不会怪我的。

社工：刚刚我听到你说，其实你是相信你的父母，只要你肯改过，也不会怪你的。对吗？

服务对象：是啊，从小我父母最疼我。一开始他们会生气，但是只要以后不再碰了，他们也会慢慢接受我之前碰过这个事情的。

社工：那你还觉得父母他们肯定会跟你断绝关系吗？

服务对象：我觉得不会了。

社工：所以，之前你觉得父母会因为这个事情与你断绝关系，是一种非理性的信念。接下来，我们要思考的是以后在生活中，如何保持操守，以及如何与父母沟通。

第四阶段：重建阶段。

这个阶段主要是通过梳理，引导服务对象建立理性的信念，建立健康的生活方式，是重建的一个过程 E。在上一阶段，已经与服务对象梳理，了解到吸食大麻在我国是违法的，在重建过程中，引导其认识到吸食新型毒品也是成瘾的。而与父母方面，则是需要保持良好的沟通，之后保持良好的戒毒操守。

(5)评估与检视。在本案例中，通过识别等技巧，让服务对象发现自己的非理性信念，然后通过反驳、去灾难化等方式，引导其建立理性信念。在理性情绪疗法中，其中一个重点内容，是需要与服务对象用通俗的话语解释这个疗法，并说明具体的程序，与服务对象建立良好的合作关系。然后才能够达到较好的介入效果。

二、动机性访谈法

(一)理论简述

动机性访谈法(Motivational Interviewing，MI)最早是由米勒(Miller)提出，他认为当个人需要改变成瘾行为时，往往会面临一些阻抗，而这些阻抗是正常的。动机性访谈法是致力于缓解服务对象的抗拒，主张在安全与支持的气氛下，引导服务对象自在地探索个人经验和为自己的问题找出解决的方法。在过程中，通过运用准确的同理，创造温暖的、没有冲突的氛围，真诚地沟通，促进动机的发掘和提升。同时，改变的阶段理论认为每个人的改变，都有其独特的历程，心理学家普罗契卡与狄克礼门提出改变发生的模式分为懵懂期、沉思期、决定期、行动期、维持期、复发期六个阶段。在不同的阶段，服务对象会有不同的表现，也会面临不同的挑战，社工所需要完成的任务也有所不同。本书将尝试把动机性访谈法的具体技术与改变之轮的不同阶段的任务进行分析，促使社工更好地提供相关的服务。

(二)常用技术

1. 改变六阶段

人的行为改变模式有六个阶段，分别是懵懂期、沉思期、决定期、行动期、维持期和复发期。吸毒者在成功戒毒之前，在这六个阶段往返是很正常的事情。每一次的往返，吸毒者可以从中吸取不同的教训，从而得到正面的经验，进而建立新的行为模式。

在这六个阶段中，吸毒者会有不同的表现，针对性不同表现社工也具有不同的任务。具体如下。

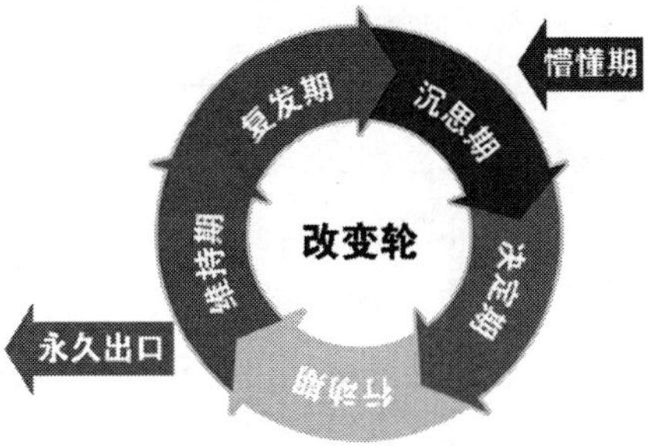

改变轮

阶段	吸毒者的表现	社工的任务
懵懂期	未意识到吸毒所带来的影响，没有改变的意愿	增加戒毒人员对吸毒行为的危机意识，引起其对吸毒问题的关注
沉思期	开始意识到吸毒的负面效果，考虑是否要作出改变	促使思考结果有利于改变，提出需要改变的理由，不改变的风险，强化其对自我改变能力的信心
决定期	意识到需要作出改变，改变的动机时强时弱	协助戒毒人员订立戒毒的可行目标，增强其改变的能力
行动期	改变动机逐渐加强，开始制订改变的计划，并付诸行动	与服务对象共同探讨，制定最合适的行动策略，采取步骤，迈向改变
维持期	有意识巩固行动期的行为，能在较长的时间内维持，逐步适应新的生活	帮助服务对象识别复发的迹象，并采取防范的措施
复发期	在维持已作出的改变中遭受挫折或遇到高危处境，从而导致复吸	协助服务对象反省和评估改变的过程中的收获，注入希望。重新开始，由沉思、决定，再行动，不会因复吸导致停滞

2. 动机性访谈

（1）五点基本原则。在动机性访谈中，有五点基本原则是非常重要的，它将贯穿社工与服务对象所进行的整个面谈。

一是发现差距。是指通过引导服务对象在心中创造与放大当前行为和更广泛目标之间的差距，引导其认识到某种行为付出的代价来激发。如，这个问题比我认为的要严重。

二是表达同理。同理式温暖和反馈式倾听是从动机访谈开始使用并始终贯穿整个过程，社工要不加判断、评断和指责，去理解服务对象的感情和看法。

三是避免争辩，直接的争辩会引发人们的抵抗，在这个观点下，最不理想的状态就是社工认为他们的服务对象有问题，需要作出改变，但是服务对象却持完全相反的观点。

四是处理阻抗。阻抗和矛盾心理不是挑战，而是正常的和可以理解的。社工在过程中更多的是邀请服务对象看到新的讯息与视角。

五是支持自我效能感。自我效能感是一个人相信自己有能力执行并完成某特定任务的信念，是改变的关键因素。它主要传递的是“你能做得到，你能成功”。而服务对象自身也是有责任选择并执行个人的改变。

（2）动机性访谈的五种策略。在基于五点原则的指引之下，动机性访谈技巧实施具有五种策略。

一是用开放式的问题。让服务对象有更多的空间、更多的主观性回应提问，而不局限于作客观的回答。

二是回应式倾听。动机性访谈强调对于服务对象有回应的倾听，一方面让其感到被关注、重视，另一方面也可适时地澄清。

三是予以肯定和欣赏。尽可能地找到服务对象在服务过程中，观念和行为的改变，予以肯定和欣赏，促进改变动机形成。

四是不时作摘要和重述。对于面谈过程中形成的好的有效的改变，可摘要重述，巩固阶段性的进展。

五是引发服务对象具有动机性话语的表达。运用一定的策略引发服务对象说出具有动机意味语句，这一方面的具体实施将在后面的内容详细介绍。

（3）动机性访谈的六个陷阱。在运用策略的同时，也要注意不要陷入六个陷阱中。

一是一问一答。即提出的问题多数为封闭式的问题，如只能回答“是否”或“对错”的问题。

二是面质、否认。当面指出问题或者直接否认服务对象的观点，都将有可能引起服务对象的抗拒。

三是专家式的面谈。如果社工使用专家的角色和身份与服务对象交流，会忽略了服务对象的主观能动性，从而难以引发其主动地改变。

四是标签。很多的吸毒人员被认为是无法改变的，社工需要时刻谨记服务对象是具备改变动机和潜能的，避免把服务对象限定在负面的标签中。

五是各说各话。对应策略中的回应式倾听和肯定欣赏，保持社工和服务对象的合作和对话。

六是过分强调对事情的责任。一方面容易引起服务对象的抗拒，另一方面也有可能将面谈引入对对错的争辩中。

（4）引发服务对象动机性话语表达七大招。在动机性访谈中，服务对象蕴含改变动机的话语，是社工重点需要捕捉的要点。因此，在访谈中，需要触发其对改变动机话语的表达。这七大招可以用于处在不同阶段的服务对象，特别是当其处在懵懂期、沉思期、决定期时尤为适用。

第一招：化夷为险——问题对焦。

当社工在面谈的过程中，发现与服务对象的对话迟迟未能切中中心，可采用“问题聚焦”方式，引导服务对象去思考。如“什么是你想做，但因为毒品而没有做的?”“吸毒为你带来了什么困扰?”等。

第二招：正反思量——权衡利弊。

对吸毒问题的正面和负面影响多加讨论，能够促进服务对象更深入地思考。讨论继续吸毒对其带来的好处会有哪些，坏处又会有哪些，能够让其比较自在地厘清其中自相矛盾的说辞。比如，“你说吸毒都是为了跟朋友打成一片，但是吸毒后又有很多的朋友离开了你?”“你自信有自制力，却又怕上瘾?”等。

第三招：深入探究——挖掘吸毒背后的问题。

在访谈的初期，深入讨论服务对象吸食毒品典型的一天或一次经历，能够发掘其吸食毒品背后的一些问题。其中关键是需要详细追问细节的部分，包括行为和情绪的变化等。如，“你说上次是因为心情不好，就复吸了，可以说一下当时是因为什么事情吗?”

第四招：回顾过去——回忆美好或凸显矛盾。

邀请服务对象回顾吸毒问题未发生时的情境，并与现在作比较。包括分析吸毒问题对其自身、家人及其他身边重要他人的影响，建构因吸毒导致的危险信号，促使其强化改变的动机。比如，“在你没有吸毒之前，你觉得对比现在，有哪些是你觉得比较满意的，包括生活、工作……”

第五招：展望未来——创造梦想或凸显矛盾。

引导服务对象看到改变后的未来，引发其改变的动机。与回顾过去一样，不仅包括对个人的影响，还包括对身边重要他人的影响。比如，“假设你不再吸毒，过3年之后，你觉得你的生活会有什么变化?”“如果继续吸毒，你和你身边的家人，又会如何?”

第六招：假设极端——建构危机信号。

当服务对象一直不愿意面对问题时，社工可以尝试邀请其描述他最不愿意见到的情况，以及可能发生的最坏的结果。比如，“如果你不做改变的话，你最害怕会发生的是什么?”“如果你不戒毒的话，你最担心什么人会受到伤害?”

第七招：探索理想目标，捕捉心动时刻。

与服务对象探讨他生命中最重要的事情，以及他最珍爱的价值和人生目标是什么？寻找问题行为与其个人目标不一致或所造成的伤害，重点探讨的是理想与因吸毒问题导致的现实之间的落差。比如，“你生命中最重要的事是什么?”“对你来说，人生最有价值的事是什么?”“你最欣赏自己什么？继续吸毒会如何令你失去你欣赏的特质?”

（5）行动期的介入要点。在行动期，重点是需要协助服务对象制订可行的计划，以及对应的行动策略，采取步骤，迈向改变。首先，在制定目标时，需要注意目标的制定原则——SMART原则。包括有时间限制的（Time limit）、具体的（Specific）、可达到的（Achievable）、可测量的（Measurable）、相关联的（Related）。其次，我们在制订计划和目标时，需要注意与服务对象共同协商确定，一起完成计划表。再次，制定目标时，不宜将目标制定得过大，建议从简单的目标开始，提升服务对象的自我效能感。最后，在完成具体行动时，及时给予服务对象支持和鼓励，并与其共同分析可以给他提供支持的资源有哪些，促使其更好地进行改变。

（6）维持期的介入要点。帮助服务对象识别可能复吸的高危情境，并做好防范的措施。从可能存在的高危情境出发进行讨论，引导其分析可能解决的应对的方式，出现偶吸需要如何处理，如果出现复吸进入复发期时，要如何应对。此时，重点是对高危情境的分析和模拟演练，提升其应对不同危机的能力。目前在跟进的社区戒毒社区康复人员，有较多的是处于维持期的阶段，在此时需要注意对预防复吸进行介入讨论。

（7）复发期的介入要点。协助服务对象反省和评估在改变过程中的收获，注入希望，引导其重新开始新一轮的改变。从沉思到决定，再到具体的行动，避免因复吸导致自我放弃。

（三）案例分析

1. 小组服务案例：寻找改变的力量——动机式晤谈法在戒毒所小组中的应用①

（1）小组基本情况。小组名称：戒毒所学员动机晤谈小组——寻找改变的力量

活动对象：深圳市南山区戒毒所强戒学员

参与人数：10—12 人

社工：2 人

（2）小组目标。通过引导学员重新认识滥药行为的收益和代价，激发改变动机，增强组员改变吸毒行为和维持戒毒操守的自信心；通过引导戒毒学员思考自己的社会责任及人生目标，让其出所后更好地适应社会。

（3）背景及理论介入分析。作为深圳市最主要的戒毒治疗措施——强制隔离戒毒，为帮助吸毒人员戒断毒瘾，减少伤害，控制毒品犯罪，在一定程度上发挥了巨大的作用。然而不争的事实是，由于戒毒人员在强制戒毒期限内是以生理脱毒为主，而心理上的毒瘾难以根除，离开戒毒所后，一旦接触原有的朋友圈或者重新遇到新的生活压力、情绪及病痛困扰时，再次染毒的可能性相当大，这也是戒毒人员复吸率居高不下的主要原因。

据此理论，强制戒毒人员通过戒毒所的隔离及管控，都能够成功戒毒超过 60 日，似乎能将其归为改变六阶段中的维持期。然而，强制隔离戒毒为吸毒人士营造了一个特殊的戒毒环境，戒毒人员是以个人自由受到限制为代价的前提下，被动地接受强制戒毒，在其心理层面，改变的动机未必处于维持期。在以往我们的个案服务中，60% 以上的组员所处的阶段更多的是沉思期，他们当中的很多人入所前都是习惯性的吸毒者，却因各种原因被意外地抓入戒毒所，关于要不要改变吸毒行为，他们常常表现出内心的矛盾和挣扎，踌躇犹豫于“应该改变”和“维持现状”两种状态之间。

由此，小组以动机晤谈理论为基础，活动的主要思路是强调以及协助所内学员认识到现有的或潜在的问题，并着手加以处理，以促进学员们消除困

---

① 案例来源：王良玉、廖燕：《寻找改变的力量——动机式晤谈法在戒毒所小组中的应用》，深圳市社工协会 2013 年经典案例金奖案例。

惑和矛盾，迈向改变之路。

（4）介入阶段。

第一阶段：小组准备期。

小组筹备的主要工作任务有需求评估、方案设计、组员招募等。在需求评估的阶段，社工从团队所接触的吸毒个案中发现，60%的服务对象基本都处于要不要改变吸毒行为的矛盾状态，社工在这个阶段进行及时的干预和治疗，可以有效地增强学员戒断毒品的动机和信心。然而，社工却发现南山区戒毒所以往的社工小组服务主要以成长和支持类小组为主，缺乏提升动机的治疗类小组活动，为保证专业服务的全面性和延续性，社工首次尝试开展以动机晤谈理论为基础的治疗性质小组。

而关于组员招募方面，为保证服务的专业性和治疗性，社工与管教民警作出了积极的沟通，如提前报备服务方案，详细地说明活动目标和挑选组员的标准，主动推荐合适的组员名单，最终与管教民警达成了共识，所确定的小组成员具有一定的针对性和代表性。

第二阶段：小组初期（第一节）。

基于动机晤谈理论，当服务对象感受到他的个人自由受到威胁或限制时，在情绪或行为上，可预见的会有“反弹”出现。因此小组初期的主要任务是社工在戒毒所强制隔离戒毒的客观大环境下，积极为组员营造了一个对改变有正面效果的小组氛围，社工并非权威性的角色，避免了使用强迫式、侵略性的面谈方法，减少学员对小组的抗拒和排斥。

第三阶段：小组中期（第二、三节）。

在小组中期，社工首先运用行为改变损益表，从认知层面分析继续吸毒行为所具有的好处和代价，选择其他改变行为或举动（如戒毒）所带来的益处和所需付出的代价。组员在讨论的过程中反应都很积极，能够一分为二地来看待毒品问题与戒毒行为，但部分组员内心并没有真正想去改变，甚至将个人的戒毒问题归结于社会歧视、强制戒毒政策等外部原因上。由此即使是理性逻辑的损益分析，也不一定能激发组员的改变，要作出改变的决定，更多来自组员自身心理上的不舒服。而经历情绪的痛苦，在许多方面，比冷静地检讨自己的认知是更好的改变动力。

接下来，社工尝试探索令组员感到最不舒服的问题，使组员能够把一些由目前行为引起但却一直不为人知的困扰，坦露出来并加以分享，探讨存在于外表公众形象与内在主观评价之间的落差，组员将自己与作为普通人和作为吸毒者之间作一个比较后，检视到吸毒行为中种种令人不愉快的层面。

第四阶段：小组后期（第四节）。

组员对小组归属感和投入度逐渐提高，社工的主要任务是与组员一同讨论人生的重要目标（如健康、成功、家庭幸福或正面的自我形象等），创造一个当下行为和生活目标之间的落差。通过小组，组员感受到他们目前的行为和处境与重要个人目标间存在巨大落差，由此产生了今后生活能有所改善的改变动机。

第五阶段：小组结束期（第五节）。

在小组的最后一节，社工事先预告了小组结束的日期，所以个别组员对于小组虽有不舍，但并没有组员出现强烈的负面情绪反应。

社工在本节小组中为保持成员的变化，巩固已发生的改变，巧妙地设计了“纸飞机”的环节，融合了组员总结学习经验以及成员间祝福赞美的内容，协助组员回顾他们在小组中取得的成果，一同拟订未来的计划。同时，当组员提出未来可能面对不支持的环境（社会歧视、家人的不信任等），社工引导组内的互动交流，肯定正面的感受和经验，加强组员的自信，增强组员独立解决问题、面对困难的能力。

（5）评估与检视。通过检视整体小组的进程，从目标达成进行分析，整体上目标达到情况良好。组员能够理性地分析继续吸食毒品和改变滥药行为的利弊得失。小组过程中，组员纷纷表述对于“继续吸毒”，他们认为好处是可以提神、放松、忘掉烦恼、开心等，代价是自身的身体、精神会受到伤害，跟家人、恋人、朋友的关系会破裂以及遭到强制。而针对“戒断毒品”这一行为，他们认为的好处有：身体健康，内心更自由和坦荡、有更多朋友；代价有：会身体发福、生活不习惯等。通过分享，组员深刻感受到自己作为吸毒者和普通人之间的差距，意识到改变的必要性，出所后也希望选择积极正向的生活方式。

组员对健康、成功、家庭幸福等正面的人生重要目标表示赞同和认可。在“人生大拍卖”的环节，组员深刻地感受到因吸毒行为造成对家人缺少关心，严重经济负担等不良后果，一名组员讲述：“入所前从未对父母亲尽到孝心，希望出所后戒断毒品，不让母亲操心。”整体上，通过小组服务，目标达到。

2. 个案服务案例：重生之轮，在于改变——动机晤谈法在社区戒毒个案

中的运用[①]

（1）基本情况。

服务对象姓名：阿国（化名）

性别：男

年龄：22 岁

文化程度：高中

婚姻状况：未婚

家庭情况：服务对象为深圳本地户籍人员，家里有爸爸妈妈、奶奶、2 个姐姐，大姐外嫁，二姐在外打工。家庭住房为自建房，除父亲的工资收入外，还有房租收入与村里分红，家庭经济状况较好，因为家里就阿国一个男孩，服务对象自述为“从小被家人惯着长大的”。

个案来源：辖区民警转介

（2）案例背景。服务对象 2013 年在同学的诱导下第一次接触摇头丸，此后经常向奶奶要钱出入酒吧和 KTV，更结识了一些贩卖毒品的朋友。后来由于酒吧查得比较严，经贩毒朋友介绍开始转吸冰毒，场地转换为家中、网吧、朋友家。在 2016 年 11 月，因吸食冰毒被公安部门抓获处以行政拘留 15 天，责令社区戒毒 3 年。在面谈中，主要发现服务对象存在以下几点问题：一是出现明显的情绪困扰：服务对象表示一想到吸毒被抓的经历就会情绪低落，甚至不愿意出门，对任何事情都感觉“提不起劲”。二是服务对象对自身进行“标签化”处理，自信心不足：一方面是害怕村里邻居、亲戚朋友因为他吸毒被抓而产生歧视和流言蜚语，另一方面本身也因被拘留一事而产生自卑、多疑、抗拒和恐惧心理。三是缺乏改变的动机：服务对象被责令社区戒毒，其戒毒动机主要来自政策的执行、社区的管控、家人的期待等外部动机，内在动机不强甚至缺乏。

（3）理论分析。本案例中的服务对象对毒品危害认知的缺乏、戒毒动机的缺乏、自信心缺乏正是处于改变轮中懵懂期的表现。因此，在服务过程中，社工将采取动机式晤谈法，针对服务对象每个时期的任务来进行相对应的服务介入。

---

① 案例来源：罗鹏东：《重生之轮，在于改变——动机晤谈法在社区戒毒个案中的运用》，深圳市社工协会 2018 年经典案例银奖案例。

（4）介入阶段。

第一阶段（服务前期）。

澄清身份职责：社工通过自我介绍，向服务对象澄清社工与执法人员的区别："在未来3年社区戒毒期间，我们将会是你的同行者、陪伴者，在这段时期内，我们将一起努力面对困难，有什么问题我们可以一起想办法。"起初服务对象显得比较警惕，但还是愿意配合社工，不主动发言，沟通方式多数为一问一答。

给予支持与关注：社工通过表达同理心、聆听等方式，鼓励其表达自己的想法。在面谈中，社工发现服务对象爱好骑行，就与服务对象约定每周一同骑行，加强与服务对象的联系。

服务对象的改变：经过一次又一次的见面谈话，服务对象逐渐消除对社工的戒备心理，慢慢对社工产生信任，开始愿意主动表达自己的想法和讲述吸毒的经历。

第二阶段（懵懂期）。

引导服务对象叙述吸食毒品的成因和情景：2013年高中时期在同学的带领下认识了一个在酒吧贩卖毒品的朋友，在同学的诱惑下第一次接触毒品摇头丸，这个"酒吧朋友"经常以请喝酒的名义邀请服务对象到酒吧"玩"，就这样服务对象开始了吸食毒品，其间没有人给予服务对象正确的引导，导致一再沉沦，最后转吸冰毒。当社工询问毒品有哪些危害时，服务对象显得不是十分清楚，连自己吸食的是什么都说不出来。依据动机晤谈法理论，社工判断服务对象目前仍处于吸毒的"懵懂期"。

促使其了解毒品知识与危害，引发关注与思考：在后续多次会谈中，社工邀请服务对象一起收集整理毒品的相关知识，共同探讨各种毒品的类别、成瘾原理，观看摇头丸、冰毒等新型毒品的视频和图片，增加他对毒品危害的认识，引起其对吸毒行为问题的关注。

服务对象的改变：渐渐地服务对象开始注意到吸毒的负面影响，还会主动跟社工讲述自己身边毒友在吸毒后的不理性行为，并庆幸自己还没到无法自拔的程度。

第三阶段（沉思期）。

运用行为损益表，制造内心冲突：通过第二阶段的介入，服务对象已经从"懵懂期"逐步走向"沉思期"，开始意识到吸毒行为对自身带来的负面影响。此时，社工的任务是引导服务对象思考为何要作出转变：如果继续吸毒会得到（失去）什么？如果不再吸毒会得到（失去）什么？通过行为损益表分析促使服务对象权衡现状与改变后的利弊，并侧重于弊端方面去考虑，引导服务对象自己说出是否需要改变。

服务对象的改变：经过一系列的访谈与引导，服务对象已经意识到吸毒行为对自身带来的影响：毒品的依赖性、花费大量金钱换来身体的损害、被查获后对今后的工作、人生道路的冲击。服务对象向社工表述：“虽然吸毒能让自己得到一时的快感，但除此之外一无所获，反而对个人及家庭带来巨大影响。”

第四阶段（决定期）。

澄清服务对象非理性信念，输入改变希望：服务对象通过“沉思期”的思考意识到需要对现状作出改变，当其改变动机不断增强时，意味着服务对象已经进入改变之轮的“决定期”阶段。服务对象自述很后悔因吸毒留下不可磨灭的痕迹，弄得现在这么“衰”。社工运用澄清技巧，引领服务对象陈述“这么衰”是什么意思时，服务对象表示：由于自己有吸毒案底，找不到理想的工作，外出又会被民警盘查，遭受周边邻居歧视的眼光，只能整天待在家里。社工运用同理心站在服务对象的立场设身处地理解他的感受，并且鼓励服务对象现在还年轻，相信其能跨过这个困难时期。

协助服务对象针对现状问题订立可行的目标，增强改变能力：社工以服务对象骑行的兴趣爱好为介入点，协助其加入社区骑行队，重建健康的兴趣爱好与社交圈，通过骑行队友的接纳、鼓励，引导服务对象正视吸毒过去，学会不在意他人的眼光；并在不定期的社区戒毒尿检中做到自律。此外，服务对象也决定重新找一份工作让自己的生活更充实。通过将目标具体化并循序渐进地达到，有效地协助其建立改变的信心，帮助服务对象重燃希望，增强自我效能感。

服务对象的改变：服务对象不再介意别人知道自己有吸过毒，并且还愿意向他人坦露自己正在执行社区戒毒。其间调整自己的作息时间，还主动叫母亲托人帮忙找了一份清洁工工作，自食其力。

第五阶段（行动期、维持期）。

给予鼓励与支持，强化维持动机：服务对象自从上班之后每一次休假回来都会主动联系社工，分享自己上班的情况，社工对于服务对象的改变给予很大的肯定。服务对象还表示自己上班之后觉得生活过得充实了，认识了很多新的工友，也不介意别人知道自己有吸毒经历，还时常现身说法叮嘱身边的朋友不要吸毒。

探讨高危情境应对，增强维持能力：服务对象已经能正确地看待过去的吸毒行为，社工与服务对象探讨了其高危情境，服务对象表示朋友的诱使是最关键的，提及解决办法，服务对象表示一是不再与他们联系；二是当朋友提及的时候，自己赶紧找借口离开。社工与服务对象采取角色扮演、情境模拟的方式不断演练服务对象的高危情境应对。

服务对象的改变：社工发现往后会谈中服务对象变得越来越开朗，善谈。不止一次承诺为了自己、为了家庭、为了不辜负支持他的人一定不会再做出吸毒这种愚蠢的行为。

（5）评估与检视。通过辅导，服务对象社区戒毒期间尿检均呈阴性，对于自己的吸毒被行政拘留和责令社区戒毒的经历能正确面对，相信通过自己的改变以及执行社区戒毒会得到社会的接纳与认可。在自信心与人际交往方面：服务对象加入社区骑行队，建立了一个有健康兴趣爱好的朋辈圈；通过自身的努力，也交往了一个不错的女孩子，目前已经拥有了丈夫和准爸爸双重身份，家庭关系和睦；工作方面也正和朋友合股做点小生意。在毒品危害认知方面：服务对象从懵懂期完成了到沉思期、决定期、行动期的转变，认识到毒品对自身的危害，并作出改变，并且现已进入维持期。在戒毒动机方面：面对新的生活，改变的欲望强烈，内部动机逐渐强于外部动机，愿意为了家庭、为了自己，尤其是即将出世的孩子作出努力。

三、叙事治疗

（一）理论简述

叙事治疗（narrative therapy）有广义和狭义之分。广义的叙事治疗指以后现代叙事思想为理论基础的心理治疗理论与实践。狭义的叙事治疗特指由怀特（Michael White）和艾普斯顿（David Epston）提出的叙事咨询理论和模式，通过他们所提供的谈话技巧，能在实务工作中帮助案主叙说并丰富生命故事，从中找到亮点、理出意义，为过去或当下的问题提供出口，发展出新的可能。

叙事治疗认为故事能够赋予我们生活事件的意义，我们选择故事由哪些事件组成时，会决定我们如何看待自己的经验与生活。但我们在选择时，会受到主流话语权力的影响，因此当个人被问题困扰时，需要注意是否有受到外部的影响而忽视了其中的独特事件。通过对过去、现在和未来的独特结果进行分析，促使人进一步从影响自身的问题脱离出来。人们把生活中遇到的问题归因于自身，从而导致认为自己就是问题本身，陷入解决问题的困境之中。但问题的内化会导致个人陷入强烈的无力感，从而进一步加重了问题对个人的影响。因此，在叙事治疗中，首先需要解决的问题是将问题进行外化，使得“个人是个人，问题是问题”。在禁毒服务领域，经常会遇到的情况就是戒毒服务对象个人及其家庭都被充满问题的故事困扰，严重影响到个人无法正常地生活。对此，社工引导其对个人故事的重述，找出日常生活中被忽视的部分，改写个人叙事，从而促使其更好地回归到正常生活中。

对于叙事治疗的干预，何雪松教授认为需要聚焦于形塑服务对象生活的叙事，关注案主在叙事中的隐喻，将问题外化，促使服务对象能够脱离问题的压制，减少自我污名和责难，更好地反思自己的生活，从而寻找问题困扰之外的选择。在此基础上，重新建构服务对象自己的主流叙事，让其能够在生活中摆脱问题，找到新的人生方向。在其中社工的角色是服务对象故事的听众，新故事的协商者或者是共同建构者。通过倾听等方式，与服务对象建立关系，引导服务对象将自己目前遇到的问题故事进行讲述，然后通过外化的技术，将服务对象自身与问题剥离，寻找独特的结果，促使其看到改变的可能，重新改写故事。最后，通过寻找外部观众，将其故事进行强化，让新的故事成为其生活中的主流叙事。

（二）常用技术

本书对于叙事治疗的应用主要从其具体如何操作的八个步骤进行介绍，包括界定问题的影响、界定需要外化的问题、寻找独特的结果、进行独特的叙述、建立认同的蓝图、建立行动的蓝图、邀请开展具体行动、征召外在观众。

1. 界定问题的影响

生活中，个人很容易将问题和人结合，把自己形容成一个有问题的人。在叙事治疗中，第一步就是要将个人与问题分开，也就是第一个技巧，问题的外化。通过问题外化界定具体问题的影响。在问题的外化过程中，我们需要做两件事情，第一是找出问题对他们生活与关系的影响，第二是鼓励找出自己对问题的“生命”的影响。什么时候问题会控制你，你有没有尝试过控制问题，而不被问题控制？通常我们会用的把人与问题分开的是：你会说这个问题是？或者是你会怎么称呼这个问题？是什么造成问题？支持问题？问题如何表现？如何思考？如何行动？

2. 界定需要外化的问题

对问题的界定，应该是动态的、会发展的，因为问题是在不停地变化的。其中对问题建立起彼此都接受的问题定义非常重要。比如，父母觉得儿子频繁复吸是因为对自己的未来“没有责任感”。而儿子认为是父母太“唠叨”、太“烦”，让他再找回之前的朋友。社工需要走出父母与儿子相互指责，需要谁为问题负责的圈子，从问题的影响力出发，“如果事情没有改变，接下来会发生什么情况？”“这个担心会对儿子产生什么影响？”“儿子喜欢这种影响吗？”“如果不喜欢，需要为这个事情做什么共同的努力？”

3. 寻找独特的结果

寻找独特的结果中，重点是找出“问题”无效的时刻，与问题故事不符合的情况，可以是行动、想法、想要行动的意图。这个独特的结果可以是过去、现在以及未来的，包括过去成功对抗问题的例外事件，当下不受问题影响的时刻，以及期待未来生活不受问题的影响。从不同的角度进行分析，引导其找到独特的结果。

4. 进行独特的叙述

在进行独特的叙述过程中，主要是针对事件进行详细的描述，包括其中的背景、人物、过程、时间和细节。

背景：可以详述独特事件在哪里发生过，当时发生了何事？

过程：你做这个事情的时候采取了哪些步骤？具体如何？

人物：谁对你做这个事情带来了帮助？谁会注意你做了这个事情？

细节：你告诉他这个消息的时候，他有什么表情，做了什么？

时间：以前什么时候发生过？你对未来会作出什么样的预测？

5. 建立认同的蓝图

邀请吸毒人员思考新故事中形成的自我认同，价值观、信念和成就。通过对具体事件进行意向性理解，包括对该事件赋予个人的意义和价值、个人对事件的感受、在过程中学习到的知识，以及过程中的一些表现，还有后期预见性的期待反思等。在会谈时，可能更多地使用虚拟语气，主要体现在可能、大概、也许、或许等词的使用上。比如，“和这个相比，可能得出什么结论呢？”“对这个问题，你可能会怎么理解？”“这对你来说重要，可能意味着什么？”

6. 建立行动的蓝图

邀请吸毒人员思考新故事中形成的行动基础，制订行动方案。通过梳理事件、环境、结果、时间和情节，来确定后续故事的行动。可以从以下细节进行引导：“这件事发生的时候，你人在哪里？”“这件事是什么时候发生的？”“维持了多久？”“在这件事之前与之后发生了什么？”“以前你做过这件事情吗？”“或者这是第一次发生？”“导致你做这件事情的最重要的理由是什么？”“做这件事的步骤是什么？”

7. 邀请开展具体行动

在叙事治疗中，书信是其中一个重要的行动方式。针对不同的情境，社工可以使用不同的信件的方式，为服务对象提供咨询和辅导。主要包括邀请函、辞退信、预测信、转诊回信、参考信、特殊场合的信、简信、叙事信、自我故事等。

邀请函：邀请不愿意接受治疗的个人接受辅导，主要适用于家人或朋友求助的情况。邀请了还是不想参加的个人，也可以通过信件保持沟通。

辞退信：通常是服务对象自己书写，说明自己改变的意向和态度。

预测信：通常是鼓励其维持新故事的可能。比如在服务对象出所时，给他一封预测信：“我相信你出所后，可以很好地适应生活，建立新的朋友圈，彻底远离毒品的困扰。”

参考信：对他们自身优点的强调，外化求助者对自己充满问题的认知和叙述。

8. 征召外在观众

征召外在观众，主要是通过界定仪式，从第三者的角度，为服务对象提供支持，确认新故事的发生和被认可。让服务对象获得一个新的选择机会，在通过精心选择的外在观众面前讲述或展开自己的生活故事，外在观众会根据某种特定的方式通过重述来对案主的故事进行回应。通过外在观众的眼光进行确认，要求外在观众在界定仪式中将服务对象讲述的过程中对自己有吸引力，有联想的部分进行反馈。并不是给予常见的正向反馈，比如肯定、指出正面的内容、祝贺等，也不是根据专业标准评估，提建议、作结论、给判断。

（三）案例分析

1. 案例背景

S先生，来自湖南，现住深圳，本科毕业，今年41岁，父母亲人都在老家。2018年结婚，妻子知道其吸毒的历史，并支持其做同伴辅导员，在前期其外出分享时，还陪同出席。S先生是在1996年的时候染上了白粉（海洛因），当时吸食白粉在同伴里是一个很有面子的事情，是有钱人的“玩意儿”。所以，当时朋友给他玩的时候，碍于面子，他也就跟着一起玩了。没想到自此染上，就吸了十几年，被强制隔离戒毒6次。几次复吸，家人关系变得很差，基本都不怎么理他。在2014年元宵节的时候，第六次被抓到戒毒所。

2. 介入理论

叙事治疗（略）。

3. 介入阶段

（1）充满问题的人生故事——2014年元宵节第六次被抓时。因为沾染毒品10多年，家人关系破裂，一个人在深圳，身边的朋友圈很多都是有吸毒史，甚至是正在吸毒的朋友。当身边其他的支持系统缺乏时，吸毒的朋友成为唯一的支持，遇到问题时就会重回到吸毒的朋友圈中，从而导致复吸。而且因为随时可能被带走去进行尿液检查，被外界知道自己吸毒的历史而被排斥，让他的生活被毒品带来的问题困扰。

S先生：“因为过年，因为我是背井离乡嘛！我是湖南人，一直待在深圳，而且过年的时候我家人又没有在身边，我一个人也就觉得无聊了，反正就正好有（吸毒的）朋友在深圳这边，找他们一起就（吸毒），正好那个时间节点……”

（2）逐步将毒品与个人分离——2014—2015年在深圳强制隔离期间。在强制隔离戒毒期间，S先生因为情绪问题，在管教民警的转介下，第一次接受到了社工的服务。社工通过了解发现，他对于自己吸毒导致的家庭关系破裂，感觉到非常的懊恼，但是，又不知道自己可以如何做，陷入了迷茫。对此，社工首先与其分析他吸食毒品的原因以及情境，引导其认识到吸食毒品背后的问题以及给他带来的危害，让他从原本懵懂地知道毒品的危害到能够认识毒品对个人的身体及家庭带来的影响和伤害。在毒品的控制下，他已经失去了生活中很多的机会，陷入问题的故事里。他只有把毒品剥离个人的生活，才能够更好地恢复自己对生命的掌握。如果继续选择被毒品控制，他出所后还会面临以前的种种担心、害怕和困扰。但如果能够勇敢地脱离毒品的控制，与之对抗的话，他就能够自主地把握自己的人生，树立新的人生目标。

S 先生："其实实际上我吸了十几年毒的话，对于只知道海洛因有毒或者是冰毒有毒，但是具体它的毒性是在哪里，会对身体，吸了之后对于我身体会造成怎么样的不可逆转的一些损伤……通过社工系统地给我灌输了这些东西的时候，我也是彻彻底底对于毒品危害认知这一块，我可能就是有一个清晰的了解，然后我了解到这个情况之后，社工就会让我自己作出一个选择，你是愿意出去之后继续再去吸毒，再让你的身体造成这一系列的损伤，还是愿意为了出去了之后彻彻底底地把毒品戒掉，保持一个健康的身体？就这样彻底地戒掉。"

在服务过程中，社工的尊重、倾听，让他更愿意去诉说自己的困扰和想法，也让社工与他建立了良好的专业关系，信任社工，也获得了社工对其能够将毒品与自己分离的信心，加强了其彻底戒掉毒品的决心。而其中引导的方式，与之前接触到很多的强制、命名的方式不同，让他更容易接受，也更敢于表达。而对他生活中过去的独特事件进行分析，让他意识到自己与毒品并非天然在一起的，而是在后来的生命故事里发展中被黏合得太紧。独特事件，让他对于自己能够有"吸毒者"之外的故事。而这也成为他去作选择的重要动力，最终找到脱离毒品困扰的出路。

"……社工不一样，社工就是说：'我把事情的两端给你分析出来了，摆在桌面上的，然后自己怎么样选择，你自己觉得哪一条路最适合你，哪条路对你最好、最有利，你自己的选择。'他把主动权交到我们手上了，这样的话就是说，我的感觉可能就会好一点。"

（3）作出选择和改变——2015 年 9 月第六次强戒出所。在第六次出所前，社工与 S 先生讨论出所后的规划，他树立了自己的人生目标，就是要有健康的身体，然后再去追求其他生活细节。而要获得一个健康的身体，首先就是要做到彻底地远离毒品。他回顾自己之前复吸的经验，发现自己如果有太多空余的时间，就会有复吸的念头。因此，他在出所后，给自己找了三份工作，从早上到晚上，把时间排满。每当他在累了或者是动摇的时候，都会联系社工，寻求支持。让自己能够获得情绪的疏导，重新获得力量，再次坚定地往前走。而社工的陪伴和紧急时刻的引导，让他渡过了一次次难关。后来回顾自己刚出所的那一段时间，他发现这一次出所，有了明显的变化，包括将时间更多地花在工作和生活上，建立新的朋友圈，在低潮时寻求正向的支持，顺利地度过一开始有点艰难的岁月。

而在其中他也很明显感受到的是，持续跟社工保持联系是能够让自己保持戒毒操守的重要因素之一。所以，在工作中不管再忙，他都会尽量抽时间来参加禁毒宣传活动。禁毒的公益服务，不但巩固了他对毒品危害的认识，也让他能够与更多积极正向的人交流，更好地支持彼此。

S 先生："那时候一开始的想法我也是很简单，因为我觉得和社工朋友在一起的话，至少就是说是安全的，至少是我不会再走老路。因为他们的一些充满（正能量），他们给我的一些帮扶，包括他们的身上的一些正能量肯定就是感染到了我。"

（4）改写生命叙事——2016 年 3 月参加同伴辅导员培训。通过持续地参与禁毒相关的公益服务，让他感受到了自己不但获得了很多正能量，同时也让他深深地被这个行业的魅力吸引。在 2016 年，S 先生在参加 W 机构朋辈辅导员培育项目的培训中，与同伴共同梳理了自己吸毒的经历。将自己从一开始染上毒品的原因、不断复吸后对自己和家人造成的影响以及自己的戒毒之后获得支持，最后到呼吁大家不要去尝试毒品，因为当你踏入这个泥潭的时候会面临比你想象的还要艰难的生活。通过对自己吸毒历程的故事进行梳理，给原本充满问题的人生，赋予了新的意义，能够将自己的故事诉说给别人，然后支持和鼓励到现在仍在困境中的人群。在前期，S 先生刚参加完培训，对外分享时，每次都会将自己分享的内容写下来，不断地梳理练习。而他重新改写后的故事的第一个听众，就是他当时的女友，现在的妻子。还记得 S 先生当时告诉社工，一开始时，每次分享都很紧张，担心自己讲不好，看到下面坐着的妻子，就会感到很有力量。妻子成为他改写故事后的第一个见证人，也让他的故事一直持续并给予自己力量。

（5）新的生命故事——2018 年 9 月成为"馨起点"项目工作人员。在成为正式的同伴辅导员后，S 先生一直是两年多来最积极并投入参与的一员。虽然身边有其他的同伴，因为各种事情慢慢参与得少了，但是 S 先生一直记得参与到“馨起点”的初衷，更坚定地维持操守，帮助他人。妻子在过程中也不断地鼓励他，让他更加坚定。在社工和妻子的鼓励下，他报考了2018年全国助理社工师考试，并顺利通过，最终成为“馨起点”的专职工作人员。W机构的“馨起点”也成为他新故事的“起点”。在成为专职工作人员后，他变得更加自信，同时看问题的角度和视野也变得更远。他的人生开始被更多的人认可，而之前吸毒和戒毒的经历，也转变成为他的资源和优势，让他能够更理解戒毒人员经历的一切。在考虑问题时，也更能从他们的角度出发，逐渐成为机构和团队的沟通桥梁，共同带领团队发展。

S先生：“……当我成为一名真正合格的朋辈辅导员的时候，我相应承担的一些职责和我对我自身的一些要求就提高了。那个时候不仅仅就是说我自己不走老路，我还需要通过我的一些行动或者是通过我的一些言语去帮助更多的人不走老路！”

（6）未来可期——对未来的展望。在成为“馨起点”团队的专职工作人员后，他对于团队也有了更多的思考，包括如何让更多的人能够加入团队中，通过自己的故事去改变自己，影响别人，以及如何让团队能够走得更远，成员之间的凝聚力更强；最后同伴辅导员们除了以自己的故事宣传毒品危害之外，能不能去做一些其他更多的公益服务。他开始与社工共同探讨团队的管理和服务的发展方向，让更多的人消除对有吸毒经历的人的偏见，促进社会对戒毒康复人员的接纳和理解，让更多戒毒康复人员走出因为吸毒而衍生出来的问题的困扰，回归到日常生活中，真正地融入社会。

4. 评估与检视

本案例主要使用叙事治疗的视角，分析了W机构中同伴辅导员S先生从一个受助者转变成助人者的故事。在书写这个故事时，结合对S先生日常生活中的变化的一些观察，结合对S先生的深度访谈，发现用叙事的视角去分析朋辈辅导员的培育是具有较大的适用性的。从一开始被毒品问题困扰到影响正常生活，进入叙事治疗的开始，紧接着通过对问题的外化将毒品问题和个人分开，进而引导其对问题叙事的警觉，再通过改写对话，从他故事中的独特结果寻找改变的契机，最终重新书写一个新的视角的故事。在同伴辅导员的培育中，有一个很重要的是对外宣讲，这个同时也是邀请外部见证人，见证他新的故事，从而让新故事成为他生命的主要叙事。从整体上看，朋辈辅导员的培育过程就是一个重新书写戒毒人员生命故事的过程。

第二节　社区戒毒康复服务模式与面谈辅导技巧

一、临界衔接模式

（一）临界衔接模式概述

临界衔接是指社工根据服务需求，在每一个“临界”为戒毒康复人员提供特定的提前介入服务，以及进入以社区戒毒社区康复为主戒毒阶段的治疗、康复、辅导，实现戒毒康复人员在完整的戒毒康复过程中无缝衔接，协助其更好地戒断毒品、身心康复、社会融入的服务过程。

（二）临界衔接模式工作重点

临界衔接设置三个阶段：前置介入期、社戒社康巩固期、延伸服务期。

1. 前置介入期

（1）工作重点。前置介入期是吸毒人员尚未进入社区戒毒社区康复，处于强制隔离戒毒、自愿戒毒或仍存于吸毒成瘾状态的时期。该时期吸毒人员处于迷茫期，对未来缺乏规划，对国家戒毒政策不清晰，同时对于外界的信任较低，导致未能更好地落实戒毒康复计划。社工在前置介入期以建立专业关系、普及戒毒政策、协助厘清规划为主要工作方向，为每一名即将解戒出所、戒毒出院、接受社工个案服务的吸毒人员建立服务档案作为衔接服务的开端，推动强制隔离戒毒期满出所人员主动接受社区戒毒社区康复。

（2）案例示范。服务对象阿芳（化名），被决定强制隔离戒毒2年，在还有3个月出所的时候，驻所社工发现阿芳情绪低落，经常发呆，精神状况也不好。经社工询问，了解到阿芳即将出所，按出所要求须办齐出所相关材料：保证书、身份证、户口本、职业技能证书、帮教协议，除保证书必备外，其他是四选二，这些出所资料需要家属配合，而阿芳的家属在其进入戒毒所之后，就与其关系疏远了。在吸毒前，阿芳与家人关系比较融洽，特别是与其二妹关系较好，在阿芳屡次复吸之后，与家人关系逐渐变差。社会面上朋友较少，除了家人提供情感和经济支持之外，阿芳的社会支持网络规模较小。

同时，出所后去哪、做什么、有没有人给自己帮助、出所后的吃住怎么办，都让阿芳开始焦虑起来。

（3）案例解析。强制隔离戒毒人员经过强制隔离戒毒所近两年的感化、教育、帮助，在抵抗毒品能力、行为习惯、法律常识、文化知识、技术能力等方面都会有不同程度的提升，现在即将解戒出所，重获自由身，面对即将回归的社会，他们会有强烈的渴望和期待。然而，在兴奋之余，他们更多的是迷茫、紧张甚至恐惧，他们担心出所后自己是否适应社会的改变，是否还能找到自己生存的位置，家人朋友是否还能接纳自己，等等。因此，社工在所内适时提前介入，帮助吸毒人员更好地回归社会、融入社会显得尤为重要。

就像案例中的阿芳，多数即将出所的戒毒人员都会存在此类问题与需求：①出所材料办理。②家庭关系问题：因其吸毒导致家人对其失望，造成与家人关系紧张，出所后是否还能接纳自己。③出所后工作问题：服务对象没有一技之长，再加上社会比较难以接纳有吸毒史的人员，往往也会担心出所后找不到工作。④出所后操守维持问题：出所后有可能接触到过往毒友圈的那些人，或者因为某些情况担心自己有可能控制不住再次复吸，等等。

在前置介入期中，禁毒社工可以通过协助服务对象进行情绪疏导、挖掘自身资源、厘清未来规划、强化戒毒动机等几个方面，进行服务跟进。例如针对阿芳的情况，可以采取以下策略。

第一，通过从个人层面介入，及时开展辅导，帮助阿芳处理焦虑情绪。

阿芳现在因为出所资料无法办理齐全而感到焦虑，所以社工可先帮助其稳定情绪，协助阿芳一起想办法解决。

第二，通过从家庭层面介入，协助修复其家庭关系，并办齐出所资料。

社工在服务过程中引导阿芳从最重要的事情入手，让阿芳把她自认为最重要的五件事进行排序，其首选的是家庭，可见家庭对服务对象是至关重要的。阿芳急需修复其与家庭的关系，但是家人不接她电话。为此，社工通过所里联系方式联系到阿芳的母亲和妹妹，与她们进行沟通，并且经常向她们传达阿芳在所内的正向改变，使其家人了解到其戒毒的决心和为了回归家庭所作出的努力改变，从而愿意重新接纳阿芳，进一步协助阿芳办齐所需出所资料。

第三，协助阿芳厘清身边支持网络和可利用资源，提升其运用资源解决问题的能力，协助阿芳在出所后寻找就业机会。

社工了解到阿芳二妹在入所之前与其关系较好，只是因屡次复吸入所后关系逐渐变差，其二妹在东莞自己做生意，工作方面可以通过其二妹作为切入点。另外阿芳在所内是做与电子板相关的工作，出所后可以联系从事相关工作。

第四，通过从宏观层面介入，帮助阿芳了解社区康复相关政策和流程。在出所后协助服务对象顺利到社区康复地报到，转介所外禁毒社工进行跟进帮教，实现衔接期的无缝衔接工作。（案例提供：何国利）

2. 社戒社康巩固期

（1）工作重点。社戒社康巩固期是戒毒人员进入社区戒毒或社区康复的时期，这一时期亦是完整戒毒康复过程中最重要的一环。该时期戒毒康复人员处于操守巩固、身心康复期，制订规划缺乏落实、就业生存需求迫切、生活适应存在困难，存在着高危级别的复吸风险。社工在社戒社康巩固期以心理干预、家庭关系改善、就业辅导、社会适应性培育为主要工作方向，同时辅助公安机关开展操守保持监督（传统为“尿检法”），实现戒毒康复人员往社会融入方向成长。

（2）案例示范。服务对象阿坤（化名），男，48 岁，已婚。妻子因为阿坤多次复吸，不愿意再信任他，与服务对象感情冷淡；两人育有一儿一女，女儿已出嫁，儿子读初中，儿女与服务对象关系疏远。因长期吸食毒品，阿坤患有高血压、前列腺疾病，经常出现头晕、疲劳、精神紧张、注意力不集中等症状。阿坤初次接触毒品是 2007 年某一次他和朋友在 KTV 聚会，喝酒后情绪变得很兴奋，在朋友的唆使下，第一次接触并吸食了 K 粉，之后阿坤变得无法自拔。10 年时间里，阿坤因吸食毒品被公安机关处理 4 次：2007 年因吸食 K 粉被行政处罚拘留 15 天；2011 年因吸食冰毒被强制隔离戒毒后列入社会帮教；2013 年因吸食海洛因被强制隔离戒毒 2 年；2016 年因复吸再次进入强制隔离戒毒所，因表现较好缩短至 1 年 9 个月，并责令其执行社区康复。2019 年初，阿坤出所，强制隔离戒毒所社工联系到阿坤居住地禁毒社工，落实社区康复无缝衔接服务。

（3）案例解析。无论是行政拘留还是强制隔离戒毒，当戒毒人员出所后，大部分人会遇到执行社区戒毒/社区康复的问题；当他们回到家庭时，可能将面对家人的指责、产生信任危机及关系疏离甚至破裂等问题；当他们回到社会后，有可能将面对失业、重新找工作、不接纳等情况，尤其强戒 2 年后，面对社会快速变迁往往会导致各种不适应，产生无力感。戒毒人员出所后，如何抵制住高风险情境的诱惑，成功维持戒毒操守，更是这个阶段关注的重点。

阿坤出所后，在执行社区康复阶段，其面临的主要问题包括以下几个方面：①情绪问题。一方面出所后，家人、工作、社会适应等方面的问题导致其情绪不佳；另一方面，多次被处罚导致其对公安、民警等工作人员出现抵触情绪。②社区康复执行问题。出所后普遍面临的问题：一是不知道如何向派出所表达需求和办理手续，二是定期执行尿检问题，三是面对困难，信心不足，面对执法机关存在抵触、恐惧等心理状态。③家庭关系问题。一方面因阿坤多次复吸伤害了家庭成员对他的信任关系，另一方面因其工作及被执行强戒的时间远超过陪伴家人的时间，原本与家人关系就比较疏离。④融入社会问题。长时间脱离社会的阿坤，对于现在的工作环境、节奏都不能很好适应，职业技能跟不上社会步伐，最基本的如通过手机支付、微信实时沟通等现代知识与技能欠缺较严重。⑤身体健康问题。

在社区康复巩固期，社工主要通过社区康复指导、心理干预、家庭关系改善、就业辅导、社会适应性培育为主要工作方向，协助服务对象更好地强化戒毒动机、防范复吸风险、回归家庭，融入社会，从而维持戒毒操守。

因此，在本案例中，禁毒社工与阿坤进行了需求评估，根据双方协商一致后，明确的服务方向如下：

一是通过技能培训和指导，协助阿坤掌握使用智能手机的基础能力，如微信支付、微信通话、操作网银 App 等，融入现代生活。

二是社工协助阿坤落实与执行社区康复，定期进行督促与帮扶服务。

三是针对阿坤对民警产生的抵触、害怕等非理性情绪，以及在工作、家庭中容易因负面情绪导致复吸行为等问题，社工采取认知行为矫正及情绪管理练习，协助阿坤纠正非理性情绪与认知，降低诱因导致的复吸发生率。

四是与阿坤制订合理的融入家庭关系的计划，增加其家人之前的沟通、互动与陪伴平台和时间，逐步缓解阿坤与家人之间的关系状况；同时鼓励阿坤回归正常的家庭生活，主动负担起家庭重任，能做好丈夫、好父亲、好家人的角色。（案例提供：谭隆旺）

3. 延伸服务期

（1）工作重点。延伸服务期是戒毒康复人员完成 3 年期社区戒毒社区康复过程后，正式全面融入社会的时期。该时期是戒毒康复人员社会融入、自我成长期，渴望正常生活、渴望实现自我价值，同时因为解除监督所带来的自由也使得在这个阶段存在着一定程度的复吸可能。社工在延伸服务期以延伸跟进、挖掘潜能、实现价值作为主要工作方向，针对部分希望摆脱过去，正常生活的戒毒康复人员，开展延伸跟进服务，实现情况清晰，突发情况及时应对；针对部分希望在正常生活的同时，能够实现自身成长和价值体现的戒毒康复人员，引入“过来人”禁毒志愿者计划，促进戒毒康复人员参与志愿公益服务，同时通过“过来人”技能培训，开展校园、社区、企业、戒毒所“过来人”现身说法分享会，倡导拒毒防毒，实现戒毒康复人员自我成长。

(2) 案例示范。阿明（化名），祖籍湖南，现居住深圳，55 岁，已婚。阿明在 2004 年和朋友开了间夜总会，当时夜场很多人吸食 K 粉、摇头丸、冰毒和麻古之类，在朋友的唆使下，阿明染上毒瘾，一吸就是 10 年。2014 年被抓到强制隔离戒毒所后，所里安排了驻所社工跟进，社工经常给予阿明鼓励与支持，快出所前一同制订了出所后的规划，并由所外社工持续跟进。在出所后，每当阿明在感觉自己坚持不住的时候，都会联系社工，寻求支持。社工的陪伴和紧急时刻的引导，让他渡过了一次次难关。阿明在强制隔离戒毒所期间和社区康复期间，都有驻所禁毒社工和所外禁毒社工的陪伴与支持。禁毒社工的跟进，帮助阿明度过了重要的前置介入期和社区戒毒社区康复巩固期，持续和社工保持联系成为能够让阿明保持戒毒操守的重要因素之一。

(3) 案例解析。当戒毒人员顺利进入社区康复后期，多数人开始思考如何更好地融入社会，也渴望能得到他人的认可、尊重，获得自我满足与自我价值的实现。因此，结合临界衔接模式，在延伸服务期，社工除了协助解决服务对象的问题与困难之外，还可以尝试关注与协助服务对象潜能挖掘与价值实现。

例如案例中的阿明，社工通过在服务的过程中，发现其具有良好的沟通表达能力、愿意参与公益服务、能够大胆地将自己过往的经历与戒毒的经验与他人交流分享、具有热心与服务的热情、乐于学习、积极进取等优势与能力，因此，社工在后期服务中，还通过以下几方面对其开展服务，提供支持。

①充分挖掘其潜能，为其提供公益服务培训，包括禁毒活动开展、克服上台紧张情绪，进行经验分享内容梳理以及讲述等。

②带领、指导其参与各类型的禁毒宣传活动，及时进行总结与经验分享。

③及时给予鼓励、支持与肯定，并鼓励其进行自我技能的提升。

后来，阿明在自己的努力下，不到一年的时间就从一名收费保安升到保安队长助理，后又提升为物业管理处的主任；在社工的鼓励下，也正式成为一名“朋辈辅导员”，实现从一个受助者到助人者的转变，并很好地维持戒毒操守。（案例提供：梁晳鳐）

二、戒毒康复朋辈辅导员培养模式

——以“馨起点”朋辈辅导员为例

（一）朋辈辅导员理念

朋辈辅导员是指曾经吸食过毒品，但目前已戒断毒品，并且积极参与禁毒宣传服务，通过培育和考核，能够通过同伴教育帮助更多的人持续保持操守并具有一定的责任心及统筹、协调能力，以实现倡导拒绝毒品的态度、消除大众对戒毒康复人员的歧视等目的的戒毒人士。

（二）朋辈辅导员培育目的

1. 自助

每个人都是有潜能的，通过朋辈辅导员培育计划，挖掘戒毒康复人员潜能，实现自我效能提升，提升其维持戒毒操守的信心，更好地回归正常的社会生活。

2. 助人

用生命影响生命，通过榜样的力量，可以更好地帮助更多具有同样经历的戒毒康复人员，通过同伴的影响，陪伴、支持、鼓励以及传授经验。

3. 助社会

朋辈辅导员通过自身的经历，现身说法，帮助更多的青少年、社会人士学习毒品知识，提升自我防范能力。

（三）朋辈辅导员分类标准

朋辈辅导员设立禁毒志愿者、初级朋辈辅导员、中级朋辈辅导员三个级别，具体级别标准及服务内容如下。

1. 禁毒志愿者指有意愿参与毒品预防教育宣传活动的戒毒康复人士

需具备条件：出所后保持操守 3 个月以上；自愿提出加入申请；自愿接受机构监督，以及不定期的尿检。

服务内容：包括常规禁毒宣传活动协助、消除歧视和拒毒理念倡导、机构安排的其他活动等。

2. 初级朋辈辅导员指通过培训及考核获得初级朋辈辅导员证书，能够在社区、学校、监所等场所协助社工开展禁毒宣传活动，并且保持操守的禁毒志愿者

需具备条件：作为禁毒志愿者提供服务或列席会议不少于 15 个小时；出所后保持操守 6 个月以上；自愿接受机构监督，以及例行尿检 6 个月以上；接受初级朋辈辅导员技能培训并通过考核。

服务内容：包括戒毒所、学校、社区等大型活动、讲座的分享；根据个人特长开展活动；禁毒社工岗前培训分享；禁毒志愿者可服务的活动等。

3. 中级朋辈辅导员指通过培训及考核获得中级朋辈辅导员证书，积极参与各类禁毒宣传服务的同时，承接团队内部事务管理的朋辈辅导员

需具备条件：承接团队内部管理事务；具备课程开发的能力（至少有一门是自己开发的课程）；掌握社工服务的基本技巧；接受中级朋辈辅导员技能培训并通过考核。

服务内容：包括开发课程并授课、团队管理、与相关部门进行合作沟通、禁毒志愿者及初级朋辈辅导员可服务的活动。

（四）朋辈辅导员培育模式

朋辈辅导员的培养是一个长期而艰巨的工作，需要经过严谨的筛选、系列的培训、严格的考核，需要接受长期的操守检验，参与相应的级别认定与晋级审查。

1. 严格的准入机制

从禁毒社工日常服务的个案中筛选表现突出的戒毒康复人员成为朋辈辅导员培育对象，要求必须同时具备以下条件：一是自愿加入“馨起点”朋辈辅导员团队；二是严格保持戒毒操守至少 3 个月以上；三是愿意每年参与团队持续注册，延续资格；四是身体健康，能承接一定的体力输出活动；五是遵守国家法律法规，拥护中国共产党。

2. 明确的培养路径

为了回应开展服务所需知识与技能，确保朋辈辅导员胜任工作安排，针对不同级别的朋辈辅导员制定了不同的课程培训。

禁毒志愿者基础课程：包括“馨起点”朋辈辅导员组织性质、任务、组织架构、有关规章制度、纪律等方面的教育，重点介绍志愿者组织目前开展的项目活动，帮助新志愿者找到适合自己的项目活动，介绍优秀朋辈辅导员的先进事迹，禁毒志愿者在开展活动前，需通过培训把项目意义、活动内容、时间、地点、要求、注意事项等讲解明白，保证让每名参与该活动的志愿者有一个全面的了解。

初级朋辈辅导员培养课程：包括朋辈辅导员价值观培训、演讲技巧培训、活动策划技巧培训、面谈初期介入技巧培训、活动带领技巧等内容培训。

中级朋辈辅导员提升课程：包括团队管理技巧、沟通技巧、团队建设和分享技巧、课程开发培训等。

3. 系统的晋升机制

制定了明确的禁毒志愿者、初级朋辈辅导员、中级朋辈辅导员的考核标准与晋升机制，每年进行一次级别认定，符合条件的进行级别晋升及公示。

晋级为初级朋辈辅导员要求：年度作为禁毒志愿者提供服务超过 15 小时以上；出所后保持操守 6 个月以上；接受初级朋辈辅导员技能培训并通过考核；通过团队会议审议。

晋级为中级朋辈辅导员要求：年度累计服务时长达到 50 小时以上；出所后保持操守 2 年以上；接受中级朋辈辅导员技能培训并通过考核；承接“馨起点”朋辈辅导员团队内部事务管理；通过团队会议审议。

三、社区戒毒康复辅导技巧

（一）戒毒康复人员面谈技巧

个案面谈技巧包括支持性技巧、引导性技巧、影响性技巧。

1. 支持性技巧

个案支持性技巧指社工通过不同行动展现社工向服务对象的支持回应，包含“专注”“鼓励”“倾听”和“同理心”四方面行动。

（1）专注。专注指的是面谈过程中我们要时刻关注服务对象的表达和情绪变化。社工可以借助友好的视线接触、开放的姿势以及专心的态度关注服务对象的表达，如眼睛注视对方、保持视线的交流，同时身体前倾。

（2）鼓励。鼓励指的是在面谈过程中，持续鼓励和激励服务对象去表达自己的情绪和想法。社工可以运用口头语言和身体语言的方式肯定服务对象的一些积极表现，口头语言如“请继续”“然后呢”“你说得很好”；身体语言如点头、微笑等。

（3）倾听。倾听是十分重要的部分，即充分地聆听服务对象的表达，适时地回应表达关注，让对方感受到我们正在认真地了解。倾听有三个层次内容，一是用心聆听服务对象传达的信息；二是理解服务对象的感受；三是思考、解读服务对象整个人。倾听话语信息，包括服务对象的经验部分、行为部分、情感部分；同时观察服务对象的身体语言信息，包括表情、手势、动作、眼神等；解读服务对象个人，包括他的生活、行动及与其他问题相关的内容。

（4）同理心。同理心即感同身受，对服务对象表达的情绪、感受和需求的换位思考，并通过回应让对方能够体会到社工的理解。

2. 引导性技巧

个案引导性技巧是指社工主动引导服务对象具体、深入地探索自己的经验、处境、问题、观念等技巧。目的是促进服务对象在相关主题上作较为具体、深入、有组织性的表达和探讨，增进社工对服务对象的认识和了解，协助服务对象作较为深入的自我探索，包含“澄清”“摘要”“对焦”。

（1）澄清。澄清指社工引领服务对象对模糊不清的陈述作更详细、清楚的解说，使之成为更清楚、具体的信息，也包括社工解释自己所表达得不甚清楚的信息，如服务的目的、理念等，还包括对产生的误会进行必要的解释。

对服务对象模糊不清的表达作进一步的明确时，可以表述如，“您刚才说的意思是……是吗?”“听了您刚才的话，我的理解是……对吗?”“你不喜欢他处理问题的方法，你可以具体说说，例如……”

（2）对焦。对焦指社工将游离的话题、过大的谈论范围，或同时出现的多个话题收窄，找出重心，并进行讨论。可以让服务对象列出话题或者问题的重要次序聚焦讨论的焦点，如“你刚刚说了很多问题，那么最希望解决的问题是哪个呢?”或者“你刚刚说你跟家人有矛盾，具体是跟哪位家人有矛盾呢? 是什么样的矛盾呢?”

（3）摘要。摘要指社工把服务对象过长的谈话或不同部分所表达的内容进行整理、概括和归纳，并作简要重点的摘述，如“您刚才讲的是不是包含……几个方面的内容?”

3. 影响性技巧

个案影响性技巧指的是社工通过影响服务对象，使其从新的角度或层面理解问题或采取其他方法解决问题的技巧，提供信息建议，包含提供信息建议、自我披露、建议、忠告、对质。

（1）提供信息建议。提供信息建议是社工借助自己的专业知识和经验向服务对象提供必要的知识和技巧。如向服务对象提供参加社区戒毒社区康复的要求或规定等知识，促使其更好地参与社区戒毒社区康复。

（2）自我披露。自我披露是指社工有选择地坦露自己的亲身经历或者处理事情的方法，为服务对象提供参考。自我披露需要注意披露的部分是能够促使服务对象发生正向改变的经验或建议，同时避免对服务对象造成压力。

（3）建议。建议是指社工根据服务对象的具体情况提供有利于服务对象改善生活状况的建设性意见。为避免服务对象的反感，注意避免使用“必须”“一定”等词句，以尊重服务对象的选择权利。

（4）忠告。忠告是指社工向服务对象指出某些行为的危害性或者必须采取的行为。在提供忠告时，社工可以运用强调的语气，直接指出面临的危害和必须采取的行为，但需要避免强迫服务对象。

（5）对质。对质是指社工通过直接提问等方式让服务对象面对自己在行为、情感和认识等方面不一致的地方。使用对质时，建议应建立在信任关系的基础上，同时需营造接纳、尊重、客观评价、真诚的情感环境。此外，对质应是把服务对象的注意力集中在未来可改变的方面，而不是仅仅关注谁的责任。

（二）戒毒康复人员家访（入户走访）技巧

1. 家访（入户走访）目的

家访（入户走访）是社工收集资料时常用的方法。在家访（入户走访）中，社工可以更好地有机会观察服务对象在自然的家庭生活环境中与其家庭和相关社区系统的互动形态，观察和了解到很多在会谈中不能发现的东西。通过家访观察与面谈，可以进一步了解服务对象的支持系统、家庭生态系统在其进行社区戒毒社区康复过程中的影响情况。家访（入户走访）不应该仅仅是社工与服务对象的一次简单聊天，而是一项有目的的专业工作。

2. 家访（入户走访）步骤

社工进行家访（入户走访）主要有四个步骤：资料收集及评估、家访前准备、家访（入户走访）会谈、跟进反馈。

（1）资料收集及评估。资料收集包括了解服务对象的基本信息，例如家庭住址、联系方式、家庭成员、经济收入、身体状况、兴趣爱好等。在禁毒领域中，禁毒社工同时还需要在资料收集阶段了解其吸食毒品的种类、吸戒毒历史、吸食原因等。根据收集的资料情况，再评估服务对象及其家庭的基本情况，以决定是否适合进行家访，家访人员的安排以及家访的形式等。

（2）家访前准备。

①物资准备：家访需要带上能证明社工身份的证明材料，以及有助于介绍服务与建立关系的相关资料。在禁毒领域，为做好社工的安全防范，建议社工家访时能自带饮用水。因此，在物资准备方面，应包含社工的工作证、工作服、服务宣传资料、政策资料、笔、服务表格、饮用水等相应物资。

②目标设定与面谈提纲准备：需要明确每次家访的目的，不同的家访安排，其目的是有所区别的。比如，对服务对象的首次家访，通常可以将目标设定为与服务对象初步建立关系，了解服务对象基本情况。如果是针对已建立关系的服务对象，则可以将目标设定为了解服务对象的需求或问题，了解其家庭支持系统等。目标的设定，需要根据实际情况、结合实际需求设定。此外，为保证家访目标的顺利达到，避免在面谈过程中，社工遗漏信息或被服务对象带跑话题，建议社工在进行家访前，提前制定一份家访面谈提纲，预设收集资料的内容以及相应的问题设置。

③心理准备：部分禁毒社工在家访前，因为服务对象吸毒的历史、对其家庭情况的未知可能导致害怕、畏惧的情绪；也有在面谈过程中，担心自己提问是否恰当，面对服务对象产生紧张心理等。因此，在家访前，社工需要及时调整状况，需要克服畏难情绪，突破害怕心理，调整紧张状态。

（3）家访（入户走访）会谈。进入服务对象家中，除了家访中双方的语言沟通是社工家访的重要形式以及信息获取的来源外，还有对于服务对象的家庭情况的观察与分析也是家访的重要信息获取渠道。

①观察：包括家庭布置、家庭成员、家人互动情况等；通过对家庭布置

情况，分析家庭中的经济状况、家庭文化情况、家庭人口居住情况、家庭重要成员以及重要成员之间的关系情况，从而分析这个家庭的经济状况、文化程度、成员关系等在服务对象执行社区戒毒社区康复中的阻力或助力情况。此外，对于环境的观察，挖掘服务对象或家庭的兴趣爱好，寻找家访中话题的切入点，有助于降低陌生、紧张与防备感，拉近彼此的关系。

②会谈：要有意识地运用个案工作技巧，让家访工作更加有成效。一名社工负责主要会谈，一名社工作为观察者及记录人员，需要做好会谈内容的记录，以及会谈情况观察。

③录音：可以在征求服务对象同意的情况下，进行会谈录音，以便于回来后整理面谈资料，可以协助我们避免记录时漏掉关键信息，更可以帮助我们对当次服务目标达到情况进行更为准确的评估，并更全面细致地进行专业反思。

（4）跟进反馈。一是家访结束后，社工要及时对会谈信息进行沟通与梳理，交流会谈中的观察与意见，检视是否达到本次家访目标，并做好家访记录的整理与反馈；二是针对家访中服务对象有提出需求与问题，如当场无法回复的，需要社工在家访结束后进行及时的跟进与回应。

3. 注意事项

禁毒社工开展家访（入户探访）工作时尤其是首次家访时，无论是禁毒社工还是服务对象，对于彼此的情况都是未知的，相互之间都会存在一定的不安全感与防备心理。对于禁毒社工来说，一方面要做好自身安全的防范工作，另一方面更要在家访时与服务对象建立良好的专业关系。

（1）安全防范。

①家访前的安全评估工作：为保障人身安全，进行家访前尽可能评估服务对象的背景是否涉及以下情况：对于服务对象状况的了解、家暴史、精神疾病史、药酒瘾记录、其他暴力犯罪记录及犯罪前科，以往接受服务的记录；服务对象所在地区的地缘环境和治安状况；家访时间的适当性及服务对象接受家访的意愿程度等。如鉴别有一定风险，则须提高警觉，确保工作安全。

②家访人员的安排与报备：对于首次服务对象的家访工作，建议在安排人员时，确保安排两名社工同行，其中最好有一名男社工。家访前需要向同工和团队主任报备家访安排，包括家访社工、时间、地点、家访人员、联系方式、预计返回时间等。

③家访中的安全防范事项：

个人着装：家访时，个人穿着不宜暴露，不宜戴长耳环、项链等容易被拉扯的饰品和贵重首饰，建议穿低跟、平底等方便行走的鞋子，裙摆或裤脚不宜影响到行动的灵活度。

随身物资：身份证明材料；随身携带手机确保电量、话费充足。

座位选择：社工进入服务对象家中家访时，建议尽量安排在客厅中会谈，并且在就座时，落座在靠近门口并且视野较好的位置，以便观察门口及屋内情况，以及出现突发情况时，能尽快开门离开。

饮食方面：建议自带饮用水，一是注意个人卫生，另一方面也是做好个人安全防范预案。不随便在服务对象家中饮食。

服务对象状态：家访时，应时刻关注服务对象的表情、动作，是否存在神情紧张、意识不清、激动易怒、直冒虚汗等异常情绪，或者出现坐立不安、来回踱步、神情突然呆滞等不正常的行动举止。

（2）降低抗拒。

为了更好地与服务对象建立良好的专业关系，在开展家访时，可从家访预约、个人介绍、工作态度等方面尽量降低服务对象对社工的抗拒。

①家访预约：在家访前，先进行电话预约。需要注意的是，电话拨通后首先需要确认接电话者是否服务对象本人，再确定是否表明禁毒社工的身份或家访目的，在此需要避免因接电话的另外一方有可能是服务对象不知情的家属或者朋友，由此而引发服务对象的家庭矛盾和信任危机等。

②个人介绍：往往有禁毒社工反馈，当自己与别人一提禁毒社工身份时，就感觉对方马上提高了警惕性，变得不那么友好。因此，社工如何自我介绍要视情况而定，如果是未知情况的家属，或者初次联系的服务对象，可以介绍自己“社工”身份即可，等确定情况后，再进一步表明禁毒社工的身份；如果是对于家人情况已经明确，对社工抗拒不强，可直接表明“禁毒社工”也无妨。在进行职责说明的时候，社工可以澄清“社工不是监督者”，而是“和你们一起解决问题的陪伴者和协助者”，将社工从服务对象认为的“对立的人”变成“同行的人”。

③工作态度：态度要诚恳、冷静、中立、有同理心，非批判性，但必须保持适当距离，不应过度友善。另外，要随时观察服务对象的反应及情绪变化，给予关切和支持，鼓励其表达，如发觉其焦躁或动怒，可以立即终止会

谈，必要时请求协助并控制服务对象行动。

（三）戒毒康复人员家属服务技巧

1. 家属问题与需求分析

戒毒，是一个漫长而艰辛的过程，不是一蹴而就的。在执行戒毒康复过程中，戒毒人员家属往往应是戒毒康复人员最有力的支持者，对于戒毒康复人员的关怀、鼓励、包容以及监督，可以协助他们更好地回归正常的社会生活。但是在现实中，我们看到大部分戒毒康复人员家属因为家里有吸毒者而感到耻辱，认为这是家门不幸，在公众面前抬不起头，会逃避、躲闪他人，甚至产生自责、内疚、愤怒、怨恨、焦虑、压抑、痛苦等负面情绪，对于如何帮助戒毒康复的家人戒毒与回归更是不知所措。

因此，戒毒康复人员家属的问题与需求，主要有以下几方面：一是家属个人情绪需要得到宣泄；二是对于相关戒毒知识需要进行学习与了解；三是对于处理戒毒人员各阶段所出现问题的能力需要掌握。

2. 服务内容与形式

针对戒毒康复人员家属的问题与需求，禁毒社工可以从家属的情绪辅导、情感支持、政策信息提供、毒品相关知识介绍、戒毒阶段知识学习、家人防复吸技巧掌握等方面提供服务。

服务形式主要有：

（1）个体心理干预：一对一的个体咨询与辅导，主要包括关心理解家属的痛苦，宣讲有关知识，建立社工与家属的联系，给予家属指导和帮助，有利于家属情感宣泄，减轻家属的无助感、隔离感，从而缓解家属的焦虑、抑郁情绪。

（2）团体互助支持：一对多的团队辅导、小组或工作坊形式。主要是针对具有共性问题的家属，他们之间同质性强、共鸣程度高，有的已具有一定的经验与正向体验，通过团队互助支持，鼓励家属之间互帮互助、相互支持，转变心态，达到团体的增能，以及共同形成解决问题的对策和方法。团队互助支持，包括情感互助支持、知识技能支持等。

（3）知识技能学习：既可以是一对一学习，也可以是一对多的小组、工作坊、讲座等形式。家属要发挥有利的家庭支持功能，仅仅给予接纳、信任，但是缺乏表达关心和爱的方式、对戒毒知识的缺失，以及不当的沟通方式也不利于戒毒康复人员回归家庭和社会。因此，禁毒社工在开展家属服务时，需要为家属提供相关知识技能学习，例如，戒毒政策信息提供、毒品相关知识介绍、戒毒阶段知识学习、家人防复吸技巧掌握、家庭沟通表达技巧学习与练习等。

3. 案例示范

（1）案例主题。针对在所戒毒人员的家属开展的“伴你馨生”强戒人员家庭支持服务。

（2）服务开展。戒毒人员在经历两年的强戒时，家人的支持是影响他们是否能够戒毒的关键。但基于驻所社工在过往服务中了解到，有较大部分的戒毒人员和其家属之间关系链接仅有经济和情感的支持，对于如何帮助和支持戒毒人员更好地戒毒是不清晰的，因此针对强戒人员家庭开展支持服务很有必要。

“伴你馨生”强戒人员家庭支持项目针对强戒人员家庭采取“线上＋线下”的服务模式开展支持系列服务。“线上”主要通过微信群、短视频定期为强戒人员家属开展禁毒知识、家庭沟通技巧等系列课程以及咨询服务，“线下”通过团辅、交流会、讲座等形式定期为强戒人员家庭开展在所家庭支持服务。以萨提亚家庭治疗理论为实践指导，帮助强戒人员家庭重塑家庭关系，优化家庭内部沟通，使戒毒人员更好地获得家庭戒毒支持力量，进而更好地回归家庭、回归社会，提高戒毒成功率。

第三节　社区戒毒康复工作的内容和流程

一、社区戒毒与社区康复的概念

（一）社区戒毒的概念

社区戒毒起源于我国的“无毒社区”创建活动，是对落实社区帮教措施的成功经验的总结和升华。1999 年，国家禁毒委员会推广内蒙古包头市等地的工作经验，开展“无毒社区”的创建活动，调动全社会各界的力量参与对吸毒人员的帮教。建立以街道、乡镇为主体的社区戒毒工作管理小组，分片包干、积小成大，最终实现无毒的目标。

《中华人民共和国禁毒法》规定：公安机关可以责令吸毒成瘾人员接受为期3年的社区戒毒，同时通知其户籍地或现居住地的乡（镇）人民政府以及城市街道办事处。戒毒人员应当在户籍地接受社区戒毒，也可以在有固定住所的现居住地接受社区戒毒。公安机关、卫生行政、司法行政以及民政等相关部门应当对相关工作提供指导和协助，共同开展社区戒毒工作。

《戒毒条例》规定：乡（镇）人民政府、城市街道办事处应当与社区戒毒人员签订戒毒协议，社区戒毒工作小组由专职的社工、社区民警、社区的医务人员、志愿者以及戒毒人员的家庭成员共同组成，负责具体实施社区戒毒相关工作；同时，《戒毒条例》要求社区戒毒人员根据公安机关的要求，定期接受吸毒检测；离开社区戒毒执行地所在的县（市、区）达到3日以上的，必须书面报告。

从《中华人民共和国禁毒法》和《戒毒条例》的规定可以看出，社区戒毒是由县级公安机关决定，乡镇人民政府（城市街道办事处）负责执行的一种行政强制措施。吸毒成瘾人员须到乡镇人民政府（城市街道办事处）报到，签订社区戒毒协议，在社区接受为期3年的戒毒措施。社会工作者、社区民警、社区医务人员、社区戒毒人员的家庭成员以及禁毒志愿者等力量组成社区戒毒工作小组，采取戒毒知识辅导、法治教育、劝诫引导、职业技能培训等方法，实现就学、就业、就医等目标，帮助吸毒人员在社区里戒除毒瘾，改善修复社会关系，回归社会的一种戒毒模式。

社区戒毒的期限：社区戒毒的法定期限为3年。但是，社区戒毒人员被依法收监执行刑罚的，社区戒毒终止。社区戒毒人员被依法拘留、逮捕的，社区戒毒中止，由羁押场所给予必要的戒毒治疗，释放后继续接受社区戒毒。

社区戒毒的对象：是吸毒成瘾的人员，即心理上和生理上已经对毒品形成依赖性，存在强制性吸毒行为。对于初次吸毒尚未成瘾的吸毒人员给予治安处罚。对于怀孕、正在哺乳自己不满1周岁的婴儿的妇女，未满16周岁的吸毒成瘾的未成年人，健康状况不佳，不适宜再回所执行强制隔离戒毒的吸毒人员，经批准可以变更为社区戒毒。

（二）社区康复的概念

康复（rehabilitation）原意是指恢复到原有状态。医学康复是指尽可能改善由疾病或外伤所引起的生理或心灵的损伤，不论在躯体上还是在精神上都能最大限度地使患者提升个人的能力，使其功能逐渐恢复，以重返家庭、社会正常生活。为了能够使患者回归社会，康复不只是单纯医学方面的康复，而且还应包括心理的、社会的、经济的、职业的、教育的等多方面的康复。

社区康复是由县级公安机关决定，乡镇人民政府（城市街道办事处）负责执行的一种行政强制措施。原决定强制隔离戒毒的公安机关对于吸毒成瘾严重人员，在强制隔离戒毒期满后，认为毒瘾较深、复吸风险较大，还需要巩固戒毒成果的，可以决定其接受不超过 3 年的社区康复。社区康复人员须到乡镇人民政府（城市街道办事处）报到，签订社区康复协议，在社区接受为期不超过 3 年的戒毒措施，社区康复参照社区戒毒执行。社会工作者、社区民警、社区医务人员、社区康复人员的家庭成员以及禁毒志愿者等力量组成社区康复工作小组，采取行为认知矫治、心理疏通与辅导、法治教育、职业技能培训等方法，实现重新就业、回归家庭等目标，帮助吸毒成瘾严重人员在社区里巩固戒除成果，改善修复社会关系，防止复吸，实现回归社会的一种戒毒模式。社区康复人员也可以自愿进入康复场所巩固戒毒效果，执行社区康复措施。

社区康复的期限：社区康复的法定期限为不超过 3 年。

社区康复的对象：对被责令强制隔离戒毒 2 次及以上人员，原则上应当在其强制隔离戒毒期满解除时责令其接受社区康复。

（三）社区戒毒社区康复工作责任分工

乡（镇）人民政府、城市街道办事处具体负责社区戒毒社区康复相关工作。乡（镇）人民政府、城市街道办事处可以指定有关的基层组织，根据戒毒康复人员本人及其家庭具体情况，与其签订协议，开展具有针对性的相关戒毒措施。

公安机关要做好吸毒人员的检测、登记和管控，协助社区戒毒社区康复工作机构加强日常管理，配合卫生健康部门做好戒毒医疗服务。做好公安主管强制隔离戒毒所解除强制隔离戒毒人员出所时与社区戒毒社区康复机构的衔接工作。

卫生健康部门要充分利用戒毒医疗资源，支持做好社区戒毒社区康复人员的戒毒治疗和身心康复。

民政部门要将社区戒毒社区康复工作纳入和谐社区建设和农村社区建设试点工作的重要内容，落实各项有关政策。

司法行政部门要加强对社区戒毒社区康复人员的法制教育，强制隔离戒毒所要做好解除强制隔离戒毒人员出所时与社区戒毒社区康复机构的衔接工作。

人力资源社会保障部门要把社区戒毒社区康复人员纳入就业培训工作规划，按规定落实各项就业扶持政策。

工会组织要结合开展“职工拒绝毒品‘零计划’行动”，加强对职工的禁毒教育、法制教育和对吸毒人员帮扶救助。

共青团组织要加强青少年禁毒志愿服务项目建设，依托青少年事务社会工作专业队伍开展志愿活动。

妇联组织要依托社区妇女之家、妇女维权站，结合“平安家庭”“无毒家庭”创建工作，做好吸毒人员家庭的关怀教育。

（四）社区戒毒与社区康复的区别

1. 对象不一样

社区戒毒是针对吸毒成瘾人员，县级、设区的市级人民政府公安机关可以责令其接受社区戒毒，并出具责令社区戒毒决定书。社区康复是针对解除强制隔离戒毒的人员，强制隔离戒毒的决定机关可以责令其接受不超过 3 年的社区康复。

2. 尿液检测规定不一样

社区戒毒 3 年内检测不少于 22 次（第一年为每月 1 次、第二年为每两个月 1 次、第三年为每季度 1 次）；社区康复 3 年内不少于 12 次（第一年为每两个月 1 次、第二年为每季度 1 次、第三年为每半年 1 次）。

二、社区戒毒康复工作的内容

社区戒毒康复工作是指被责令人在接到公安机关出具的责令社区戒毒康复决定书后，按期到乡镇人民政府、城市街道办事处报到，签订戒毒康复工作中心为其提供的协议，定期接受尿检、执行戒毒康复工作计划、落实协议各项内容要求，从而实现彻底戒断毒瘾，回归社会的一项措施。

（一）社区戒毒康复工作内容简介

1. 报到

顾名思义是向相关组织报告自己已经来到，在这里是指社区戒毒康复人员手持公安机关出具的《责令社区戒毒/社区康复决定书》到社区戒毒/社区康复执行地报到。

（1）社区戒毒人员报到规定：《戒毒条例》第十四条规定，社区戒毒人员应当自收到《责令社区戒毒决定书》之日起 15 日内到社区戒毒执行地乡（镇）人民政府、城市街道办事处报到，无正当理由逾期不报到的，视为拒绝接受社区戒毒。社区戒毒的期限为 3 年，自报到之日起计算。

（2）社区康复人员报到规定：《戒毒条例》第三十八条规定，被责令接受社区康复的人员，应当自收到《责令社区康复决定书》之日起 15 日内到户籍所在地或者现居住地乡（镇）人民政府、城市街道办事处报到，签订社区康复协议。

2. 签订协议

社区戒毒康复人员在报到后，社区戒毒康复工作小组应当及时与社区戒毒社区康复人员签订《社区戒毒（社区康复）协议》（以下简称协议）。协议内容包括本地社区戒毒社区康复工作的主要措施，执行单位职责和义务，社区戒毒社区康复人员权利和义务，双方不履行协议应当承担的法律责任等。被责令人员在社区戒毒社区康复期间应当严格遵守协议，对拒绝接受社区戒毒社区康复、严重违反协议的，应当严格依据法律有关规定进行处理。

3. 指派

新增社区戒毒康复人员由县区禁毒办指派到相应乡镇、街道社区戒毒康复工作机构，由机构指派专干、社工负责跟进帮教。

4. 尿检

在执行社区戒毒康复期间，公安机关按照定期不定时的原则，对社区戒毒康复人员开展吸毒检测工作，其中，对社区戒毒人员的检测为 3 年内至少 22 次，第一年为每月 1 次，第二年为每 2 个月 1 次，第三年为每 3 个月 1 次；对社区康复人员的检测为 3 年内不少于 12 次，第一年每 2 个月进行 1 次尿检，第二年每 3 个月进行 1 次尿检，第三年每 6 个月进行 1 次尿检。

（1）异地尿检。有检测需求的其他人员到派出所或社区戒毒社区康复服务中心提出检测的，各单位应无条件予以办理。检测方式以尿检、毛发初筛为主。

（2）未定期尿检说明。社区戒毒社区康复人员因外出等原因推迟检测或漏检不超过 3 个月的，可以采取毛发等生物样本检测方式进行补检，及时发现有无复吸毒品行为。对于流入外地、未变更执行地的社区戒毒社区康复人员，执行地可以委托流入地公安机关协助进行吸毒检测，流入地公安机关应予以协助，并在完成吸毒检测后5个工作日内将检测结果反馈执行地公安机关。

（3）逃避检测或拒绝检测的法律后果。对于逃避或拒绝接受定期吸毒检测或者抽检的社区戒毒社区康复人员，公安机关应当依据《公安部吸毒检测程序规定》进行强制检测。对于初次、第二次逃避或拒绝检测的社区戒毒社区康复人员，社区戒毒社区康复工作办公室应当制作《社区戒毒社区康复人员违规行为告诫书》，进行书面告诫；对于第三次逃避或拒绝检测或者强制检测后结果为阳性的社区戒毒社区康复人员，可以认定为“严重违反社区戒毒社区康复协议”，社区戒毒社区康复工作机构应当制作《社区戒毒社区康复人员违法/违规行为报告》，自认定社区戒毒社区康复人员严重违反协议起24小时内通报作出社区戒毒社区康复措施决定的公安机关以及执行地公安机关，并由作出决定的公安机关将该文书上传至全国禁毒综合应用管理系统吸毒人员数据库。社区戒毒康复措施会被原决定机关改变为强制隔离戒毒。

5. 制订戒毒康复工作计划

社区戒毒工作小组组织小组成员通过走访社区戒毒康复人员所在的社区、家庭，了解戒毒人员的家庭关系、朋辈关系、吸毒史、戒毒史、就业、经济、社会支持网络、心理、救助帮扶等方面的需求，从而制订符合戒毒康复人员实际的切实可行的戒毒康复工作计划。

6. 开展帮扶服务

社区戒毒康复工作小组联合社区民警、社区工作人员、戒毒人员家属、禁毒志愿者、律师、心理咨询师等专业人士，对照社区戒毒康复工作计划，协助服务对象链接资源，落实做好社区戒毒康复人员的就业扶持、职业培训、社会保障、救助服务等工作，帮助社区戒毒康复人员顺利融入社会。

7. 社区戒毒社区康复协议解除

社区戒毒社区康复执行地乡（镇）人民政府、城市街道办事处应当在社区戒毒社区康复期满前15日将解除建议书面反馈原决定公安机关。公安机关应当及时出具《解除社区戒毒社区康复通知书》，并在期满解除7日内通知执行地乡（镇）人民政府、城市街道办事处，同时将解除相关信息及时上传至全国禁毒综合应用管理系统吸毒人员数据库。

（二）关于社区戒毒康复变更执行地

社区戒毒社区康复执行期间，因户籍地、居住地发生变化需要变更执行地点的，社区戒毒社区康复人员应当向原决定公安机关提出书面申请，同时提供户籍地、居住地变更情况证明材料。

原决定地公安机关在收到书面申请3个工作日内，通知原执行地社区戒毒社区康复工作机构，在接到公安机关通知3个工作日内，由社区戒毒社区康复工作机构填写《变更社区戒毒社区康复执行地审批表》，提交原决定公安机关，原决定公安机关应当在接到审批表后3日内进行审批并出具书面意见。

同意变更社区戒毒社区康复执行地的，制作《变更社区戒毒社区康复执行地通知书》，通知社区戒毒社区康复人员15日内到新执行地报到；不予批准的，应当向社区戒毒社区康复人员书面说明理由。

原执行地社区戒毒社区康复工作机构根据公安机关审批情况出具《关于变更社区戒毒社区康复执行地的函》，并于7日内完成社区戒毒社区康复人员档案移交。

对于外出流动的社区戒毒社区康复人员，户籍地禁毒部门要切实加强情况跟踪并及时通报流入地禁毒部门。

国家禁毒办负责协调跨省的社区戒毒社区康复人员执行地变更工作；省级禁毒办负责协调本省范围内跨地市的社区戒毒社区康复人员执行地变更工作；地市级禁毒办负责协调本地范围内跨县区的社区戒毒社区康复人员执行地变更工作。

（三）关于违反社区戒毒社区康复行为的处理

1. 社区戒毒康复人员报到时限

社区戒毒社区康复人员自收到决定书之日起应在15日内到戒毒的乡镇人民政府、城市街道办事处报到，无正当理由15日逾期不报到的，乡镇人民政府、城市街道办事处社区戒毒社区康复工作机构应当在其报到时限逾期后3个工作日内制作《社区戒毒社区康复人员违法/违规行为报告》，通报作出社区戒毒社区康复措施决定的公安机关，公安机关将违法人员信息上传至全国禁毒综合应用管理系统吸毒人员数据库，在全国范围内组织查控，查获地公安机关可对其依法作出处理。对未按期报到的社区戒毒康复人员，视为拒绝社区戒毒康复措施，公安机关可以依法直接作出强制隔离戒毒决定。

2. 进一步规范“严重违反社区戒毒社区康复协议”认定工作

对于初次擅自离开执行地和第二次擅自离开执行地的社区戒毒社区康复

人员，社区戒毒社区康复专职工作人员发现后应立即报告社区戒毒社区康复工作机构，制作《社区戒毒社区康复人员违规行为告诫书》，对其进行书面告诫；对于第三次擅自离开执行地或者擅自离开执行地累计超过30日的社区戒毒社区康复人员，可以认定为“严重违反社区戒毒社区康复协议”，由社区戒毒社区康复工作机构制作《社区戒毒社区康复人员违法/违规行为报告》，24小时内通报公安机关。公安机关在3个工作日内将严重违反社区戒毒社区康复人员的信息上传至全国禁毒综合应用管理系统吸毒人员数据库，并在全国范围内组织查控，查获地公安机关可对其依法作出处理。对严重违反协议的社区戒毒社区康复人员，公安机关可依法直接作出强制隔离戒毒决定。

（四）关于防止脱管失控措施

对于执行行政拘留期满需继续执行社区戒毒，强制隔离戒毒期间转社区戒毒，以及强制隔离戒毒期满后转社区康复的人员，拘留所或者强制隔离戒毒所应当在收到决定社区戒毒社区康复的通知后，当面告知社区戒毒社区康复人员并令其签字确认，出所前3日通知其家属或者所在单位、社区戒毒社区康复执行单位将其接回。禁毒部门要会同乡（镇）人民政府、城市街道办事处落实衔接管控措施，防止脱管失控。

三、社区戒毒康复工作的流程

因吸毒被处罚入所分为行政拘留和强制隔离戒毒两种情形。行政拘留的期限通常为15天，强制隔离戒毒的期限为2年。正常情况下，期限满了可以出所，根据戒毒者具体情况可责令社区戒毒或社区康复，如被责令社区戒毒或社区康复，则应按照相关要求到指定地点报到、签订社区戒毒或社区康复协议，再由执行地指派专人社工负责跟进。社工在跟进过程中首先要做需求调查，了解戒毒者的家庭关系、经济情况、工作情况、心理、救助帮扶等方面的需求；接着判断是否需要提供个案、小组的服务；同时，针对有需求的戒毒者，协助其链接资源，多方协助解决困难和问题，进行帮扶；跟踪帮教过程中需要转介的根据转介流程予以转介。如没有被责令社区戒毒或社区康复者，出所后则被列管为社会面吸毒人员。特别强调的特殊情况是，戒毒人员患严重疾病，不出所治疗可能危及生命的，经申请可到所外就医。

（一）社区戒毒康复工作流程图

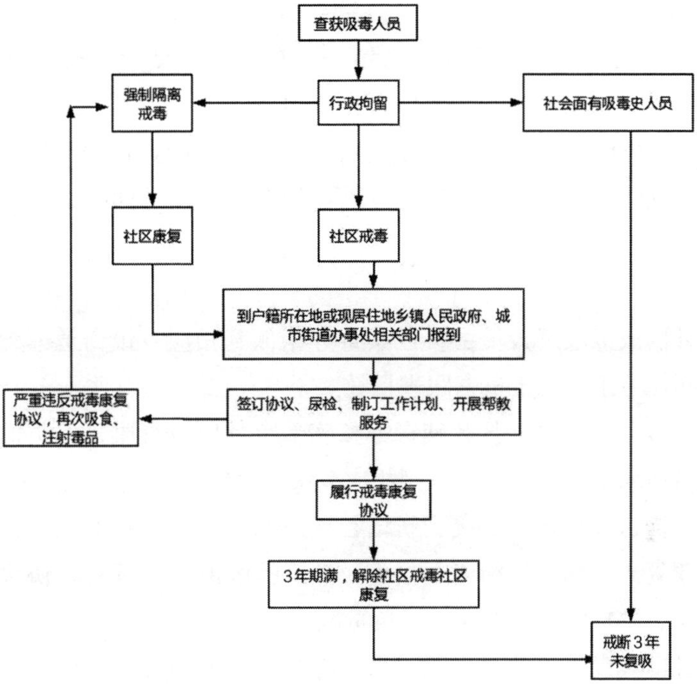

（二）社区戒毒康复工作操作指引

1. 关于吸毒人员被查获

（1）第一次被查获，未成瘾者：处15天行政拘留，出所后成社会面有吸毒史人员。

（2）第二次被查获，成瘾者：处15天行政拘留，出所后接受3年的社区戒毒。

（3）第三次及以上查获，成瘾严重者：处15天行政拘留（强制隔离戒毒所代为执行），接受为期2年的强制隔离戒毒。若被查获的吸毒人员为病残吸毒人员，处强制隔离戒毒的可转社区戒毒，在社区接受戒毒措施。

2. 报到

社区戒毒康复人员自收到责令社区戒毒康复决定书之日起15日内到社区戒毒社区康复执行地乡（镇）人民政府、城市街道办事处报到，无正当理由逾期不报到的，视为拒绝接受社区戒毒社区康复。其中，社区戒毒的期限为3年，社区康复的期限为不超过3年，自报到之日起计算。

3. 签订协议

社区戒毒社区康复人员到乡（镇）人民政府、城市街道办事处相关部门报到后，社区戒毒社区康复工作小组负责与戒毒人员签订《社区戒毒（社区康复）协议》（以下简称协议），告知社区戒毒社区康复工作的主要措施，双方的权利和义务，双方不履行协议应当承担的法律责任等协议内容。

4. 指派

新增社区戒毒康复人员由县区禁毒办指派到相应乡镇街道禁毒机构，由禁毒机构指派专干、社工负责跟进帮教。

县区禁毒办社工协助县区禁毒办核实新增社区戒毒康复人员的信息，根据戒毒人员所属乡镇街道，指派到相应乡镇街道禁毒机构。

乡镇、街道办禁毒社工接到新增社区戒毒康复人员指派任务，首先联系社区戒毒康复人员到乡镇街道办报到，签订社区街道（康复）协议，协助成立帮教小组，并指派一名专职社工负责跟进。

村居社区禁毒社工负责乡镇、街道办指派下来的社区戒毒康复人员的跟踪帮教，协助其执行社区戒毒康复。

5. 尿检

社区戒毒社区康复人员在执行社区戒毒社区康复期间，由执行地公安机关为其定期不定时开展吸毒检测，检测结果要及时录入全国禁毒综合应用管理系统吸毒人员数据库，社区戒毒社区康复工作小组要将每次的检测结果记入社区戒毒康复人员档案资料。

（1）社区戒毒尿检规定：3年内至少22次，第一年为每月1次，第二年为每2个月1次，第三年为每3个月1次。

（2）社区康复尿检规定：3年内不少于12次，第一年每2个月进行1次尿检，第二年每3个月进行1次尿检，第三年每6个月进行1次尿检。

6. 解除社区戒毒社区康复

社区戒毒社区康复人员在执行社区戒毒社区康复期间，严格遵守协议，认真配合开展帮教服务，社区戒毒自报到之日起满3年的、社区康复期满前15日，社区戒毒社区康复执行地乡（镇）人民政府、城市街道办事处应当按照规定为其呈批解除申请，公安机关出具解除社区戒毒社区康复通知书，并在期满解除7日内通知执行地乡（镇）人民政府、城市街道办事处，同时将解除相关信息及时上传至全国禁毒综合应用管理系统吸毒人员数据库。

7. 戒断3年未复吸

在接受了为期3年的社区戒毒，或为期不超过3年的社区康复，或从末次吸毒违法行为处罚措施执行结束之日起，未发现有复吸行为满3年的，列入低风险类人员管控。

四、社区戒毒康复工作人员岗位职责

（一）主要职责

提供戒毒康复服务，评估戒毒康复人员心理社会需求，为戒毒康复人员提供心理咨询和心理疏导、家庭关系辅导、自我管理和提升社会交往能力；帮助戒毒康复人员调适社区及社会关系，营造有利于戒毒康复的社会环境；为服务对象及其家属提供常态化的帮教咨询及辅导服务，帮助服务对象提高戒毒动机；协助服务对象掌握预防复吸的方法与技巧、降低复吸压力，降低服务对象复吸率；提高服务对象的社会功能，协助服务对象恢复和发展其社会功能，改善社会支持网络，适应并回归正常社会；为戒毒康复人员链接生活、就学、就业、医疗和戒毒药物维持治疗等方面的政府资源和社会资源；参与禁毒宣传教育，倡导禁毒社会工作理念，减低并消除社会歧视与排斥；协助开展有关禁毒管理事务。

（二）主要任务

1. 服务需求评估工作

协助开展入所、出所诊断评估工作，评估内容包括生理脱毒评估、身心康复评估、行为表现评估、社会环境与适应能力评估；对戒毒康复情况进行定期评估；心理社会需求评估。

2. 戒毒康复服务工作

开展戒毒康复人员心理社区需求评估；心理咨询和梳理疏导；家庭关系辅导，包括婚恋关系、家庭成员关系、子女教育咨询、家庭成员支援服务；自我管理能力和社会交往能力提升；调适社区及社会关系，构建社区支持网络，营造有利于戒毒康复的社会环境；开展有利于戒毒康复人员社会关系修复的其他专业服务。

3. 帮扶救助服务工作

协助符合条件的病残吸毒人员申请最低生活保障、医疗救助和临时救助等基本生活保障；协助开展生涯规划和就业指导，链接就业、职业培训等方面的政府资源与社会资源，促进其就业；链接就学政府资源与社会资源，提升生计发展能力；链接医疗、戒毒药物维持治疗等政府资源和社会资源；为戒毒康复人员及其家庭提供服务，协调家庭关系，促进家庭融合，增强戒毒康复动机；改善社会支持网络，促进社会融入。

4. 治疗工作

戒毒治疗转介包括戒毒医疗机构、药物维持治疗机构、心理行为矫治机构。治疗包括生理脱毒治疗、心理康复治疗和认知行为治疗等。

5. 宣传教育工作

主要有禁毒法律和法规宣传，防治艾滋病和传染病宣传，药物维持治疗的相关政策和知识的宣传教育；宣传禁毒政策和禁毒知识，增强公民禁毒意识，提高公民自觉抵制毒品的能力；倡导禁毒社会工作理念，减低并消除社会歧视与排斥，包括组织有意愿的社区戒毒人员参与各类社区志愿者活动；支持有意愿的社区戒毒人员参与社区协商，为社区发展出谋划策，增强社区融入；支持社区戒毒人员参加社区组织的各类公益倡导活动，对社区戒毒人员的社会地位和社会身份给予肯定性的评价，链接各类资源对其正面宣传等。

6. 协助管控工作

协助动态管控、动态跟踪；协助排查登记、信息采集，包括行动趋向、生活状况、社会关系、现实表现；协助建立档案、工作台账；督促、帮助社区戒毒社区康复人员和戒毒药物维持治疗人员履行协议；对社区戒毒社区康复人员拒绝报到或严重违反协议的、参加戒毒药物维持治疗人员严重违反治疗规定的，向乡镇（街道）禁毒工作机构报告，协助收集提供有关材料；出所衔接；协助进行吸毒检测。

7. 政策倡导

推行社区教育，引动社区关怀，协调社区力量共同创造友好的社区康复环境；研究、分析与毒品相关的法律、法规及政策的不完善与不合理内容，向有关职能部门提出完善建议。

第四节　社区戒毒康复的台账管理

一、社区戒毒康复台账管理规范

（一）社区戒毒康复行政档案管理

1. 行政档案归档范围

社区戒毒康复行政资料归档范围包括纸质资料和电子资料，除有特别说明外，一般每周整理归档一次。具体说明如下。

（1）行政档案。

类别	内容	保管期限
机关公文	乡镇街道或上级禁毒部门印发的通知、通报、汇报、请示、方案等	定期
制度规范	由国家、省、市禁毒委下发的，对社区戒毒康复工作提供指导的各项工作要求、工作制度	永久
记录文件	后勤管理相关（如物资领用、物资购买、考勤管理、会议记录等）	定期
其他档案	禁毒考核迎检、禁毒示范点建设等规范性台账资料	永久

凡是禁毒社工所在岗位，在禁毒工作活动中形成或使用的、办理完毕的，对以后工作有参考利用价值的公文、各种记录、禁毒考核迎检、禁毒示范点建设等规范性台账以及各种图表、簿册、照片、录音录像等都应齐全完整地收集起来。这些材料来自四个方面，一是本级单位形成的；二是上级禁毒部门下发的；三是下级禁毒部门上报的；四是同级禁毒成员单位和不相隶属单位抄送的。

根据事先制定的行政文书档案保管期限表，将已分好级别的文件划分为永久、定期两类。需要注意的是：一是注意文件之间的联系，防止孤立地划分其价值，如果只有请示没有批复，请示就没有意义。因此划分文件材料的保存价值时要注意文件之间的联系，将密不可分和有必然逻辑联系的放在一起来判定它的价值。二是考察文件的实际内容，防止从形式上看其价值，如果与本机关主要职能活动有密切联系、起凭证作用、效益长的价值就高，反之就低。不论是上级、下级还是本机关形成的文件，主要看文件内容的重要程度、作用大小。三是研究文件的各种作用，防止片面地看其价值。四是要从长远考虑文件的使用价值，也就是我们说的就高不就低。

（2）宣传资料。

类别	归档内容
宣传资料	各类禁毒宣传印制品（折页、海报、手册等）并保留相关设计图
工作记录	反映禁毒工作的照片、录像、录音等音像资料，禁毒新闻、快讯电子版、选用的照片原件
荣誉成果	本单位在禁毒工作中获奖的实物资料
媒体报道	对外开展禁毒工作被报道的媒体截图

（3）图书资料。

类别	图书归档内容
专业知识	禁毒基础知识、禁毒实务技巧等，对禁毒社会工作具有指导意义的书籍
报纸杂志	由权威的禁毒媒体发布的报纸、杂志
工作动态	上级或本级禁毒部门编撰的，反映禁毒工作的动态简报
励志教育	对戒毒人员进行毒品知识普及、戒毒技巧传授、心灵抚慰等书籍

（4）其他与禁毒工作相关的、有存档必要的资料。

2. 行政档案管理要求

（1）档案归档。

①实行一人一档。禁毒社工根据走访跟进情况，按要求及时建立、完善社区戒毒康复人员档案。

②档案需及时更新，完成每项工作后 3 个工作日内要把相应的档案资料更新。

③档案材料必须真实、有效，杜绝做假。

④实行科学管理，档案室内档案柜放置整齐合理，档案柜须上锁。

（2）档案查阅。

①上级主管部门有权查阅社区戒毒康复站内各项档案资料。

②分管禁毒工作负责人有权查阅职责相关的档案资料，并提出意见建议。

③查阅档案资料须在社区戒毒康复站内进行，查阅完毕归置原位。特殊情况需借出的，需在物资（档案）管理员处进行登记，且借出时间不得超过一周，并不得转借他人。

（3）档案保密。

①社区戒毒康复站行政台账严格遵循政府机关单位的保密制度，保证档案的安全、完整。

②行政档案存放在安全保密的场所，严禁乱扔乱放，离开档案室要关好门窗，涉密档案要专柜保存。

③在查阅中，如需复印、摘抄行政档案内容，须经档案管理人员同意，由专人负责记录所复印、摘抄内容，查阅者不准向非工作人员谈论泄露有关查阅内容，以确保档案安全，并对所查阅档案进行登记。

④接收外来的行政档案时，要及时做好登记、传阅、回收、保管和销毁工作。

3. 行政档案管理分工

（1）行政组：统筹负责社区戒毒康复站资料的收集、整理和保存工作，并监督其他小组归档工作的执行情况，具体由物资（档案）管理员落实。

（2）宣传组：负责收集、整理各类宣传工作资料，及时转交行政组物资（档案）管理员归档保存。

（3）外联组：负责收集、整理各类外联工作资料，及时转交行政组物资（档案）管理员归档保存。

（二）社区戒毒康复专业档案管理

1. 专业档案归档范围

（1）服务专业文档：包括个案、小组、社区工作相关专业文档及套表存档材料。

（2）督导服务文档：按照督导制度要求开展督导工作的相关档案。

（3）团队管理档案：包括前期调研资料、会议资料、周计划、月报告、季度报告、团建材料、资源整合表、团队培训档案等。

（4）服务研究档案：包含收集的案例、论文、调研工具（问卷、访谈提纲），调研过程记录和结果、课题研究等材料。

2. 专业服务档案保管期限

原则上所有档案的电子版都要永久保存，纸质档宜长期保存。

3. 专业服务档案接收制度

（1）定期收集禁毒社工在工作中形成的具有保存价值的，经过整理立卷后的不同载体的文件材料；机构各团队年度移交专业服务纸质档案给机构时，需同时附上《专业服务档案一览表》。

（2）接收归档的案卷必须保证质量，应符合下列要求：

①应归档的文件材料齐全完整；

②文件按其内容的联系，合理整理、立卷；

③归档的文件材料，保持文件之间的历史联系，区分保存价值，分类整理、立卷，案卷标题简明确切，便于保管和利用。

4. 专业服务档案保管制度

（1）由服务管理部专人负责档案管理，档案管理人员外出时，需关闭电灯、门窗。

（2）档案室门窗应设有遮阳装置，避免阳光直接照射在档案柜上。

（3）档案室须经常打扫，保持清洁，严禁将有害物质带入库房。

（4）实行科学管理，档案室内档案柜放置整齐合理，档案排列整齐美观。

（5）档案工作人员必须熟悉档案业务，认真负责。

（6）档案工作人员要认真做好库房的安全保卫和保密工作，未经同意，员工不得进入库房。

（7）对档案的借阅与销毁，要严格执行审批和履行登记，手续齐全，严防丢失。

（8）档案室应当是铁窗、铁柜、铁门，有消防安全设施，防火防盗。

5. 专业服务档案借阅制度

（1）凡需借阅档案者，必须履行借阅登记手续，并有义务将利用效果反馈给档案管理人员。

（2）所借阅的档案，未经批准不得复制、摘抄、转借他人或公开展览等。需要时可提出申请，经机构服务管理部批准，方可进行上述工作。

（3）所需查阅的档案材料一般不得带出机构。遇特殊情况，必须借出时，按照规定办理借出手续。

（4）借阅者对所借档案材料要确保安全、完整，不得涂改、勾画、转借和拆卷，如发现损坏档案，视情节给予处理。

（5）借用档案材料，应及时归还，不得长期放置个人手中或超过规定时间。重大节日前，应主动归还所借的档案。

（6）如遇借阅人员将档案丢失，应及时报告主管部门，写出书面材料，以利于及时采取措施。

6. 专业服务档案保密制度

（1）严格执行档案的保密制度，维护档案的安全，凡规定不能查阅和不该摘抄的档案材料，一律不准查阅、摘抄和复印。

（2）凡需复制保密档案材料，须经服务管理部批准后，方可复制。

（3）如遇所借档案丢失，须及时通知档案管理人员和直属领导，同时报备服务管理部门领导，并写明情况以便及时处理。

（4）档案人员应以维护档案完整、准确、系统、安全为准则，随手锁好档案柜，做到不失密、不泄密。

（5）严守保密规定，除保密例外，如违反保密原则，将承担相应的法律责任。

（6）档案室无人时，应将门、窗关牢，柜上锁，确保安全无误。

7. 专业服务档案销毁制度

（1）对已满期的档案，由档案管理人员填写销毁档案审批表，经机构负责人审批后，可以实施销毁。

（2）销毁的档案要登记造册，注明档案编号、档案名称等。

（3）档案销毁后，销毁档案审批表及档案一览表须妥善保存。

8. 专业服务档案文书模板（以深圳市温馨社工服务中心为例）

专业服务档案文书清单。

①个案存档清单。

个案工作存档指引

个案编号：WX-JDNS-JS-GA-13001

位置	表格		完成“√”	要求	备注
外封面（粘贴）	WXJD-GA-01	个案封面	√	存档时自行粘贴	
内封面（粘贴）	WXJD-GA-02	个案工作存档指引	√	存档时自行粘贴	

续表

位置	表格		完成“√”	要求	备注
接案阶段	（最上）				
	WXJD-GA-03	咨询表	√	开案前完成并及时发送督导	
	WXJD-GA-04	治疗目标与期望	√	开案前进行填写评估需求	
预估阶段	WXJD-GA-05	个案问题及需要评估表	√	开案前 15 天电子版发督导 / 督助，督导同意后获得个案编号，正式开案	
	WXJD-GA-06	服务对象须知	√	开案前 15 天提交	
	WXJD-GA-07	申请服务同意书	√	开案前 15 天提交	
	WXJD-GA-08	个案资料表	√	开案前 15 天电子版发督导 / 督助	
计划阶段	WXJD-GA-09	个案工作计划表		开案后一个月内发于督导并抄送督助，纸质版提交督导签署	
介入阶段	WXJD-GA-10	服务记录一览表		每季度打印存档	
	WXJD-GA-11	个案记录摘要		每月督导时提交	
评估阶段	WXJD-GA-12	半年 / 周年检视表		于个案开展半年 / 周年时进行撰写，纸质版提交督导签署	
	WXJD-GA-13	个案结束评估表		结案前 1 个月撰写完成，纸质版提交督导签署	
	WXJD-GA-14	服务对象评估表			
结案阶段	WXJD-GA-15	个案结束记录表		结案时 15 天进行撰写	
附件：					
	WXJD-GA-16	工具性表格： （　）1. 吸食毒品情况评估表 （　）2. 吸食毒品情境调查表 （　）3. 个案转介表 （　）4. 个案转介同意书 （　）5. 个案转介复函 （　）6. 录音录像同意书 （　）7. 个案缺表说明 （　）8. 手写的一些文档记录、感谢信等			
	（最下）				

②社区活动存档清单。

社区活动资料清单

请以“√”表示已完成（存档顺序按表格顺序）

开启社区活动：		已完成
WX-SQ-01	社区活动封面	√
WX-SQ-02	社区活动资料清单	√
WX-SQ-03	社区活动计划书	√
WX-SQ-04	社区活动支出表	√
WX-SQ-05	社区活动流程表	√
社区活动中：		
WX-SQ-06	社区活动参加者签到表	不适用
WX-SQ-07	社区活动社工签到表	√
WX-SQ-08	社区活动意见反馈表（全部反馈表）	√
完结社区活动：		
WX-SQ-09	社区活动汇总意见反馈表	√
WX-SQ-10	社区活动评估报告	√
附件：		
	可选项： (　)补贴签收单 (√)社区活动缺表说明 (　)社区活动志愿者签到表 (√)招募海报、宣传资料 (　)感谢信 (√)通讯稿、新闻、照片、作品 (√)过程资料特别是手写记录等证明材料等 (　)其他______________	

③小组活动存档清单。

小组资料清单

请以“√”表示已完成

开启小组：		**已完成**
WX-XZ-01	小组封面	√
WX-XZ-02	小组资料清单	√
WX-XZ-03	小组计划书	√
WX-XZ-04	小组支出表	√
WX-XZ-05	小组流程安排表	√
小组进行中：		
WX-XZ-06	小组报名表	√
WX-XZ-07	小组参加者签到表	√
WX-XZ-08	小组社工签到表	√
WX-XZ-09	小组集会记录表	√
WX-XZ-10	小组意见反馈表	√
完结小组：		
WX-XZ-11	小组意见反馈表汇总表	√
WX-XZ-12	小组评估报告	√
附件：		
	可选项： (　)小组缺表说明 (　)小组志愿者签到表 (√)招募海报、宣传资料 (　)感谢信 (√)通讯稿、新闻、照片、作品 (√)过程资料特别是手写记录等证明材料等 (　)其他(请注明：)________	

二、社区戒毒康复台账及撰写范例

(一)社区戒毒康复台账基本要求

(1)文书由各地禁毒委按照规定的式样自行印制，尽可能使用计算机制作。采用计算机制作文书的，阿拉伯数字用 Times New Roman，文书名称字体用 2 号小标宋简体，正文文字用 3 号仿宋。其他文书制作时统一使用国际标准 A4 型纸。

（2）文书填写应当做到字迹清楚、文字规范、书面整洁。文书设定的栏目，应当逐项填写；摘要填写的，应当简明、准确；不需要填写的，应当划去，不能留白。签名和注明日期，必须清楚无误。

（3）文书所留空白不够记录时，可加附页，所加附页也应当按照文书所列项目要求制作，由相关人员签名或者捺指印，并按顺序编页码。

（4）文书中的记录内容应当具体详细，涉及关键事实和重要线索的，应当尽量记录原话。记录中应当避免使用推测性词句，防止发生词句歧义。描述方位、状态的记录，应当依次有序、准确清楚。

（5）文书文号，即“×（　）字〔　〕号”，应当按照以下要求填写：“×”处填写制作文书的县级区域代字；“（　）”处填写执行社区戒毒社区康复部门的简称，“〔　〕”处填写年度；“号”处填写该文书的顺序编号。

（6）文书中所称“日期”以公历（阳历）为准，除有特别说明的外，一律具体到年月日。

（7）需要当事人签名确认的文书应当由其本人签名，不能签名的，可以捺指印。

（8）文书中的“/”表示其前后内容可供选择，在使用中应当将不用的部分划去。

（9）文书中“□”表示其内容供选择，在选定的“□”中打钩。选择“其他”的，还应当在随后的横线处填写具体情形。

（10）询问 / 谈话笔录内容的记录采取问答形式，记录时，每段应以“问”“答”为句首开始，回答的内容以第一人称“我”记录。

（11）文书内容不得涂改，必须更正的，应当由当事人签名或者捺手印确认，或者重新制作。

（二）行政台账撰写重点及范例（范例中均采用化名）

1. 社区戒毒康复台账封面（以深圳市为例）

社区戒毒康复人员管理档案封面，是社区戒毒康复工作部门开展社区戒毒康复工作时建立管理档案时使用。

深圳市 ××区
社区戒毒人员档案
××街道 社区戒毒康复工作小组

深圳市 ××区
社区康复人员档案
××街道 社区戒毒康复工作小组

2. 社区戒毒康复台账目录

目 录

序号	摘 要	页码	备注
1	社区戒毒 / 社区康复人员登记表		
2	责令社区戒毒 / 社区康复决定书		
3	社区戒毒 / 社区康复协议书		
4	社区戒毒 / 社区康复人员尿样检测记录		
5	社区戒毒 / 社区康复人员尿检通知单		
6	社区戒毒 / 社区康复人员变更地点审批表		
7	社区戒毒 / 社区康复人员外出请假审批表		
8	社区戒毒 / 社区康复人员外出准假通知书		
9	社区戒毒 / 社区康复人员谈话记录		
10	社区戒毒 / 社区康复人员劝诫书		
11	关于终止社区戒毒 / 社区康复程序说明		
12	关于中止社区戒毒 / 社区康复程序说明		
13	社区戒毒 / 社区康复人员年度综合评估表		
14	解除社区戒毒 / 社区康复通知书		

目录，是乡镇街道办事处建立社区戒毒 / 社区康复工作管理档案时使用，放置在档案的首页。社区戒毒康复法律文书、表格等资料，按照社区戒毒康复人员现状、执行情况依序放置，可结合本地情况增减标题。

3. 社区戒毒康复人员登记表

社区戒毒/社区康复人员登记表

★为必填项　　　　　　　　　　　　　　　　　　填表日期：2020 年 3 月 26 日

<table>
<tr><td rowspan="7">基本信息</td><td>姓名★</td><td>张 ××</td><td>绰号/别名</td><td>××</td><td>性别★</td><td>男</td><td rowspan="3">近期一寸免冠照片★</td></tr>
<tr><td>出生日期★</td><td>1988.8.8</td><td>民 族</td><td>汉</td><td>身 高</td><td>1.78</td></tr>
<tr><td>身份证号★</td><td colspan="5">4402241988080800××</td></tr>
<tr><td>文化程度★</td><td colspan="3">☐文盲 ☐小学 ☐初中 ☐高中（含中专、技校）☑大学（大专）☐研究生以上</td><td colspan="2">工作单位</td><td>无业</td></tr>
<tr><td>户籍地派出所★</td><td colspan="2">南山派出所</td><td>户籍地详址★</td><td colspan="3">××街道××村 108 栋 802 号</td></tr>
<tr><td>居住地派出所★</td><td colspan="2">南山派出所</td><td>居住地详址★</td><td colspan="3">××街道××村 108 栋 802 号</td></tr>
<tr><td>就业情况★</td><td colspan="6">☐公务员 ☐企事业职工 ☐娱乐服务业 ☐演艺人员 ☐个体经营 ☐农民 ☐在校生 ☑无业 ☐其他________</td></tr>
<tr><td>滥用毒品种类★</td><td colspan="7">☑海洛因 ☐鸦片 ☐大麻 ☐吗啡 ☐冰毒 ☐冰毒片剂 ☐咖啡因 ☐安钠咖 ☐氯胺酮 ☐安眠酮 ☐杜冷丁 ☐可卡因 ☐罂粟壳 ☐摇头丸 ☐其他苯丙胺类毒品 ☐埃托啡 ☐其他毒品________</td></tr>
<tr><td rowspan="2">未报到登记</td><td>证明单位★</td><td colspan="3"></td><td colspan="2">证明日期★</td><td></td></tr>
<tr><td>未报到原因★</td><td colspan="6"></td></tr>
<tr><td rowspan="5">戒毒康复信息</td><td>执行地区★</td><td colspan="2">××市××区××街道</td><td>执行单位★</td><td colspan="3">××街道社区戒毒社区康复工作站</td></tr>
<tr><td>报到日期</td><td>2020.3.26</td><td>结束日期</td><td>2023.3.25</td><td colspan="2">法律文书编号</td><td>深南公（南山）社戒决字〔2020〕088 号</td></tr>
<tr><td>戒毒康复期间是否参加药物维持治疗★</td><td colspan="2">☐是 ☑否</td><td>康复期间是否进入康复场所★</td><td colspan="3">☐是 ☑否</td></tr>
<tr><td>结束原因★</td><td colspan="6">☐变更康复地点 ☐劳动教养 ☐严重违反康复协议后变更 ☐刑事处罚 ☐转强制隔离戒毒 ☐转刑事强制措施 ☐期满解除 ☐死亡</td></tr>
<tr><td>结束后的接收单位</td><td colspan="6"></td></tr>
</table>

续表

<table>
<tr><td rowspan="2">变更地点信息</td><td>戒毒类型★</td><td colspan="2"></td><td>现执行地★</td><td></td></tr>
<tr><td>移交日期★</td><td colspan="2"></td><td>接收地★</td><td></td></tr>
<tr><td>指纹编号</td><td></td><td>DNA 编号</td><td></td><td>备注</td><td></td></tr>
</table>

填表单位：　　　　　　填表人★：陈 ××　　　　联系电话：　　　　审核人：王 ××

社区戒毒康复人员登记表主要填写内容包括社区戒毒康复人员的染毒程度、经历、个人特点、生活和家庭环境等。

填写重点说明：

（1）社区戒毒康复人员登记表中基本信息主要通过收集社区戒毒康复人员面谈资料、社区戒毒康复决定书、吸毒人员动态管控系统及公安其他系统进行查询。

（2）填写要有“三真实”：社区戒毒康复人员身份信息真实、社区戒毒人员现状情况真实、管控的责任单位和责任人真实。

（3）登记表中“未报到登记”原则上不填写，只针对未报到人员，正常建档不填写。

（4）“滥用毒品种类”为多选项，为该吸毒人员被检测出的滥用毒品种类，若选“其他毒品”需注明。

（5）登记表中“戒毒康复信息”属于必填项，根据社区戒毒康复决定书的信息填写“执行地区”“执行单位”和“法律文书编号”，“报到日期”为戒毒康复人员签订协议书的当天。

（6）登记表中“变更地点信息”在建档初期不填写，在根据帮教过程中，若服务对象因工作或生活需要变更执行地区的，由戒毒康复人员本人申请通过后方可填写。

（7）“指纹编号”和“DNA 编号”，是对于无户籍和身份证件的社区戒毒康复人员采集的对应编号，由派出所负责提供。

（8）登记表中“填写单位”为 ×× 街道康复站或 ×× 街道综治办（禁毒办），填写人员为帮教社工，联系电话为办公电话，审核人一般为街道禁毒专干。

4. 社区戒毒康复决定书

社区戒毒康复决定书由公安机关开具，送达本人及其家属，通知本人户籍所在地或者现居住地乡（镇）人民政府、城市街道办事处。决定书主要是证明服务对象是按照禁毒法规定被纳入社区戒毒康复，社工归档备查即可。

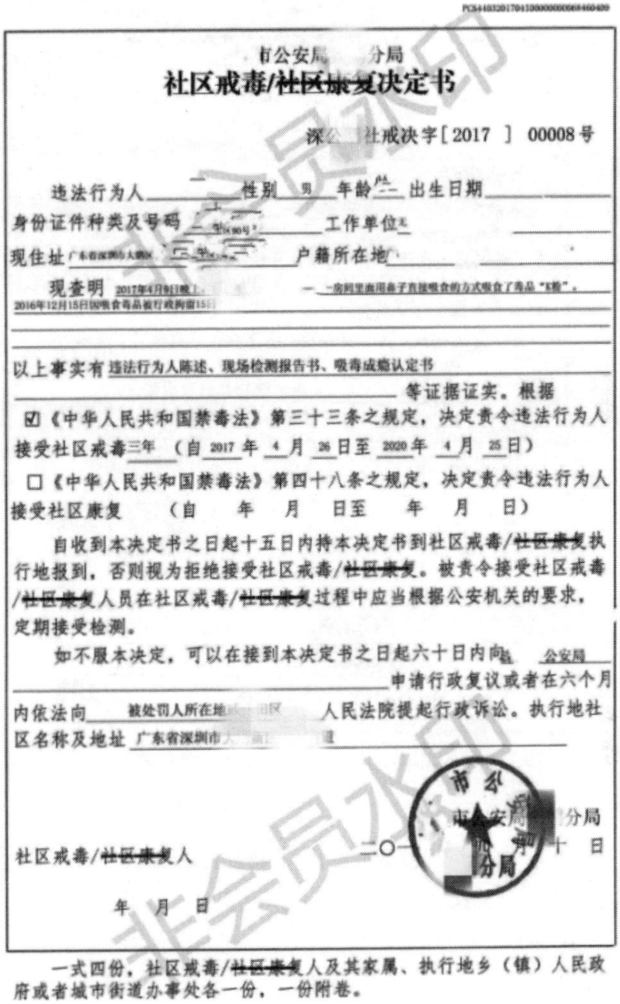

市公安局　　分局

社区戒毒/~~社区康复~~决定书

深公　社戒决字[2017]　00008号

违法行为人＿＿＿性别　男　年龄＿＿出生日期＿＿＿＿

身份证件种类及号码＿＿＿＿工作单位＿＿＿＿

现住址 广东省深圳市＿＿＿＿户籍所在地＿＿＿＿

现查明 2017年4月9日晚上……一房间里面用鼻子直接吸食的方式吸食了毒品“K粉”。2016年12月15日因吸食毒品被行政拘留15日

以上事实有 违法行为人陈述、现场检测报告书、吸毒成瘾认定书＿＿＿＿等证据证实。根据

☑《中华人民共和国禁毒法》第三十三条之规定，决定责令违法行为人接受社区戒毒 三年 （自 2017 年 4 月 26 日至 2020 年 4 月 25 日）

☐《中华人民共和国禁毒法》第四十八条之规定，决定责令违法行为人接受社区康复　　（自　　年　　月　　日至　　年　　月　　日）

自收到本决定书之日起十五日内持本决定书到社区戒毒/~~社区康复~~执行地报到，否则视为拒绝接受社区戒毒/~~社区康复~~。被责令接受社区戒毒/~~社区康复~~人员在社区戒毒/~~社区康复~~过程中应当根据公安机关的要求，定期接受检测。

如不服本决定，可以在接到本决定书之日起六十日内向　公安局＿＿＿＿申请行政复议或者在六个月内依法向　被处罚人所在地　　人民法院提起行政诉讼。执行地社区名称及地址 广东省深圳市　　道＿＿＿＿

市公安局　　分局

社区戒毒/~~社区康复~~人　　　　二〇一　　　　十　日

年　月　日

一式四份，社区戒毒/~~社区康复~~人及其家属、执行地乡（镇）人民政府或者城市街道办事处各一份，一份附卷。

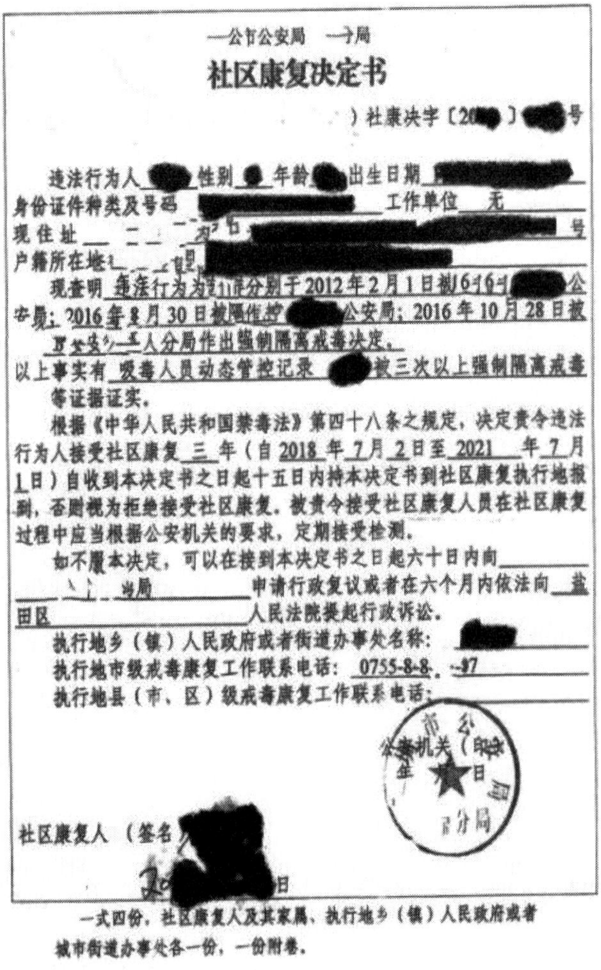
……公安局　……分局

社区康复决定书

）社康决字〔20[redacted]〕[redacted]号

违法行为人[redacted]性别[redacted]年龄[redacted]出生日期[redacted]
身份证件种类及号码[redacted]工作单位　无
现住址[redacted]号
户籍所在地[redacted]
现查明　违法行为人……分别于2012年2月1日被……[redacted]公安局；2016年8月30日被……[redacted]公安局；2016年10月28日被……分局作出强制隔离戒毒决定。
以上事实有　吸毒人员动态管控记录　[redacted]被三次以上强制隔离戒毒　等证据证实。
根据《中华人民共和国禁毒法》第四十八条之规定，决定责令违法行为人接受社区康复　三　年（自　2018　年　7　月　2　日至　2021　年　7　月　1　日）自收到本决定书之日起十五日内持本决定书到社区康复执行地报到，否则视为拒绝接受社区康复。被责令接受社区康复人员在社区康复过程中应当根据公安机关的要求，定期接受检测。
如不服本决定，可以在接到本决定书之日起六十日内向……局　申请行政复议或者在六个月内依法向　盐田区　人民法院提起行政诉讼。
执行地乡（镇）人民政府或者街道办事处名称：[redacted]
执行地市级戒毒康复工作联系电话：0755-8-8……97
执行地县（市、区）级戒毒康复工作联系电话：

公安机关（印章）
年　月　日

社区康复人（签名）[redacted]日

一式四份，社区康复人及其家属、执行地乡（镇）人民政府或者城市街道办事处各一份，一份附卷。

5. 社区戒毒康复协议书

社区戒毒/社区康复协议书

甲方：××街道　社区戒毒康复工作小组

乙方：姓名：张××　性别：男　身份证号：4402241988080800××

联系电话：1382××688××　户籍所在地：××街道××村108栋802号

现住址：××街道××村108栋802号

服务处所：

戒毒康复治疗机构及所在地：××街道社区戒毒社区康复工作站

社区戒毒/社区康复时间：自2020年3月26日至2023年3月25日

依照《中华人民共和国禁毒法》第三十四条的规定，根据　××　公安分局责令社区戒毒/社区康复决定书(文深南公(南山)社戒决字〔2020〕088号)。为保证乙方完成社区戒毒、社区康复，甲方与乙方签订协议如下。

一、甲方的职责

(一)帮助乙方制订、执行社区戒毒/社区康复工作计划。

(二)成立社区戒毒/社区康复工作小组，落实社区戒毒/社区康复措施。

(三)向乙方提供有资质的戒毒康复治疗机构及治疗途径的信息。

(四)依照有关规定，对乙方在入学、就业、享受社会保障、职业技能培训等方面予以指导和帮助。

(五)按有关规定要求，定期与乙方见面谈话，了解戒毒康复情况，督促乙方定期接受检测。

(六)对申请短期离开社区戒毒/社区康复地点的予以审批，对提出变更地点的，上报有关部门予以审批。

(七)对乙方违反协议规定的行为进行劝诫，对严重违反协议或吸食、注射毒品的，及时向执行地公安机关报告。

二、乙方的权利和义务

(一)权利

1. 乙方在入学、就业、就医、享受社会保障等方面遇到困难和歧视时，可以向甲方提出求助。

2. 乙方无职业且缺乏就业能力的，可以申请甲方协调有关部门提供职业技能培训、就业指导和就业援助。

3. 甲方在帮助乙方戒毒康复期间有违法违规行为的，乙方有权向有关部门举报。

(二)义务

1. 乙方应当遵守国家的法律、法规，自觉履行本协议。服从接受甲方的管理监督，定期向甲方如实报告戒毒康复情况，自愿接受戒毒药物维持治疗。

2. 依法依规主动接受定期不定时尿样检测。社区戒毒三年内检测不少于22次(第一年为每月1次、第2年为每2个月1次、第三年为每季度1次)；社区康复三年内不少于12次(第一年为每2个月1次、第二年为每季度1次、第三年为每半年1次)。对未在规定时间内主动到公安机关接受检测的，视为拒绝接受检测。对于公安机关抽检的，由甲方通知乙方或其家属，乙方无正当理由逾期未到指定地点接受检测的，视为拒绝接受检测。

3. 需变更社区戒毒、社区康复执行地点的，应当先向接收地社区戒毒社区康复工作部门提出书面申请。经接收地工作部门审批同意后，持接收地工作部门签字盖章后的审批表向甲方提出书面申请，获得甲方批准后方能变更。

4. 需暂时离开社区戒毒/社区康复执行地点的，应当按照规定提前向甲方报告，经批准后方能离开；请假外出30日以上的，应主动到外出地公安机关进行尿检，并按规定寄回尿检证明。

5. 不得吸食、注射毒品，不得与有吸毒等不良行为的人员接触。

6. 主动向公安机关检举揭发吸毒、贩毒等违法犯罪人员和线索。

7. 通信地址和联系方式变更的，应及时报告甲方。

三、违约责任

甲方违反本协议，不履行职责，或者对社区戒毒、社区康复人员提出的求助、申请不予受理，影响乙方戒毒康复治疗的，对相关责任人员根据有关规定予以行政处分。

乙方违反本协议，逃避、拒绝接受检测 3 次以上，或者擅自离开社区戒毒、社区康复地点 3 次以上，或者擅自离开社区戒毒、社区康复地点累计超过 30 日，或者在社区戒毒、社区康复期间吸食、注射毒品的，由公安机关依法予以强制隔离戒毒。

社区戒毒社区康复人员签字：张 × ×

2020 年 3 月 26 日

社区戒毒康复工作小组成员签字：陈 × ×

2020 年 3 月 26 日

负责人签字：王 × ×

2020 年 3 月 26 日

× × 街道 社区戒毒（康复）工作小组

（盖章）

2020 年 3 月 26 日

协议由省级禁毒委员会办公室根据本地实际统一制定，内容应包括本地社区戒毒康复工作的主要措施，执行单位职责和义务，社区戒毒康复人员权利和义务，双方不履行协议应当承担的法律责任等，各地可结合实际情况进行调整。

“甲方”应当填写社区戒毒社区康复工作执行部门名称，可以是乡镇人民政府、城市街道办事处，也可以是其指定的社区戒毒社区康复工作站（中心）。

“联系电话”是指社区戒毒 / 社区康复人员本人持有的移动电话或固定电话，至少填写一组，不用的部分应当划除。

“现地址”应当填写社区戒毒 / 社区康复人员实际居住、生活的详细地址，发生变化的及时更改。

“社区戒毒 / 社区康复地点”可以填写乡镇人民政府、城市街道办事处，也可以是其指定的工作站（中心）、社区或者村委会等地。

“社区康复时间”发生变化的，应当及时更改。

“甲方”盖章，应当加盖乡镇人民政府、城市街道办事处，或者是其指定的社区戒毒社区康复工作站（中心）印章。

6. 社区戒毒人员尿样现场检测记录

社区戒毒/社区康复人员尿样现场检测记录

姓名 张 ×× 　性别 男 　身份证号码 440224198808080088

家庭住址 ×× 街道 ×× 村 108 栋 802 号 　联系电话 1382××688××

序号	尿检时间	尿检地点	现场检测结果	检测人
1	2020.3.26	×× 派出所	☑阴性□阳性	马 ×× 　李 ××
			□阴性□阳性	
			□阴性□阳性	
			□阴性□阳性	
			□阴性□阳性	
			□阴性□阳性	
			□阴性□阳性	
			□阴性□阳性	
			□阴性□阳性	
			□阴性□阳性	
			□阴性□阳性	
			□阴性□阳性	
			□阴性□阳性	
			□阴性□阳性	
			□阴性□阳性	

公安机关按照定期不定时的原则，对社区戒毒人员进行尿液吸毒检测工作，该表格为开展尿样检测工作的记录留痕之用。

填写注意事项：

（1）检测人填写民警和见证人。

（2）尿检结果分为“阴性”和“阳性”，由派出所民警 / 辅警对戒毒人员进行现场检测后填写，尿检过程要留有痕迹，一般是保留尿检板检测结果的照片，各地根据实际情况进行调整。

7. 社区戒毒康复人员尿检通知单

社区戒毒/社区康复人员尿检通知单(存根)

张 × × ：

兹通知你于 4 月 28 日到 × × 街道 社区戒毒社区康复（集中）管理工作小组接受尿样现场检测，无正当理由逾期不来的，视为拒绝接受检测。

× × 街道 社区戒毒（康复）工作小组（盖章）

2020 年 3 月 26 日

社区戒毒/社区康复人员尿检通知单

张 × × ：

兹通知你于 4 月 28 日到 × × 街道 社区戒毒社区康复（集中）管理工作小组接受尿样现场检测，无正当理由逾期不来的，视为拒绝接受检测。

× × 街道 社区戒毒（康复）工作小组（盖章）

2020 年 3 月 26 日

填写说明：尿检通知单上的尿检时间应当按照《关于加强社区戒毒社区康复工作的意见》（禁毒办通〔2013〕5 号）要求，正确划分下次检测时间范围。

8. 社区戒毒康复人员变更地点审批表

社区戒毒/社区康复人员变更地点审批表

<table>
<tr><td>姓 名</td><td>张 × ×</td><td>性别</td><td>男</td><td>身份证号</td><td>4402241988080800××</td></tr>
<tr><td>现执行地点</td><td colspan="5">× × 街道社区戒毒社区康复工作站</td></tr>
<tr><td>变更后地点</td><td colspan="5">XY 街道社区戒毒社区康复工作站</td></tr>
<tr><td>戒毒 / 康复时间</td><td colspan="5">自 2020 年 3 月 26 日起至 2023 年 3 月 25 日止</td></tr>
<tr><td>变更原因</td><td colspan="5">居住地址变更</td></tr>
<tr><td rowspan="4">变更后居住地
社会关系情况</td><td>姓名</td><td>关系</td><td colspan="2">工作单位</td><td>家庭地址及联系电话</td></tr>
<tr><td>张 ×</td><td>父亲</td><td colspan="2">无</td><td>XY 街道 XY 村 108 栋 802 号
1382× ×688× ×</td></tr>
<tr><td></td><td></td><td colspan="2"></td><td></td></tr>
<tr><td></td><td></td><td colspan="2"></td><td></td></tr>
<tr><td>接收地
工作部门意见</td><td colspan="5">同意 （盖章）
年 月 日</td></tr>
<tr><td>执行地
工作小组意见</td><td colspan="5">同意 （盖章）
年 月 日</td></tr>
</table>

续表

执行地 领导小组意见	同意　　　　（签名） 年　月　日
备注	

填写说明：

（1）“姓名”“性别”“身份证号”“现执行地点”按照社区戒毒人员登记表中信息进行填写。

（2）“变更后地点”为社区戒毒康复人员进行执行地变更申请之后，后续接管的乡镇政府、街道办事处、社区戒毒康复工作站。

（3）“变更后居住地社会关系情况”指家庭重要成员和主要社会关系：包括本人家庭成员以外的旁系亲属关系，除共同父母、配偶和子女以外的主要社会关系（包括岳父母、分居的兄弟姐妹等），和本人关系密切及受其影响较大的亲友、老师、同学等。填写时，姓名、关系、工作单位、家庭住址要填写准确。尚在读书的家庭成员应标明学校，如“×× 大学学生”。没有工作单位的家庭成员应标明居住地，具体到乡镇（街道），如“×× 市 ×× 县 ×× 街道居民”。

（4）“接收地工作部门”指社区戒毒康复人员自愿申请变更的后续接管部门。

（5）“执行地工作小组”社区戒毒 / 社区康复工作小组名单，由社区戒毒 / 社区康复工作部门负责建立。

“组长”应当由社区戒毒 / 社区康复工作部门正式工作人员担任。

“副组长”根据社区戒毒 / 社区康复人员情况确定。

“成员”由工作人员、社工（网格员或招聘的禁毒专职人员）、社区民警、社区或村委会干部、医务人员、家庭成员、志愿者，以及综治、民政、人社、工商或司法等部门工作人员组成，女性社区戒毒社区康复人员的工作小组应当有女性工作人员参加。

意见签署一般由组长进行审批。

（6）“执行地领导小组”主要指乡镇街道办事处负责统筹辖区社区戒毒康复管理事务的领导机构，其签署意见一般由领导机构具体负责的分管领导进行签署。

9. 社区戒毒 / 社区康复人员外出请假审批表

社区戒毒/社区康复人员外出请假审批表

<table>
<tr><td>姓名</td><td>张 ××</td><td>性别</td><td>男</td><td>身份证号</td><td>4402241988080800××</td></tr>
<tr><td>家庭住址</td><td colspan="2">××街道××村 108 栋 802 号</td><td colspan="2">外出目的地</td><td>广州市白云区</td></tr>
<tr><td>社区戒毒 / 社区康复时间</td><td colspan="5">自 2020 年 5 月 26 日起至 2020 年 6 月 26 日止</td></tr>
<tr><td rowspan="5">被访亲友基本情况</td><td>关系</td><td>姓名</td><td>职业及单位</td><td>家庭住址</td><td>联系号码</td></tr>
<tr><td>父亲</td><td>张 ×</td><td>无</td><td>广州市白云区</td><td>182672665××</td></tr>
<tr><td></td><td></td><td></td><td></td><td></td></tr>
<tr><td></td><td></td><td></td><td></td><td></td></tr>
<tr><td></td><td></td><td></td><td></td><td></td></tr>
<tr><td rowspan="2">请假事由</td><td rowspan="2" colspan="2">探亲</td><td colspan="2">自 2020 年 5 月 26 日起</td><td rowspan="2">共 30 天</td></tr>
<tr><td colspan="2">至 2020 年 6 月 26 日起</td></tr>
<tr><td>工作小组意见</td><td colspan="5">同意
签名：专干　2020 年 5 月 23 日</td></tr>
<tr><td>销假或延期情况</td><td colspan="5"></td></tr>
</table>

填写说明：

（1）“姓名”“性别”“身份证号”“社区戒毒时间”按照社区戒毒人员登记表中信息进行填写，“家庭地址”填社区戒毒人员现居住地址。

（2）“外出目的地”尽量详细，具体落实到乡镇街道，如××市××县（区）××街道。

（3）“被访亲友基本情况”指社区戒毒康复人员申请外出请假，前往外出目的地接触到的主要社会关系。

（4）“请假事由”“请假起止时间”由提出外出请假的社区戒毒人员进行说明，由禁毒社工根据访谈内容进行总结概括。

（5）“销假情况”是根据社区戒毒康复人员外出请假期满或规定的假期满

向负责日常管理的社区戒毒康复工作小组报到，由禁毒社工汇总的情况。

（6）“延期情况”是社区戒毒康复人员因自身原因或不可抗力等情况不能按时返回执行地区的，向禁毒社工进行说明之后汇总的情况。

社区戒毒/社区康复人员外出准假通知书(存根)

张××：

经研究，同意你到广州白云区（地点）外出30天，时间从5月26日起至6月26日止，外出期间必须遵纪守法，遵守社会公德，遵守社区戒毒/社区康复协议规定，按期寄回外出地公安机关尿检证明，按时返回并及时销假，逾期不归视为擅自离开社区戒毒/社区康复执行地。

请假人（签名）张××

××街道社区戒毒（康复）工作小组（盖章）

2020年5月23日

销假日期：2020年6月27日

社区戒毒/社区康复人员外出准假通知书

张××：

经研究，同意你到广州白云区（地点）外出30天，时间从5月26日起至6月26日止，外出期间必须遵纪守法，遵守社会公德，遵守社区戒毒/社区康复协议规定，按期寄回外出地公安机关尿检证明，按时返回并及时销假，逾期不归视为擅自离开社区戒毒/社区康复执行地。

××街道社区戒毒（康复）工作小组（盖章）

2020年5月23日

10. 社区戒毒康复人员谈话记录

社区戒毒/社区康复人员谈话记录

谈话时间		谈话地点		
谈话人员			被谈话人	
谈话内容				
谈话对象签名：　　谈话人员签名：				
备注：				

社区戒毒/社区康复人员谈话记录

<table>
<tr><td>谈话时间</td><td>××××年××月××日</td><td>谈话地点</td><td colspan="2">××社区工作站</td></tr>
<tr><td>谈话人员</td><td colspan="2">禁毒社工/禁毒民警</td><td>被谈话人</td><td>张××</td></tr>
<tr><td colspan="5">谈话内容</td></tr>
<tr><td colspan="5">A：你好，我们是社区戒毒康复站的禁毒社工，按照社区戒毒康复第一次报到的要求，我们需要找你了解一下情况。
B：好的，好的。
A：你现在属于我们辖区的社区戒毒人员，通过我们刚刚向你告知的社区戒毒人员权利与义务后，你是否愿意配合工作站做好社区戒毒工作？
B：好的，一定配合！
……

谈话对象签名：　　　谈话人员签名：</td></tr>
<tr><td colspan="5">备注：</td></tr>
</table>

填写说明：

（1）目的：指导帮助解决戒毒康复人员工作、生活等方面的实际问题；发现有轻微违法和违反协议行为的应予以教育劝诫。

（2）戒毒康复人员的动态及每次见面谈话内容均要记入个人档案。

（3）次数要求：每月至少一次（依据系统尿检时间）。

（4）谈话内容围绕社区戒毒康复工作小组针对社区戒毒康复人员制订的工作计划展开。

11. 社区戒毒康复人员劝诫书

社区戒毒/社区康复人员劝诫书

张××：

你因 2020年6月28日未按时来××派出所尿检，违规次数两次，违反了社区戒毒/社区康复协议的 第十二条 社区戒毒、社区康复人员在戒毒康复期间，逃避或者拒绝接受检测1次的、擅自离开执行地所在县（市、区）1次的，工作小组予以口头劝诫，2次的予以书面劝诫，并通报公安机关 规定，根据社区戒毒/社区康复协议以及相关法律、法规，决定给予你书面劝诫一次。

被劝诫人签名 张××

劝诫人签名 专干（姓名）

见证人签名 陈 ××

×× 街道 社区戒毒（康复）工作小组

（盖章）

2020 年 6 月 30 日

备注：未当场送达被劝诫人的，需见证人签名。

填写说明：

（1）劝诫人为工作小组成员，被劝诫人为戒毒康复人员。

（2）未当场送达被劝诫人或被劝诫人拒收的，见证人应为其同住成年家属、单位负责人或邻居、村居干部等并登记身份，不得由工作站人员代签。

（3）为形成证据链，劝诫书需要三份及以上，社区戒毒 / 康复人员第一次违反戒毒 / 康复协议时就应开具书面文书，而非适用口头劝诫。送达劝诫书时，应当拍照或者录音、录像。

12. 解除社区戒毒康复措施审批表

解除社区戒毒社区康复措施审批表

编号：

戒毒人员姓名	张 ××	身份证号码	4402241988080800××
电话号码	1382××688××		
戒毒措施名称	社区戒毒	原决定书文号	
原决定日期		申请解除日期	
简要情况	我辖区戒毒人员____，经 3 年管控，表现良好，符合解除条件，根据《关于敦促已处置社区戒毒社区康复的吸毒人员到街道报到的通告》，现申请解除该人戒毒措施。 责任人签名：		
乡镇 / 街道戒毒康复机构	负责人签章：		
派出所意见	经办人：	负责人签章：	
法制部门意见			

续表

公安局领导审批	负责人签章：		
解除文书号		解除日期	

证明材料：

1. 解除社区戒毒社区康复申请书。
2. 末次吸毒检测报告书。
3. 3 年来帮教、尿检档案（依通告精神解除的无须提供此项）。
4. 原戒毒措施决定文书复印件。

填写说明：

社区戒毒康复人员提交解除申请，由社区戒毒社区康复工作办公室填写解除社区戒毒社区康复措施呈批表（试行），经执行地派出所审核并报县级公安机关法制部门审批。审批工作应自社区戒毒社区康复工作办公室收到戒毒人员提交的解除申请之日起，5 个工作日内完成，并于审批完成后 7 个工作日内通知相关部门。

13. 解除社区戒毒康复决定通知书

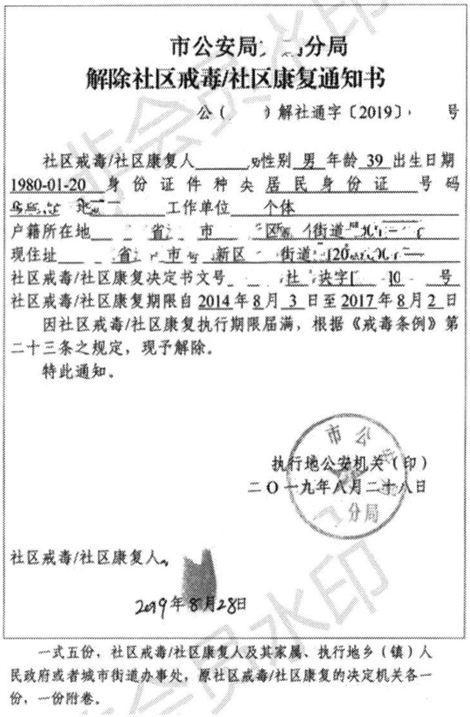

市公安局　　分局
解除社区戒毒/社区康复通知书
公（　　）解社通字〔2019〕　　号

社区戒毒/社区康复人＿＿＿＿性别＿男＿年龄＿39＿出生日期＿1980-01-20＿身份证件种类＿居民身份证＿号码＿＿＿＿工作单位＿个体＿
户籍所在地＿＿省＿市＿区＿街道＿＿＿
现住址＿＿省＿市＿新区＿街道＿120＿＿
社区戒毒/社区康复决定书文号＿＿＿社＿决字〔＿10＿〕＿号
社区戒毒/社区康复期限自＿2014＿年＿8＿月＿3＿日至＿2017＿年＿8＿月＿2＿日

因社区戒毒/社区康复执行期限届满，根据《戒毒条例》第二十三条之规定，现予解除。

特此通知。

执行地公安机关（印）
二〇一九年八月二十八日

社区戒毒/社区康复人：[redacted]
2019年8月28日

一式五份，社区戒毒/社区康复人及其家属、执行地乡（镇）人民政府或者城市街道办事处，原社区戒毒/社区康复的决定机关各一份，一份附卷。

（三）专业台账撰写重点及范例

1. 个案

（1）接案阶段。

①咨询表。

咨询服务记录表

服务日期：2013.4.1　　　　　　时间段：10：00—11：00

编号：WX-JDNS-JS-ZX-CXY-13001　　　　第 1 次服务

<table>
<tr><td>姓名</td><td>李 × ×</td><td>性别</td><td>男</td><td>婚姻状况</td><td>未婚</td></tr>
<tr><td>年龄</td><td>32</td><td>职业</td><td>无业</td><td>文化程度</td><td>初中未毕业</td></tr>
<tr><td>住址</td><td colspan="3">某戒毒所</td><td>联系电话</td><td>无</td></tr>
<tr><td>问题类别</td><td colspan="5">☑操守维持问题　□家庭关系问题　□身体健康问题　□心理情绪问题
□精神健康问题　□人际关系问题　□社交网络问题　□发展适应问题
□经济问题　□就业 / 学业问题　□政策资讯　□住宿问题
□其他______（注明）</td></tr>
<tr><td>社工行动</td><td colspan="5">□走访　□家访　□资料提供　☑辅导 / 指引
□转介　□其他___（注明）</td></tr>
<tr><td>形式</td><td colspan="5">☑面谈　□电话　□ QQ/ 微信　□短信
□邮件　□其他___（注明）</td></tr>
<tr><td>服务对象</td><td colspan="5">☑吸 / 戒毒人员　□吸 / 戒毒人员家人　□吸 / 戒毒人员 + 家人
□其他______（注明）</td></tr>
<tr><td colspan="6">1. 咨询内容
服务对象系贵州人士，于 18 岁时加入黑社会，19 岁因扫黑运动被抓，劳教 3 年。在劳教所内，服务对象通过道友了解到什么是毒品，吸食之后是什么感觉，不同的毒品吸食后有什么不同的感觉。对于这些服务对象充满了好奇。出所后，在帮派大哥为其接风的酒宴上尝试吸食了海洛因。吸食海洛因 6 年后，听道友说，可以通过吸食冰毒对海洛因进行戒断，从而转为吸食冰毒。服务对象说，也许是因人而异，吸食冰毒并未能够戒断海洛因，后来是经过强制戒毒才戒断海洛因的。
在之后就没再接触海洛因，转而吸食冰毒、K 粉等新型毒品。其间服务对象只有一次能够保持戒断操守达半年，通常是出所的第二天就又开始吸食。在保持半年操守期间主要是因为母亲的管教和陪伴，母亲因为工作出国不在身边才又回到了原来的社交圈，开始复吸。服务对象说，自己复吸的原因主要是因为不会拒绝和顾忌彼此之间的面子问题，被强制戒毒也是因为扫黑运动。因此，对于毒品的戒断问题，服务对象表示自己也很无奈，希望有人可以帮自己真的彻底戒断。
2. 社工行动与建议
社工回应服务对象可以将在小组活动中学习到的拒绝技巧加以巩固，并在日常的生活中尝试运用习得的拒绝技巧去拒绝一些不合理的要求，同时要学习如何远离黑社会的圈子，结交对自己有帮助的朋友，认清所谓的面子问题是否会对自身产生危害。</td></tr>
</table>

续表

3. 社工反思 服务对象是通过参与社工组织的小组活动和社工有所接触后主动向社工提出辅导需求的，在整个咨询过程中服务对象能够很清楚地表达自己的需求及寻求社工辅导的期望，但是通过服务对象的肢体动作（眼神的斜视、双腿伸直）让社工感觉服务对象并不信任社工，向社工所说的内容及需求有试探性的意味，感觉服务对象想要试着看看社工能不能协助处理自己的问题。整个面谈过程中，社工主要运用了倾听和回应的技巧，但对服务对象所说的关于其在劳教期间的情况，社工追问其具体的情况，不恰当地表达了质问，虽然服务对象并未表现出不满的情绪，但社工认为有向服务对象道歉的必要，故社工下次与服务对象面谈时，会就此事向服务对象表示抱歉。 4. 事后跟进 社工计划两周后与服务对象进行面谈，了解服务对象对本次谈话后的看法和态度。进一步了解服务对象早年生活的经历，探究分析服务对象涉黑的原因，协助其找寻戒毒的支点和动力。

督导助理意见：	

	负责社工	督导助理 / 主任
姓名	陈 ××	梁 ××
签名 / 日期		

a. 服务日期：以咨询发生之日为准，不以咨询撰写之日。

b. 婚姻状况：已婚、未婚、丧偶、分居。

c. 住址：除具体地址以外，尽可能包含常住地区域 / 街道 / 社区，如“罗湖区东湖街道布心社区”。

d. 问题类别：

序号	类别	解释
1	操守维持问题	指探讨与毒品戒断问题、戒断状态保持问题，以及出现复吸情境处理等问题为主的咨询服务
2	家庭关系问题	指探讨服务对象与家人关系、与家人沟通技巧、家庭关系处理等问题为主的咨询服务
3	身体健康问题	指探讨服务对象身体机能出现状况，特指身体器官出现不适症状为主的咨询服务，如胃痛、膀胱炎、头痛等问题
4	心理情绪问题	指探讨服务对象心理层面出现的状态，特指心理出现不适症状为主的咨询服务，如失眠、情绪低落、不安、容易暴躁等问题
5	精神健康问题	指探讨服务对象出现精神症状（特指有需要药物、医生等医疗服务介入的症状）为主的咨询服务，如出现幻听、幻视等幻觉，又如抑郁症、妄想迫害症等精神疾病

序号	类别	解释
6	人际关系问题	指探讨服务对象与（除家人外）社会上各类人群的交流过程中涉及沟通技巧、关系维护等问题为主的咨询服务，侧重在个人与个人层面
7	社交网络问题	指探讨服务对象在不同的群体中的处遇问题为主的咨询服务，如服务对象如何看待和面对以往毒友、正向朋辈群体、工作中群体等
8	发展适应问题	指探讨服务对象个人生存、家庭社会适应融入以及未来个人发展等偏计划问题为主的咨询服务，如职业规划、社会融入计划等
9	经济问题	指探讨服务对象与金钱、生计相关问题为主的咨询服务，如金钱债务、未完结财务处理（特指因突然强制隔离戒毒而发生的财务状况）等
10	就业 / 学业问题	指探讨服务对象工作 / 学业的选择、工作 / 学习中遇到的困境的面对和处理等问题为主的咨询服务，就业问题在一定程度与经济问题相关联，需结合考量
11	政策资讯	指向有了解相关政策和资讯需要的服务对象提供资讯的咨询服务，如社戒社康、驾照吊销及恢复、动态管控级别调整等因毒品问题引起的政策资讯，以及其他各类资讯（PS：在戒毒所、拘留所等特殊场所提供资讯，需严格按照场所规定）
12	住宿问题	指探讨服务对象住宿相关问题，并提供咨询、协助找寻住址等一定程度协助性咨询服务，特指即将出所而存在出所后住宿安置问题或因某原因被迫离开住址且无法立马获得住宿的服务对象

e. 社工行动：

序号	类别	解释
1	走访	指社工外出进行咨询的服务形式，针对的对象可以是服务对象、服务对象家属、工作站工作人员等与服务对象相关的人群
2	家访	指社工前往服务对象家中进行咨询的服务形式，针对的对象可以是服务对象、服务对象家属等
3	资料提供	指社工针对前述问题类别为服务对象提供相对应知识、讯息、资料等信息的服务形式
4	辅导 / 指引	指社工针对前述问题类别为服务对象提供相对应的情绪疏导、关系缓和、规划指引等服务，侧重在给予一定程度的建议和引导
5	转介	指社工针对服务对象有社工无法提供服务的需求，或不属于社工服务辖区，或有特殊原因无法接受社工服务（如存在精神疾病需要就医等），提供资源链接转介更合适提供服务的单位及个人的服务形式，常见如社工间转介、社工与医疗资源间转介等

f.“咨询内容”为社工咨询过程记录，建议做摘要性记录，大致分为以下

几个板块：咨询的目标、服务对象需求、咨询中重要过程记录。

g. “社工反思”为社工在咨询过程中针对“咨询内容”“社工行动及建议”记录内容的评估和思考，可以结合在上述两项内容中一同阐述，保持记录的连贯性和逻辑性。

h. “事后建议”为社工综述记录内容后拟订的下次跟进服务计划，是对上述记录的后续跟进。

②治疗目标与期望。

治疗目标与期望

适当方格填上“√”并选择这个问题对你生活的影响程度（1—10 分，10 分为影响最高）

你想我们可以帮助你	是（目前困扰程度）1—10 分	否	这不是我的问题
1. 操守维持问题	9		
2. 家庭关系问题		√	
3. 身体健康问题		√	
4. 心理及情绪问题	3		
5. 精神健康问题		√	
6. 人际关系问题		√	
7. 社交网络问题	5		
8. 发展适应问题		√	
9. 行为问题		√	
10. 就业 / 学业问题		√	
11. 经济问题		√	
12. 住宿问题		√	
13. 其他（注明）：无			

	服务对象	负责社工
姓名	李 ××	陈 ××
签名 / 日期		

a. “个案编号”在咨询初期并不需要填写，需要通过咨询建立关系并通过开案评估后方能获得编号，再用手写方式记录进入个案档案内。

b. “治疗目标与期望”作为与服务对象开展前期介入咨询时的辅助表格，

主要作用是协助服务对象厘清自身需求，同时社工也可根据服务对象所勾选的需求作针对性的访谈。

c. 此栏是一个程度量表，测试下列问题对服务对象的困扰程度，展示服务对象问题紧迫性，由服务对象自行评分，以第一印象为准，利用此量表，也协助社工初步判定介入计划的优先次序，同时作为服务成效的前测量表，为社工接触服务对象初期做一个程度了解。

具体操作：

· 由服务对象勾选填写此表。

· 社工根据服务对象选择进行澄清，确认问题需求。

· 社工根据确定的最后程度进行先后次序访谈。

“否”表示这个问题是属于服务对象的问题，但是不需要社工帮助。

“这不是我的问题”表示服务对象无此方面问题的困扰。

（2）预估阶段。

①个案问题及需要评估表。

个案问题及需要评估表

个案编号：WX-JDNS-JS-GA-13001　　服务对象姓名：李 × ×

负责社工：陈 × ×　　填表日期：2013.7.16

一、吸食过的毒品种类有（可 ✓ 选多项）

☑ 白粉 ☑K 粉 ☑ 冰毒 ☑ 摇头丸 □ 止咳水 □ 可卡因 □ 大麻 □ 安眠药

☑ 麻古 □ 美沙酮 □ 其他（注明）：________

二、个案种类（可 ✓ 选）

□ 吸毒人员　□ 自愿戒毒人员　☑ 强制隔离戒毒人员　□ 社区戒毒人员

□ 社区康复人员 □ 吸毒高风险人员　□ 其他：________（注明）

三、服务对象是否呈现需要及时处理的问题

☑ 无

□ 明显的精神病状况

□ 在一个月内有自杀的可能或念头

□ 有明显的身体健康问题

□ 需要短期内接受诉讼

□ 家庭关系紧张

□ 其他：________

及时的工作计划（时段、内容）：________

四、评估问题及服务需要

问题性质	计划的行动
☑ 操守维持问题	计划执行三个月的主题辅导，通过生命线、毒品损益表等辅助工具，结合情境再现的方式协助提升案主自我效能感，协助案主拓展新的交际圈，远离和拒绝原来的生活圈和毒友
□ 家庭关系问题	
□ 身体健康问题	
☑ 心理及情绪问题	计划执行三个月的主题辅导，通过面谈、情境模拟等方式进行服务，同时给案主介绍几本关于心理情绪调节方面的书籍，协助案主梳理自我情绪，提升处理负面情绪的能力
□ 精神健康问题	
□ 人际关系问题	
□ 社交网络问题	
□ 发展适应问题	
□ 行为问题	
□ 就业 / 学业问题	
□ 经济问题	
□ 住宿问题	
□ 其他：________（注明）	

五、服务对象自身问题 / 需要的认知

（一）主要问题

服务对象面临的主要问题是如何保持操守，真正地实现戒毒。

（二）服务要求

服务对象对自己所面临的处境有比较清晰的认识，对于希望得到的帮助和改变亦有明确想法和规划，主要是希望自己即使没有离开朋友及生活圈，自己也能够做到拒绝再吸一口毒品。所以跟社工共同探讨后确定了以保持操守作为服务的主要目标。

六、社工整体介入意见

该服务对象对于自己的困境和需求有着清晰的认识，但是困境及需求产生的原因却并未阐明（暂时未确定是服务对象自己本身就不清晰，抑或是未向社工说明）。故社工计划与服务对象一起从源头出发，探讨问题产生背后的原因，并根据原因作出相应的处理，主要以面谈及过往回顾为主进行探究，了解原因后，计划运用蓝图规划的方式协助其做好出所后预防复吸的规划，同时跟进其执行情况，做好服务后期评估和成效评估。

七、督导意见

同意开案。（黄 × 2018.8.1）

	负责社工	督导助理 / 主任	督导
姓名	陈 × ×	梁 × ×	黄 ×
签名 / 日期			

a.“个案问题及需要评估表”是社工根据咨询面谈过程掌握的服务对象需求进行进一步分析和评估可介入的服务方向，初步拟订服务介入计划，由督导根据撰写内容进行评估，提出修改建议，完善后作为个案服务启案的确认表格和后续具体服务计划的依据和指引。

b. 整个“个案问题及需要评估表”是一个引导社工进行个案前期介入—评估—确定需求—拟订计划—确认启案的行动指引。

c.“吸食毒品的种类”，此栏可多选，建议记录对于服务对象来说影响重大的毒品种类，综观戒毒康复群体，多数人均滥用过多种毒品，但多数人都会固定滥用 1—2 种毒品，而这 1—2 种毒品对他的影响则比较深，可能影响着他后续行为和操守保持。因此，记录较常用的毒品，也能更好地协助社工分析。

d.“个案种类”指社工在接触服务对象时，服务对象所处的状态。如社工在戒毒所内接触服务对象，其当前状态则为“强制隔离戒毒人员”。

序号	类型	解释
1	吸毒人员	指目前仍在滥用毒品的人士
2	自愿戒毒人员	指目前正在接受自愿戒毒的人士
3	强制隔离戒毒人员	指目前在强制隔离戒毒所内进行戒毒的人士
4	社区戒毒人员	指目前正在社区接受“社区戒毒”的戒毒人士
5	社区康复人员	指目前正在社区接受“社区康复”的戒毒康复人士
6	吸毒高风险人员	指目前处于比较容易接触毒品的环境 / 状态下的人士，或者目前已经接触过毒品但未成瘾的人士，如毒品贩售高发地区的学校内青少年学生、娱乐场所从业人员、吸毒人员家属等

e.“需要及时处理的问题”，指的是需要立即跟进和介入紧急事件，需第一时间协助服务对象处理。

序号	类型	解释
1	明显的精神病状况	结合咨询表中的“问题类别”中的“精神健康问题”，如已经出现十分明显的精神病症状，需要第一时间处理，建议服务对象接受医生治疗
2	在一个月内有自杀的可能或念头	在许多社工服务中，“自杀”属于排在前列的危机事件，需要第一时间处理
3	有明显的身体健康问题	结合咨询表中的“问题类别”中的“身体健康问题”，如已经出现十分明显的身体问题（以影响正常生活和交谈为判断依据），需要第一时间处理，建议服务对象接受医生治疗
4	需要在短期内接受诉讼	部分戒毒康复人士除毒品滥用问题，可能还存在非毒品范畴的违法或犯罪事宜，或者存在与他人 / 单位等进行诉讼的问题
5	家庭关系紧张	结合咨询表中的“问题类别”中的“家庭关系问题”，此处所指的紧张，指家庭关系问题已经严重到影响服务对象生活和接受社工服务，如服务对象与家人关系恶化导致失去生存环境或存在强烈复吸意愿
6	及时的工作计划	指针对上述紧急事件的社工跟进计划，含时间节点和内容

f.“计划的行动”，指的是根据与服务对象确定的问题进行进一步厘清服务对象需求的计划。在“治疗目标与期望”中，服务对象极有可能同时勾选了许多的问题（因为每个服务对象都存在着许许多多的问题及需求），即使通过程度性的检测依然无法第一时间遴选出服务对象的最迫切的需要，因此通过制定评估问题及服务需要的行动，进一步将需求分主次先后，协助社工与服务对象遴选出主要问题及需要。

g.“服务对象自身问题 / 需要的认知”，指通过前述“评估问题及服务需要”的行动计划，与服务对象遴选出来的非常明确的可以根据此需要开展行动计划的问题及需求，此处的认知是指服务对象和社工共同认知，而并非社工个人臆测和预估，需要获得服务对象的认同。

h. 根据前述行动的开展得出的服务对象的需求，“社工整体介入意见”是社工针对需求提出的拟订的服务介入策略和初步计划，可以不一定十分的具体，到时需要包含以下几点：回应需求的行动计划（概括即可）；拟订的行动计划时间节点（概括即可）；行动计划期待达到的结果（可以是产出，或者是成效的变化）。

②服务对象须知。

服务对象须知

一、辅导形式与方法

（一）社工会按服务对象具体服务需要及健康状况设计辅导形式与方法，一般会通过定期面谈及小组形式进行。

（二）在个案过程中，家人参与亦十分重要，故社工会在服务对象同意下，邀请其家人参与面谈或进行家访。

（三）为更好地提供服务，协助服务对象戒除毒瘾，维持操守，社工会在服务对象同意下，可能转介其到其他机构或医疗中心做康复训练或接受医疗服务。

（四）为了解服务对象在接受辅导过程中维持操守的情况，社工可能会不定期安排服务对象进行尿液检验。

（五）若社工发现服务对象的精神状态正受毒品影响，社工会实时停止面谈。

（六）若个案面谈内容将摄录作教学及督导之用，需于半年内注销。

二、终止服务须知

（一）在下列情况下，社工提供之服务将会终止：

吸毒情况已停止或服务目标已经达到；

某些条件改变（如入狱、死亡、移民、搬离社区等）而不能再作跟进；

服务对象拒绝继续接受服务；

社工连续三个月内均无法与服务对象联络；

服务对象已被转介到其他机构接受服务。

（二）服务终止后，若再有需要社工服务，服务对象可随时重新联络社工机构。

三、意见反映渠道

禁毒社工非常重视服务对象的意见，无论是赞赏或投诉，均对社工有鼓舞或警惕之作用，故此欢迎就社工服务，直接向负责社工或上级领导作口头或书面意见反映。

（一）反映渠道

1. 致电服务机构：0755-83882065。

2. 邮件至服务机构：95001163@qq.com（服务网址：http：//www.szwxsg.org.cn/）。

	服务对象	**负责社工**
姓名	李 ××	陈 ××
签名 / 日期		

本人已明白以及同意上述须知内容，并愿意遵守有关要求。此文件一式两份，一份社工存档，一份服务对象留底。

a. 服务对象须知是在开案前需要交付服务对象阅读并签字确认的档案材料，涉及服务的形式、终止服务情况，以及对社工服务的意见反馈渠道，是保障社工和服务对象双方的备注性材料；形式可分为服务对象自行阅读并由社工解答，或社工通过讲解的形式向服务对象解析。

b. 特别提示：关于吸毒已经停止这一条件，在大部分情况下都不一定能作为终止服务的情况，更多以服务目标达到作为依据。

③申请服务同意书。

申请服务同意书

本人_____现向深圳市温馨社工服务中心禁毒社工_____申请服务，并明白及接纳以下守则。

一、个人资料保密守则

（一）保密守则

社工有责任对服务期间了解到的服务对象信息进行保密，除特殊情况（具体见下文）下，不得泄露服务对象信息。

（二）可能接触到文件的人或单位

1. 接触此申请文件及相关资料之本机构内人员包括：负责社工、负责社工之督导人员、本机构总干事；以上人员查阅资料的目的在于服务核实与审批、社工及督导进行服务检讨以优化 / 提高服务成效。

2. 在以下情况本机构将会提供此申请文件及相关资料予有关服务单位、政府部门或有关的机构。

（1）服务转介。如因申请人服务申请获准之相关条件变化导致其所需服务已超出本机构服务范围外，或本机构及服务申请人协议通过服务转介为其寻求更优质之服务时，我机构将提供部分转介资料予转介机构及其负责社工（个案转介表）。

（2）服务评估。如本机构 / 社会服务购买方邀请第三方评估机构 / 政府主管部门通过档案查阅、服务对象访谈等方式评估本机构之服务成效时，我机构将在“知情同意”（由负责社工提前通知服务申请人关于调阅资料的目的、日期、所需资料内容及形式、调阅方信息及征询其是否同意）的情况下向相关机构提供相关资料。

（3）司法介入。若因申请人 / 申请人相关资料涉及相关司法议题，而司法部门运用合法权限要求本机构提供相关资料，则本机构须根据国家法律文件要求提供相关资料。

3. 有关申请人提供的个人资料将可能被用作研究统计及分析之用。所有被呈报之资料绝对保密，并受相关法律法规之保障。

二、注意事项

本申请书一式两份，一份社工存档，一份服务对象留底。

	服务对象	负责社工
姓名	李 ××	陈 ××
签名 / 日期		

申请服务同意书是在开案前需要交付服务对象阅读并签字确认的档案材料，涉及服务过程中保密原则及保密例外，是保障社工和服务对象双方的备注性材料；形式可分为服务对象自行阅读并由社工解答，或社工通过讲解的形式向服务对象解析。

④个案资料表。

个案资料表

开案日期：2013.8.1

一、个案基本资料

（一）服务对象基本资料

姓名	李 ××	性别	男
身份证号码	暂无	年龄	32
身高（cm）	175	体重（kg）	80
联系电话	暂无	户籍地	湖南怀化
婚姻状况	☑未婚 □已婚 □同居 □分居 □离婚 □丧偶 □不详	宗教信仰	☑没有 □伊斯兰教 □佛教 □道教 □天主教 □基督教 □其他：______（注明）
教育程度	□小学及以下 ☑初中（中专） □高中（大专） □本科 □研究生 □不详	备注	

（二）个案来源

□通过禁毒主管部门提供排查名册进行家访，发现有需要的服务对象。

□通过禁毒社工驻点美沙酮药物维持治疗门诊发现有需要的服务对象。

□通过禁毒社工驻点戒毒所发现有需要的服务对象。

□通过禁毒社工驻点社区戒毒康复工作站发现有需要的服务对象。

☑服务对象自行寻求协助。

□服务对象家人、亲戚、朋友或同学介绍。

□由医疗机构、自愿戒毒中心、学校、社会服务中心等机构转介。

转介机构 / 人士名称：__________

转介机构联络电话：____________

☐ 其他：____

（三）服务对象是否第一次申请个案服务

☑ 是 ☐ 否（如否，以前曾接受____次服务）

二、居住情况

（一）居住状况（在深）

（1）自有住房（☐ 商品房 ☐ 福利房 ☐ 经济适用房 ☐ 民房）

（2）租房

（3）借住（☐ 亲戚 ☐ 朋友）

（4）宿舍 / 工作地方

（5）其他：到深圳旅游，酒店登记住宿

（二）目前同住者中是否有吸毒史的人员

☐ 是 ☑ 否；如回答是，请注明____人（增加项）

（三）居住地址：广东省清远市 ×× 区 ××

（四）在现居住地的居住时长：5 年

三、家庭背景

（一）家庭成员资料

姓名	关系	性别	年龄	职业 / 就读班别	备注
张 ××	母亲	女	50	企业老总	

1. 服务对象父母是否已离异 / 分居：

☑ 是 ☐ 否；如答是，在服务对象 5 岁时发生

2. 服务对象父亲是否在世：

☑ 是 ☐ 否；如答否，在服务对象____岁时发生

3. 服务对象母亲是否在世：

☑ 是 ☐ 否；如答否，在服务对象____岁时发生

（二）服务对象亲属情况表

服务对象亲属是否有下列记录（可选多于一项）：（有 / 无）	吸毒（注明毒品类型）	行为问题	心理障碍疾病	如答有请列出人数
直系亲属（包括父母、兄弟姐妹、子女）	无	无	无	
伴侣（包括配偶、同居者）	无	无	无	

（三）与___同住者

☐ 独居　☑ 父亲 / 母亲　☐ 祖父 / 母　☐ 兄弟姐妹　☐ 配偶 / 伴侣

☐ 继父 / 母　☐ 父 / 母的伴侣　☐ 儿子 / 女儿　☐ 朋友

☐ 亲戚（请注明）：_____　☐ 其他（请注明）：_____

四、工作情况

（一）服务对象是否曾接受职业训练

☐ 是　☑ 否

如答是，请列出训练类别：__________

（二）目前服务对象的合法职业 / 或最近一份工作：酒店管理员

（三）过去十二个月，服务对象的就业情况（大部分时间）

☐ 全职（每星期最少工作 40 小时）　☐ 兼职（稳定性）　☐ 散工 / 季节性工作

☐ 长散　☐ 学生　☐ 退休　☐ 伤残期　☐ 家庭主妇　☐ 失业　☐ 从事非法工作

☐ 无业，靠家人供养　☐ 不详

☑ 其他（包括监禁 / 接受戒毒 / 身体 / 精神治疗）：强制戒毒

（四）服务对象目前 / 最近一份工作的收入：/ 元

（五）其他收入来源：无（注明）收入：/ 元

（六）在过去 30 日，服务对象是否有欠债

☐ 是　☑ 否

如答是，借贷数额合共_______元

（七）目前，服务对象是否领取低保、失业救济或其他救助

☐ 是　☑ 否　种类：________

过去，服务对象是否领取低保、失业救济或其他救助：

☐ 是　☑ 否　种类：________

五、饮酒及吸烟情况

（一）服务对象饮酒情况

过去 30 日，服务对象是否曾经饮酒（包括啤酒 / 白酒 / 红酒 / 洋酒）： ☐ 有　☑ 无，但以往有饮酒习惯　☐ 很少饮酒　如答有，请填下表：	
种类	平均每日用量
啤酒	2（☐ 毫升 /mL　☑ 罐　☐ 瓶）
白酒	3（☐ 毫升 /mL　☐ 斤　☑ 两）
红酒	/（☐ 毫升 /mL　☐ 斤　☐ 两）
洋酒	/（☐ 毫升 /mL　☐ 斤　☐ 两）

（二）服务对象吸烟情况

过去 30 日，服务对象是否曾经吸烟： ☐有 ☑无，但以往有吸烟习惯 ☐很少吸烟　如答有，请填下表：	
种类	每日分量
香烟	每日 1 包
雪茄	每日__支

六、吸食毒品情况

（一）滥用药物的基本情况

种类		已吸食时间（年）/ 第一次吸食年龄__年 / _岁	吸食方法 *	每月支出（RMB）	是否在深圳开始吸食
海洛因（白粉）		2000 年 / 19 岁	烫吸	2000	☐是 ☑否
美沙酮	（自行购买饮用）	__年 / __岁			☐是 ☐否
	（美沙酮门诊饮用）	__年 / __岁			☐是 ☐否
冰毒		2006 年 / 25 岁	烫吸	3500	☐是 ☑否
大麻（草、牛牛）		__年 / __岁			☐是 ☐否
止咳水（联邦、佩夫人等）		__年 / __岁			☐是 ☐否
MDMA/ 摇头丸		__年 / __岁			☐是 ☐否
K 粉（K 仔）		__年 / __岁			☐是 ☐否
安眠药（安定、白瓜子、蓝精灵）		__年 / __岁			☐是 ☐否
可卡因（可乐）		__年 / __岁			☐是 ☐否
其他麻醉镇痛剂（例如鸦片 / 菲仕通）		__年 / __岁			☐是 ☐否
其他		__年 / __岁			☐是 ☐否

（二）吸毒的原因（可多选）：

☑因为好奇 ☑受到同辈影响 / 想和同辈朋友打成一片 ☑消愁解闷 / 情绪低落 / 焦虑

☐自行治理疾病 ☑避免因没有吸食而带来不适 ☐寻求快感或官能上的满足

☐受到伴侣影响 ☐不详 ☐其他原因（请注明：________）

（三）主要通过哪些途径获取毒品

☐药房 ☑贩毒者 ☐朋友 ☐其他：__________

七、戒毒及操守维持经验

（一）进行戒毒的经验

1. 服务对象共接受__0__次自愿住院式脱毒及康复治疗

2. 服务对象共接受__2__次强制隔离戒毒

3. 服务对象共接受__0__次社区戒毒

（二）保持操守的经验

1. 从开始吸毒到现在，最长一次的自愿保持操守时间*：__180__天

2. 为何重新复吸：__母亲不在，自己控制不住心瘾，加上朋友的影响就复吸了。__

*包括自我脱毒及自愿到脱毒及康复机构接受治疗，但不包括被羁留／囚禁的强制戒毒所。

八、身体状况

（一）服务对象是否肢体伤残

□是 ☑否

（二）服务对象是否有慢性的身体疾病，会影响日常生活（例如糖尿病／高血压／哮喘）

□是 ☑否 请列明：_____

（三）服务对象是否有传染性的身体疾病（例如艾滋病／甲肝／丙肝）

□是 ☑否 请列明：_____

（四）服务对象是否需要因身体问题，而定期复诊服药／医治（例如物理治疗）

□是 ☑否 请列明：_____

（五）服务对象是否对任何食物／药物敏感

□是 ☑否 请列明：_____

九、心理及精神状况

（一）过去30日，服务对象是否曾出现下列情况及其严重程度（适当方格填上“✓”）

	完全无	有，短暂出现	有，维持长时间出现	备注（具体反应等）
情绪低落		√		
神经紧张	√			
幻觉	√			
自杀念头	√			
其他：无				

（二）过去30日，服务对象是否需服食经处方的精神科药物

□是 ☑否

（三）过去30日，服务对象是否曾接受心理／情绪／精神科治疗（是否已预约复诊）

□是 ☑否

	负责社工	督导助理 / 主任	督导
姓名	陈 ××	梁 ××	黄 ×
签名 / 日期			

a. 家庭成员资料填写的目的主要在于评估目前服务对象的家庭关系及存在支持网络，因此大致可分为两种：直系亲属，如父母、兄弟姐妹、子女，目前长期共同居住的伴侣 / 亲戚 / 朋友；

b. 如服务对象为戒毒所、拘留所、看守所等场所内的人士，则以入所前最近的一份工作为例。

c. 大部分吸毒人士存在滥用多种毒品的经历，此处记录其主要滥用和对其影响较大的毒品种类即可。

（3）计划阶段。

个案工作计划表

服务对象姓名：李 ××　制证日期：2013 年 8 月 10 日　下次检视日期：2014 年 2 月 10 日

一、个案背景 / 问题的简述

（一）家庭背景：（家庭图、家庭关系、经济状况、户籍状况等）

案主是湖南怀化人，父母在案主 5 岁的时候离婚，案主跟随父亲生活。由于父亲赌博并且会殴打案主，对案主的生活、学习缺乏指导和教育，且不允许案主去找自己的母亲。案主八九岁就开始学会离家出走，但两三天内都会被父亲找到，回到家后又是一顿暴打。案主母亲在与案主父亲离婚后自己开了一家小诊所，3 年后就出国做生意了。案主 13 岁那年因故意伤害被收押在少管所，母亲才回国看望案主，但仅仅只是提供经济上的补偿而已。案主说此时，自己已基本上与父亲脱离关系。

后来经过案主母亲的关系，案主 16 岁参军，退役后认为自己正值年轻气盛，有大好前景的时候，于是选择加入黑社会，认为黑社会的血性生活能给自己带来成就感，直到 2004 年，案主从劳教所出来，被母亲知晓其吸毒后，案主母亲才正式将案主带在身边。一来是帮助、监督案主维持操守；二来是希望案主能够脱离原来的生活圈，恢复正常的生活。

（二）吸毒历史：（何时何地吸食何种毒品，获取途径、戒毒与复吸的历程）

案主自 2000 年开始吸食海洛因。在黑社会大哥为庆祝帮派夺得新地盘的酒宴上，案主因为好奇，让帮派小弟分一份给自己尝试，于是就开始了吸毒的生活。

案主获取毒品的途径一开始主要是通过帮派小弟购买获得，毒瘾大了之后开始转为自己向毒贩购买。

案主戒毒的过程一开始是因为扫黑运动被抓去劳教而强制戒毒的，但案主表示在劳教所内只要有钱也是一样可以吸食毒品的，劳教所的管理并不规范。案主说，刚进劳教所时自己也在吸食毒品，后来没钱了才开始进行强制戒断的。从劳教所出来后的第二天，黑社会大哥为其接风的时候就又开始复吸，认为这是大哥对自己的看重，自己很有面子。吸食海洛因6年后，听道友说吸食冰毒可以帮助自己戒断海洛因，于是案主转为吸食冰毒，案主说也许是因为个人体质的原因，吸食冰毒并不能帮助其戒断海洛因，因此还是进入了强制戒毒所才把海洛因戒断的。此次戒断的动机是，案主认为吸食海洛因对身体的伤害十分大，因此有了彻底戒断海洛因的想法。只是案主戒断海洛因后，又吸食冰毒，且尝试过多种新型毒品，包括K粉、摇头丸、麻古等。此次强戒是因为在深圳开房时，检测身份证被抓。

（三）精神及健康状态：（情绪状况、精神相关疾病的评估、生理心理等健康状态）

案主精神状况良好，身体健康，能与人进行良好的沟通，没有明显的精神和情绪问题。

（四）就业状况：（何时何地从事何种工作）

案主进入强戒所之前，在家乡帮助母亲管理一家酒店。

（五）保持操守动机：（服务对象因何事产生戒毒/保持操守的想法）

案主表示，看着母亲这几年为了自己辛苦地奔走，满世界飞忙生意，只是为了能够让自己以后的生活能够有好的保障，可是自己却因为吸毒这件事，不断地伤害母亲，觉得很惭愧，所以希望自己能够真的彻底戒断毒品，好好地帮助母亲打理生意上的事，让母亲减轻负担，同时也希望自己能够承担起属于自己的责任。

（六）资源网络：（家庭、朋辈、政府的资源）

案主家里是做生意的，经济条件较好，母系家族成员对案主的生活和事业能够提供一定的帮助，且案主的母亲在当地是有名的企业家和医生，受到当地人们的尊重，案主认为这能从侧面让自己可以得到当地居民的理解和支持，能够成为帮助案主保持操守的一个助力。

二、社工对个案分析

（一）理论支持

1. 优势视角理论在助人实践过程中关注的焦点是案主及其所在的环境中的优势和资源，而非问题和症状，改变来自案主自身的优势。

2. 萨提亚家庭治疗模式强调人是活在环境、关系中的。所以，一个症状的出现，与人、与他人、环境的互动都有很大的关系。而这些关系中的沟通不良，导致了各种压力、情绪、症状的产生。

（二）结合理论分析

整合前几次的咨询内容来看，首先案主对自身的优势及能力缺乏了解，处理毒品问题的能力有待提升。其次案主有主动戒断毒品的意愿，由于生理、心理等方面原因和缺乏有效的治疗及科学的戒断计划，而陷入“戒不了”的思维。接着是案主的母亲积极帮助案主戒毒，由于缺乏有效合理的方法而未见成效，让案主母亲对其戒毒失去信心。案主对于自己的情况虽然尚未能清晰地解读，但是有主动改变的意愿，这是案主计划保持操守的原动力和优势，另案主的家庭条件相对而言是比较优渥的，可以给予案主经济和物质的支持。

还有就是案主担心吸毒行为影响到家庭，因此有意愿努力戒断毒瘾。但是，多次戒毒失败，案主与家人的沟通方式有很大问题，家人对案主信任度和支持度明显下降。家庭作为一个小社群，家庭环境、家庭成员间的相处都是相互产生影响的，家庭成员中有人吸食毒品这一行为，会对家庭环境和家庭成员间的关系造成连带反应。

故学会运用身边的资源和优势去改变与调整出现的偏差行为，才能够让自身和家人都更好地正向生活和发展。

三、服务目标

（一）总目标

树立自信，增强对出所后生活的适应性，收获正能量，远离毒品。

（二）具体目标

1. 学习至少四种拒绝毒品的技巧，做到远离毒友。

2. 学习理性处理情绪的技巧，知晓情绪存在理性与非理性的区别，并能实现不依靠毒品处理自己遇到的情绪问题。

四、服务内容

目标 1：学习至少四种拒绝毒品的技巧，做到远离毒友					
评估方法：自评法、观察法、问卷法、访谈法					
服务内容及计划	**社工角色及任务**	**服务对象角色及任务**	**服务对象家人角色及任务**	**达到指标**	**服务时限**
运用毒品损益表与案主探讨毒品对其的影响	社工负责引导案主进行毒品损益表的探讨，协助案主分析不同时段毒品对自己造成的不同影响	案主是参与者，参与毒品损益表的探讨中，回顾自己吸毒前、中、后的得与失，思考毒品对自己的影响，重新作出选择	/	完成 1 份毒品损益表填写； 案主能自己分析毒品对自己造成的影响，并完成 1 份毒品影响分析说明	2 次 / 月 1 个月完成
设置毒品情境，练习拒绝方式与技巧	社工主要负责指导案主在毒品情境中要如何学会拒绝	案主是情境设置者，同时也是参与者，在类似的经历中发现新的选择和技巧	案主家属是毒品情境中的家属，在情境中了解案主的情况与想法，进而给予案主信任、支持与理解	完成不少于 2 次的情境演练； 案主自评学会至少 4 种拒绝的技巧； 与案主家属进行 1 次关于给予案主信任、支持为主题的访谈	2 次 / 月 2 个月完成

续表

目标 2：学习理性处理情绪的技巧，知晓情绪存在理性与非理性的区别，并能实现不依靠毒品处理自己遇到的情绪问题					
评估方法：自评法、观察法、问卷法、访谈法					
服务内容及计划	社工角色及任务	服务对象角色及任务	服务对象家人角色及任务	达到指标	服务时限
……	……	……	……	……	……

	负责社工	督导助理 / 主任	督导
姓名	陈 ××	梁 ××	黄 ×
签名 / 日期			

a. 个案工作计划是指在启案后，与服务对象根据确定的需求和期待，同时综合服务对象家庭、吸毒史、健康状况、动机以及所掌握的资源情况，进行服务期工作计划的制订。个案工作计划必须与服务对象共同完成，社工切勿自行为服务对象制订计划。

b. “个案背景 / 问题的简述”。

序号	类型	解释
1	家庭背景	通过对服务对象的前期介入掌握和了解相关资讯，并进行简单的分析和评估，此栏主要是用于剖析服务对象的家庭构成、家人关系、生活水平等背景情况（可剖析和记录的内容不止于括号内建议的内容） 特别指出： 一、家庭图，指的是家庭结构及关系图，源于萨提亚家庭结构治疗内用于分析服务对象家庭结构及之间关系，不要求每个社工在工作初期都能够运用和描绘，但期望能够随着个案经验增加和知识储备的提升，用到个案分析中 二、经济情况，指的是包含服务对象原生家庭、新生家庭在内的对服务对象生计有影响的家庭经济情况
2	吸毒历史	通过与服务对象的前期介入掌握和了解相关资讯，并进行简单的分析和评估，此栏主要是用于剖析服务对象接触毒品、毒品成瘾、使用过的毒品类型、常用毒品类型、戒毒—保持操守—复吸—再戒毒过程的毒品成瘾经历，建议用时间节点的方式进行阐述，从开始接触毒品到成瘾，经历戒毒，再到复吸，中间穿插接触毒品、毒品成瘾的原因、毒品种类等 特别指出： 一、何时何地吸食何种毒品，第一，只是一个建议，不一定要在阐述中按照这个格式撰写，可以拆分开来描述；第二，选择对于服务对象影响较深或服务对象固定长期使用的毒品进行描述 二、戒毒与复吸的历程，建议能够把第一次戒毒、第一次复吸以及最近一次戒毒、最近一次复吸阐述得具体和详细

续表

序号	类型	解释
3	精神及健康状态	通过与服务对象的前期介入，掌握和了解相关资讯，并进行简单的分析和评估，此栏主要是用于剖析服务对象当前所处的情绪状况、身体疾病状况等有可能影响到计划执行的生理心理因素，以及存在精神类症状的前期评估、判断（这块的判断需要运用一些专业心理学量表） 特别指出： 精神相关疾病的评估，不要求每个社工在工作初期都能够很准确地判断，或者是初期便用很专业的量表去测量，但是需要在服务过程中尝试观察服务对象是否存在精神疾病或者类似精神症状，并做好记录和分析，期望能够随着个案经验增加和知识储备的提升，也能将一些专业的量表尝试用到个案分析中
4	就业状况	通过与服务对象的前期介入，掌握和了解相关资讯，并进行简单的分析和评估，此栏主要是用于剖析服务对象曾从事工种、工作年限、参与技能培训等与工作经历相关的信息 特别指出： “找工作”“解决生计”是服务对象常见的需求，但与此同时，他们往往表达不清自己能做什么或会做什么，因此，对于工作经历的了解和分析，一方面协助社工结合了解信息，更好地给予服务对象建议和支持，另一方面则是也让服务对象能够检视过去的经验，给自己未来的工作规划作一个参考和给予一定的信心
5	保持操守动机	顾名思义，就是服务对象因为什么想戒毒，有人是因为家人、有人是因为身体、有人是看到身边的朋友的遭遇后的反思等 特别指出： 动机，是一种状态而不是一种特质或天赋，每个服务对象身上都具有动机，只是动机强弱与否，社工需要做的是在服务的过程中不断发掘和提升服务对象的动机，直到动机强到能够推动服务对象进行改变
6	资源网络	通过与服务对象的前期介入掌握和了解相关资讯，并进行简单的分析和评估，此栏主要是用于剖析服务对象当前拥有的资源，包含家人、朋友群体和外界能够提供给服务对象支持的资源，以及服务对象自身所掌握的其他资源

c. 总目标：指的是通过接受社工的服务，最终想要达到的总体目标，可以是相对比较宽泛的、需多步骤（每一步骤为一个具体目标）完成才能实现的理想状态。

特别指出：总目标是服务对象对于未来生活的一种期待的理想状态，不是完成一个行动就能够实现的，是多方成就才能实现的。

当然总目标也会有例外，就是当服务对象的需求和问题相对单纯，且社工评估过其背景，认为支持系统比较完整和健全，同时拥有去实现需求的资源的情况下，亦可简化目标的设定。

d. 具体目标：指每一个具体可量度的计划目标，是实现总目标所需要达到的阶段性目标 / 每一个步骤；具体目标表述注意正向积极、服务对象是主体、注重改变，同时制定要遵循的 SMART 原则：Specific（具体的）、Measurable（可测量的）、Attainable（可实现的）、Relevant（相关的）、Time–bound（有期限的）。

e. 评估方法：指的是用什么方式来衡量 / 评估目标是否实现，前述已经提及目标要遵守 SMART 原则，其中所说的“具体的”“可测量的”，表示对回应如何评估的，具体的方式以具体设定的目标而定。

f. “服务内容及计划”指的是回应目标所要开展的行动，需要具体化，细化到时间节点、次数。

g. 达到指标，指的是完成这项服务内容及计划会出现的产出，产出的具体化、可量化。

h. 社工对个案的分析。

序号	类型	解释
1	理论支持	指的是社工对于服务对象的背景及问题的分析和阐述的依据，可以是社会工作 / 社会学的理论依据，如生态系统理论，还可以是心理学的理论依据，如家庭治疗理论、动机晤谈理论等，也可以是其他学科的
2	结合理论分析	指的是根据上项罗列的理论，对于服务对象的现状、需求、问题进行分析和解读，引导发掘可行的行动方案；如根据 ×× 理论对服务对象家庭关系进行分析，评估与服务对象吸毒行为的关联性，或者评估对服务对象操持操守的影响，从而发掘可操作的行动计划（改善家庭关系） 特别指出：服务对象的问题或需求的形成原因是多方面的，在分析时尽可能多维度地进行分析发掘

（4）介入阶段。

①服务记录一览表。

服务记录一览表

（第____季度）

服务对象姓名：__________

日期 / 时间	形式	对象	内容摘要
2013.6.27 10：00— 10：30	□电话 ☑面谈 □会议 □微信 / 短信 □其他：____ ____（注明）	☑服务对象 □服务对象家人 □服务对象朋友 □服务对象 + 家人 □服务对象 + 朋友 □其他：____ （注明）	通过了解案主与其母亲的关系，从侧面分析案主加入黑社会的原因。经过了解案主加入黑社会与共和家人之间并没有直接关系，而且加入黑社会并不会影响到自己与家人之间的关系。只是因为在黑社会这个圈子中接触了毒品后会让母亲很难过，但母亲确实是自己戒毒的动力
2013.7.12 10：30— 11：20	□电话 ☑面谈 □会议 □微信 / 短信 □其他：____ ____（注明）	☑服务对象 □服务对象家人 □服务对象朋友 □服务对象 + 家人 □服务对象 + 朋友 □其他：____ ____（注明）	通过了解案主加入黑社会的经历对其影响，案主表示最大的影响就是自己吸食了毒品。但自己其实也明白，加入黑社会和吸食毒品都是自己的选择，所以自己对于加入黑社会并不觉得有什么好后悔或懊恼的，只是需要思考要如何保持操守，所以也想要重新规划自己的接下来的人生
2013.8.9 15：00— 15：40	□电话 ☑面谈 □会议 □微信 / 短信 □其他：____ ____（注明）	☑服务对象 □服务对象家人 □服务对象朋友 □服务对象 + 家人 □服务对象 + 朋友 □其他：____ ____（注明）	通过与案主就人生规划作初步的探讨，案主经过一段时间的思考后认为自己如果想要完全戒断毒品，远离原来的朋友圈是必要的，但考虑到自己后续的职业发展，又会觉得原来的圈子对于自己而言还是有一定作用的，所以对于未来的规划，自己还在思考当中，本次面谈亦是希望能够和社工就这些事情作一些探讨

注：此表用于对面谈、电话、微信等方式沟通的全面记录。

	负责社工	督导助理 / 主任	督导
姓名	陈 ××	梁 ××	黄 ×
签名 / 日期			

a. 个案记录摘要，指的是社工针对服务对象开展的有针对性的服务记录，此处的记录是具象式的，不仅阐述服务过程、谈话内容，更需要看到社工对于过程中发生事件的思考、分析和对服务对象的回应，以及服务对象的反应、回应。

特别指出：当启案后，请社工将启案前针对服务对象开展的咨询记录抄录到《服务记录一览表》和《个案记录摘要》，作为个案的服务材料存储。

b. 将时间、地点、对象、谈话内容、社工的简短分析记录在内容中；如果只是资讯提供和问题解答等简单的信息传输式的服务，则简单记录时间、地点、对象、谈话内容即可。

②个案记录摘要。

个案记录摘要

服务对象姓名：李 ××

日期 / 时间	2013.7.17 10：00—10：30
地点	南山戒毒所
联络方法	面谈
内容	**1. 工作 / 面谈目的** 了解案主与其母亲的关系 **2. 工作 / 面谈过程** 案主进所前是 W 市的一名黑社会成员，父母在其 5 岁的时候离异。案主进所前主要的工作是负责帮黑社会大哥收账，同时也在母亲管理的一家酒店做挂名的领班。案主说因为吸食毒品的原因，感觉自己心态不好，不适合做正经的职业，做领班期间很懒散，每天的时间更多是在帮黑社会大哥收账 案主说，对于自己的这些情况，母亲多少是有些了解的，也知道造成这样的原因是什么，因此母亲一直都很希望能够帮助自己戒断毒瘾。案主说，因为母亲原本的职业就是医生，所以有尝试过亲自帮助案主进行自戒，但是案主趁着母亲不注意的时候爬窗逃走了。此外，案主说母亲还尝试了多种方式帮助其进行戒断毒品，如送去自愿戒毒所、送出国旅行、带出国学习 除了送去自愿戒毒所，其他的方式不管是出国旅行还是出国学习，都是中途就会中断回到 W 市。案主说，只要不是在 W 市，母亲又在身边的话，自己会随身带着一种类似毒品的药物用来替代日常所吸食的毒品，一旦药吃完了，自己就会回 W 市 案主说，因为这样，自己感觉很对不起母亲，希望这次能够彻底戒断毒瘾，为母亲而活一次 **3. 社工分析 / 总结** 此次面谈主要是以一问一答的方式进行，案主显得比较被动。在谈到案主母亲是如何帮助案主戒断毒品的时候，案主才表现得较为主动。社工感觉案主对母亲为自己所做的一切很感动，同时也觉得很愧疚。因此，社工认为案主的母亲能够成为强化案主戒断动机的一大助力 **4. 跟进计划 / 工作** 社工计划每两周到三周与案主面谈一次，下次的跟进内容主要希望了解案主加入黑社会后对自身的影响，及其母亲对于案主加入黑社会的看法和态度。与案主一起分析加入黑社会的损益关系

注：此表用于详细记录个案服务的过程及内容，所记录的内容格式不限，以清晰具体为重点。

联络方式包括：电话、面谈、会议、其他等。

	负责社工	**督导助理 / 主任**	**督导**
姓名	陈 ××	梁 ××	黄 ×
签名 / 日期			

a. 个案记录摘要，指的是社工针对服务对象开展的有针对性的服务记录，此处的记录是具象式的，不仅阐述服务过程、谈话内容，更需要看到社工对于过程中发生事件的思考、分析和对服务对象的回应，以及服务对象的反应、回应。

特别指出：当启案后，请社工将启案前针对服务对象开展的咨询记录抄录到《服务记录一览表》和《个案记录摘要》，作为个案的服务材料存储。

b. 联络方法：主要方式是面谈、电话、微信、QQ 沟通。

c. 工作 / 面谈目的：指的是开展本次个案服务的目的和社工期待，这与两个方向的内容有关：第一，针对上一次个案服务结束后社工反思及跟进计划里提及的内容进行跟进；第二，基于个案服务计划的进程进行跟进。

d. 工作 / 面谈过程：不仅阐述服务过程、谈话内容，更需要看到社工对于过程中发生事件的思考、分析和对服务对象的回应，以及服务对象的反应、回应。

阐述方式：

具象摘要：过程中、内容、时间、反思、回应、反应等；这一种形式比较常用。过程式完整记录：即将个案服务过程完整对话内容进行记录，每一句话、每一个字、每一个语气助词，此种记录方式用于个案研究、个案微观技巧辅导等层面，可由社工提出、也可由督导提出要求。

e. 社工分析 / 总结：社工根据整个个案服务过程进行分析和总结，总结维度包含（包含且不限于）过程中服务对象表现和反应、服务过程对工作计划的影响（正向、反向）、突发情况的思考及后期应对、有无新增需求或者新的动机点。

（5）评估阶段。

①（半）周年检视表。

(半)周年检视表

填表日期：2014.2.10

服务对象姓名：李 × ×　　　　开案日期：2013.8.1

一、具体目标及介入成效

具体目标	服务内容及计划	介入手法	服务成效
学习至少四种拒绝毒品的技巧，做到远离毒友	运用毒品损益表、情境模拟等方式与案主共同探讨，分析身边资源，制订远离毒友等防复吸计划，练习拒绝的技巧	一对一面谈 情境模拟	已制订成 1 份预防复吸计划；有明确的风险规避方案
学习理性处理情绪的技巧，知晓情绪存在理性与非理性的区别，并能实现不依靠毒品处理自己遇到的情绪问题	通过情绪 ABC 理论与案主进行共同学习理性情绪与非理性情绪，探讨非理性情绪的处理方式	减压小组活动 一对一面谈	有至少 5 种具体的减压方式，对处理负面情绪有应对的策略

二、服务对象现阶段需要及下阶段介入计划

服务对象现阶段需要	下阶段服务内容和计划	介入手法
完善预防复吸计划及对应的风险预案	探讨改善社交网络对于戒断毒品的正向影响；与案主共同厘清朋友与"道友"的含义	一对一面谈
巩固习得的减压方式，强化自己处理负面情绪的能力	与案主就出所规划进行探讨，同时将情绪和减压的方式技巧结合到后期出所后可能会遇到的状况去与案主进行沟通	一对一面谈 职业能力测试

三、操守 / 复吸情况

（一）由服务对象开始接受服务到接受访问为止，是否曾吸食过毒品

是，并经常性 / 稳定地吸食 □ 是，但只是偶尔吸食 ☑ 否，完全未吸食［跳题至（七）］

（二）如答是，服务对象是保持操守______日，才再复吸

（三）如答是，请服务对象比较目前与接受服务前吸食毒品分量的区别

□ 增加很多 □ 增加一些 □ 不变 □ 减少一些 □ 减少很多

（四）如答是，请服务对象比较目前与接受服务前吸食毒品次数的区别

□ 增加很多 □ 增加一些 □ 不变 □ 减少一些 □ 减少很多

（五）如答是，目前，服务对象主要用__法 * 吸服毒品，比较接受服务前安全程度的区别

□ 更安全 □ 不变 □ 更危险

（六）如答是，目前，服务对象主要吸食______毒品，比较接受服务前种类的区别

☐ 减少 ☐ 不变 ☐ 增加

（七）检视时尿检测试结果

☐ 阳性 ☐ 阴性 ☐ 无结果 ☐ 服务对象拒绝提供

☑ 其他（注明）：结案时，服务对象属于解除强制隔离戒毒时，未有进行尿检

*：①追龙 ②吸烟法 ③鼻吸法 ④吞服法 ⑤注射法 ⑥其他：__________

四、饮酒情况

（一）由服务对象开始接受服务后，到接受访问为止，是否曾试过喝酒

☐ 是，并经常性 / 稳定地饮用 ☐ 是，但只是偶尔饮用 ☑ 否，完全未饮过

（二）如答是，请服务对象比较目前与接受服务前饮酒分量的区别

☐ 增加很多 ☐ 增加一些 ☐ 不变 ☐ 减少一些 ☐ 减少很多

五、工作情况

（一）目前服务对象的合法职业 / 或最近一份工作：无工作

（二）过去 30 日，服务对象共从事 / 日合法受薪工作

（三）由服务对象开始接受服务至今的就业情况（大部分时间）

☐ 全职（每星期最少工作 40 小时） ☐ 兼职（稳定性） ☐ 散工 / 季节性工作

☐ 长散 ☐ 学生 ☐ 退休 ☐ 伤残 ☐ 家庭主妇 ☐ 失业 ☐ 从事非法工作

☐ 无业，靠家人供养 ☐ 不详

☑ 其他（包括监禁 / 接受戒毒 / 身体 / 精神治疗）：处于强制戒毒期间

（四）在过去 30 日，服务对象是否有欠债：☐ 有 ☑ 无 ☐ 不详

如答是，借贷数额合共______元

（五）目前，服务对象是否领取低保、失业救济或其他救助

☐ 是 ☑ 否 种类：______

（六）过去，服务对象是否领取低保、失业救济或其他救助

☐ 是 ☑ 否 种类：______

六、身体情况

（一）服务对象是否对任何食物 / 药物敏感

☐ 是 ☑ 否 请列明：______

（二）服务对象是否肢体伤残：

☐ 是 ☑ 否

（三）服务对象是否有慢性的身体疾病，会影响日常生活（例如糖尿病 / 高血压 / 哮喘）

☐ 是 ☑ 否 请列明：______

（四）服务对象是否有传染性的身体疾病（例如艾滋病 / 甲肝 / 丙肝）

☐ 是 ☑ 否 请列明：______

（五）服务对象是否需要因身体问题，而定期复诊服药/医治（例如：物理治疗）

☐是 ☑否 请列明：______

七、心理及精神状况

（一）从服务对象开始接受服务后，到接受访问为止，服务对象是否曾出现下列情况及其严重程度（适当方格填上“√”）

	完全无	有，短暂出现	有，维持长时间出现	备注（具体反应等）
情绪低落	√			
神经紧张	√			
幻觉	√			
自杀念头	√			
其他：无				

（二）过去30日，服务对象是否需服食经处方的精神科药物

☐是 ☑否

（三）过去30日，服务对象是否曾接受心理/情绪/精神科治疗（是否已预约复诊）

☐是 ☑否

八、家庭关系

（一）由服务对象开始接受服务后，到接受访问为止，是否曾与家人联络

☑是，并经常性/稳定地联络 ☐是，但只是偶尔联络

☐否，完全无联络 ☐不适用（例如无家人、失去联络）

（二）如答是，请服务对象比较目前与接受服务前与家人关系的区别

☑改善很多 ☐一些改善 ☐不变 ☐差了一些 ☐差很多

	负责社工	督导助理/主任	督导
姓名	陈 ××	梁 ××	黄 ×
签名/日期			

a.（半）周年检视表：指的是用于检视服务过程中所达到的成果和成效，同时检验启案之初所订立的行动计划是否完成、目标是否达到。

检视的过程需要和服务对象一同进行，一方面和服务对象通过探讨成效，去评估订立的计划是否合理，进行修订；另一方面和服务对象通过总结阶段性经验，提升服务的信心。

检视过程需要将《个案工作计划表》调取出来进行对比检视。

b.“具体目标及介入成效”，对比《个案工作计划表》中在这个阶段需要有产出和成效的计划进行罗列和分析，在“服务成效”一栏阐述做到的产出

和获得的与目标对应的成效。

成效更多的在于表明通过计划中的行动的执行，实现的产出，对服务对象带来的实质影响，以及对目标实现的作用，可以是程度，也可以是变化。

c.“服务对象现阶段需要及下阶段介入计划”，通过对前段服务的计划检视、成效总结，除了总结阶段经验外，更是能够评估之前订立的计划是否合理，如合理，则继续，如不合理，进行调整。

②个案结束评估记录表。

个案结束评估记录表

案主姓名：李 × ×

一、服务目标

（一）总目标

树立自信，增强对出所后生活的适应性，收获正能量，远离毒品。

（二）具体目标

1. 学习至少四种拒绝毒品的技巧，做到远离毒友。

2. 学习理性处理情绪的技巧，知晓情绪存在理性与非理性的区别，并能实现不依靠毒品处理自己遇到的情绪问题。

二、服务成效

服务内容	目标达到情况	社工反思	跟进计划	督导意见
运用毒品损益表与案主探讨毒品对其影响	案主已制订 1 份预防复吸计划；有明确的风险规避方案	毒品损益表作为滥药辅导的一种工具，虽然可以协助案主回顾毒品对自己的影响，但辅导作用较为单一和片面，需要辅助其他工具的使用才有可能协助案主在认识毒品损益的同时，强化戒毒的动机	社工计划采用“成就生命线”的工具结合毒品损益表，协助其巩固预防复吸的执行计划，同时探讨社交网络对其吸毒行为的影响	
学习提升处理负面情绪的能力	有至少 5 种具体的减压方式，对处理负面情绪有应对的策略	情绪处理的技巧和方式虽然是可以习得的，但习得并不代表就会使用，当现实中遇到情绪问题时，案主能够在自己可控的程度上运用至少 2 种方式处理自己的情绪后，再处理事情，该目标才能称为已达到	社工后续跟进案主三个月内日常生活中遇到的情绪状况，并跟进其处理的方式，通过案主自评、社工观察、案主身边人士的访问就该目标是否实际达到进行评估	

	负责社工	督导助理 / 主任	督导
姓名	陈 ××	梁 ××	黄 ×
签名 / 日期			

a. 个案结束评估记录表：指的是个案服务在构成结案条件下，社工要根据开展的工作和达到的成效进行总结和评估，同时检讨服务过程中的优点及不足，形成指导以后服务开展的经验。

沟通结案的条件：吸毒情况已停止或服务目标已经达到、某些条件改变（如入狱、死亡、移民、搬离社区等）而不能再作跟进、服务对象拒绝继续接受服务、社工连续三个月内均无法与服务对象联络、服务对象已被转介其他机构接受服务。

b. 服务目标：指的是《个案工作计划表》中设定的总目标和具体目标，如果通过检视修正过的计划，需要将修正过的和未修正的一并写出。

c. 成效更多的在于表明通过计划中的行动的执行，实现的产出，对服务对象带来的实质影响，以及对目标的实现的作用，可以是程度，也可以是变化。

③服务对象评估表。

服务对象评估表

1. 你对负责社工的表现满意吗？

☑ 非常满意　☐ 满意　☐ 一般　☐ 不满意　☐ 非常不满意

2. 负责社工对你提供了何种帮助？请从下列范围挑选（可选多项）改善程度

社工整体提供帮助的内容	是（目前困扰程度）1—10 分	否	这不是我的问题
1. 操守维持问题	3		
2. 家庭关系问题		√	
3. 身体健康问题		√	
4. 心理及情绪问题	1		
5. 精神健康问题		√	
6. 人际关系问题		√	
7. 社交网络问题	2		
8. 发展适应问题		√	
9. 行为问题		√	

续表

社工整体提供帮助的内容	是（目前困扰程度）1—10分	否	这不是我的问题
10. 就业 / 学业问题		√	
11. 经济问题		√	
12. 住宿问题		√	
13. 其他（注明）：无			

3. 总体而言，服务能否协助你面对 / 解决你的困难？（在合适的分值格内填入“√”）

完全不能	←→								完全解决
1	2	3	4	5	6	7	8	9√	10

4. 自接受本机构服务后，你的情况有否改善？（在合适的分值格内填入“√”）

完全没有改善	←→								完全解决
1	2	3	4	5	6	7	8	9√	10

5. 与社工接触后，你对解决你的困难的积极性如何？

☑ 非常积极 ☐ 积极 ☐ 一般 ☐ 不积极 ☐ 非常不积极

6. 本个案结束之时，你与社工双方同意的目标能否达到？

☑ 能

☐ 不能（原因：______________________________）

7. 其他评语或意见

社工的服务很用心，帮助我梳理自己的问题和情况，也给了很多的方法和技巧，让我感觉自己是可以被信任和依赖的，同时也是可以去信任和依赖别人的。最重要的是，感谢这一年多的陪伴与支持。

即使挫败也不轻言放弃，社工，就像你说的一样，我会跟你一起加油。

	负责社工	负责社工
姓名	李 × ×	陈 × ×
签名 / 日期		

服务对象评估表：指的是规定结案情形下，社工需要邀请服务对象对社工的服务成果、服务表现、服务目标达到做评估，此表需要服务对象与社工当面填写。

规定结案情形：

吸毒情况已停止或服务目标已经达到；

服务对象拒绝继续接受服务；

服务对象已被转介其他机构接受服务。

（6）结案阶段。

个案结束记录表

填写日期：2014.5.23　　个案编号：WX-JDNS-JS-GA-13001

年龄（个案结束时）：33　　结束日期：2014.5.20

一、个案结束基本情况总结

（一）个案工作期

□ 1—3 个月　□ 4—6 个月　□ 7—9 个月　□ 10—12 个月

□ 13—15 个月　□ 16—18 个月　□ 19—21 个月　□ 22 个月以上

（二）服务成效

服务内容及计划	服务成效	服务对象现状	社工反思
运用毒品损益表与案主探讨毒品对其影响	案主在与社工进行情景模拟时已能运用至少 5 种方式拒绝复吸，并能阐明毒品带给其的负面影响	案主已制订 1 份预防复吸计划；有明确的风险规避方案	毒品损益表作为滥药辅导的一种工具，虽然可以协助案主回顾毒品对自己的影响，但辅导作用较为单一和片面，需要辅助其他工具的使用才有可能协助案主在认识毒品损益的同时，强化戒毒的动机
学习提升处理负面情绪的方式	案主分享自己近日在工作中遇到情绪时的处理办法，比较以往的处理方式，能够发现自己有很大的进步，最明显的一点是自己不再暴跳如雷，而是快速地调整好自己后将工作完成	有至少 5 种具体的减压方式，对处理负面情绪有应对的策略	情绪处理的技巧和方式虽然是可以习得的，但习得并不代表就会使用，当现实中遇到情绪问题时，案主能够在自己可控的程度上运用至少 2 种方式处理自己的情绪后，再处理事情，该目标才能称为已达到

（三）个案结束原因

☑ 已成功达到目标

□ 服务对象中途自行提出退出服务

□ 个案转介其他机构接受服务

□ 社工在三个月内无法接触服务对象（若选此项，后部分评估表根据其三个月前的情况进行登记）

转换社工时，服务对象要求停止服务

其他：______

（四）个案总结：是否已完成个案服务计划

☑是 □否

（五）跟进工作

☑跟进服务对象操守

□跟进服务对象接受其他服务后的进展，如入住戒毒医院或戒毒所

□转介其他机构处理

□其他：______

（六）服务对象知道个案已结束并知道在有需要时如何得到服务：☑是 □否

二、操守 / 复吸情况

（一）由服务对象开始接受服务到接受访问为止，是否曾吸食过毒品

□是，并经常性 / 稳定地吸食 □是，但只是偶尔吸食

☑否，完全未吸食［跳题至（七）］

（二）如答是，服务对象是保持操守____日，才再复吸

（三）如答是，请服务对象比较目前与接受服务前吸食毒品分量的区别

□增加很多 □增加一些 □不变 □减少一些 □减少很多

（四）如答是，请服务对象比较目前与接受服务前吸食毒品次数的区别

□增加很多 □增加一些 □不变 □减少一些 □减少很多

（五）如答是，目前，服务对象主要用__法 * 吸服毒品，比较接受服务前安全程度的区别

□更安全 □不变 □更危险

（六）如答是，目前，服务对象主要吸食____毒品，比较接受服务前种类的区别

□减少 □不变 □增加

（七）结案时尿检测试结果

□阳性 ☑阴性 □无结果 □服务对象拒绝提供 □其他（请注明）：______

*：①追龙 ②吸烟法 ③鼻吸法 ④吞服法 ⑤注射法 ⑥其他：______

三、饮酒情况

（一）由服务对象开始接受服务后，到接受访问为止，是否曾试过喝酒

□是，并经常性 / 稳定地饮用 ☑是，但只是偶尔饮用 □否，完全未饮过

（二）如答是，请服务对象比较目前与接受服务前饮酒分量的区别

□增加很多 □增加一些 □不变 ☑减少一些 □减少很多

四、工作情况

（一）目前服务对象的合法职业 / 或最近一份工作：无业

（二）过去 30 日，服务对象共从事 / 日合法受薪工作

（三）由服务对象开始接受服务至今的就业情况（大部分时间）

☐ 全职（每星期最少工作 40 小时）☐ 兼职（稳定性）☐ 散工 / 季节性工作

☐ 长散 ☐ 学生 ☐ 退休 ☐ 伤残 ☐ 家庭主妇 ☐ 失业 ☐ 从事非法工作

☐ 无业，靠家人供养 ☐ 不详

☑ 其他（包括监禁 / 接受戒毒 / 身体 / 精神治疗）：<u>　接受强制隔离戒毒　</u>

（四）在过去 30 日，服务对象是否有欠债：☐ 有 ☐ 无 ☐ 不详

如答是，借贷数额合共______元

（五）目前，服务对象是否领取低保、失业救济或其他救助

☐ 是 ☑ 否 种类：________

（六）过去，服务对象是否领取低保、失业救济或其他救助

☐ 是 ☑ 否 种类：________

五、身体情况

（一）服务对象是否对任何食物 / 药物敏感

☐ 是 ☑ 否 请列明：________

（二）服务对象是否肢体伤残：☐ 是 ☑ 否

（三）服务对象是否有慢性的身体疾病，会影响日常生活（例如糖尿病 / 高血压 / 哮喘）

☐ 是 ☑ 否 请列明：________

（四）服务对象是否有传染性的身体疾病（例如艾滋病 / 甲肝 / 丙肝）

☐ 是 ☑ 否 请列明：________

（五）服务对象是否需要因身体问题，而定期复诊服药 / 医治（例如物理治疗）

☐ 是 ☑ 否 请列明：________

六、心理及精神状况

（一）由服务对象开始接受服务后，到接受访问为止，服务对象是否曾出现下列情况及其严重程度（适当方格填上“√”）

	完全无	有，短暂出现	有，维持长时间出现	备注（具体反应等）
情绪低落	√			
神经紧张	√			
幻觉	√			
自杀念头	√			
其他：　无				

（二）过去 30 日，服务对象是否需服食经处方的精神科药物

☐ 是 ☑ 否

（三）过去 30 日，服务对象是否曾接受心理 / 情绪 / 精神科治疗（是否已预约复诊）

□是 ☑否

七、家庭关系

（一）从服务对象开始接受服务后，到接受访问为止，是否曾与家人联络：

☑是，并经常性 / 稳定地联络 □是，但只是偶尔联络

□否，完全无联络 □不适用（例如无家人、失去联络）

（二）如答是，请服务对象比较目前与接受服务前与家人关系的区别

☑改善很多 □一些改善 □不变 □差了一些 □差很多

	负责社工	督导助理 / 主任	督导
姓名	陈 ××	梁 ××	黄 ×
签名 / 日期			

a. 个案结束记录表：指的是在个案服务完结，且各类型成效评估和测量后，社工针对整体个案进行的客观记录和总结。

b. 跟进工作：指的是在个案结束之后，社工后续需要处理的衔接、持续关注等工作。

c. 在个案结束时，社工需要清晰告知，并非不能够再向社工申请服务，且向其讲解如何再次申请服务。

2. 建档

禁毒领域服务建档表

档案编号：WX-JDPS-LT-JD-YC-18002　　建档日期：2018 年 7 月 9 日

姓　名	××	性　别	男	年　龄	×× 岁
民　族	汉	职　业	失业	联系电话	135××××0042
身份证号码	4403******1161477		户籍地址	广东梅州	
现居住地址	广东省深圳市坪山区 ×× 街道 ×× 村 44 号				
吸食毒品种类	□海洛因 □鸦片 □大麻 □吗啡 □冰毒 ☑麻古 □氯胺酮 □安眠酮 □杜冷丁 □可卡因 □摇头丸 □美沙酮 □其他（请注明：________）				
健康情况	□传染性疾病（请注明：________） □需服药的慢性疾病（请注明：________） □健康良好				
教育程度	□小学及以下	☑初中	□中专 / 高中	□大专	□大学及以上
婚姻状况	□未婚	☑已婚	□离异	□再婚	□丧偶
家庭月收入	□0—1000 元	☑ 1001—3000 元	□3001—5000 元	□5001—7000 元	□7001 元以上

续表

<table>
<tr><td colspan="7">家庭成员：</td></tr>
<tr><td>姓 名</td><td>关系</td><td>性 别</td><td>年 龄</td><td>是否同住</td><td>联系方式</td><td>备注</td></tr>
<tr><td>××</td><td>夫妻</td><td>女</td><td>40岁</td><td>是</td><td>158××××××××</td><td></td></tr>
<tr><td>××</td><td>父子</td><td>男</td><td>20岁</td><td>否</td><td>180××××××××</td><td></td></tr>
<tr><td colspan="7">服务对象情况概述（主要是当前的生活情况、吸/戒毒情况等）
举个例子：
服务对象为社区戒毒社区康复对象，初次接触毒品为2012年，因为无知和好奇，吸食了海洛因。2012—2014年在强制隔离戒毒所强戒2年。出所后，因朋友怂恿，再次吸食，2015—2017年进行强戒，属于“二进宫”人员，2017年12月出所进行社区戒毒社区康复
现与妻子居住在坪山区的××村，家有自建房。服务对象出所后一直无固定工作、主要生活来源为房屋租金，能满足家庭的基本生活开销，其就业意愿不高，无特长技能
夫妻关系一般，其与儿子关系紧张。因其吸毒的原因，其儿子对服务对象“不太搭理”，也不在家居住。目前，其儿子在龙岗一家工厂上班，住宿舍，很少回家居住。
服务对象喜爱打牌，经常靠打牌打发时间，有一票牌友，关系较好。其牌友中也有社区戒毒社区康复人员，朋辈关系较为复杂</td></tr>
<tr><td colspan="7">社工行动和建议
举个例子：
行动：社工为服务对象进行建档，告知社区戒毒社区康复过程中的相关规定与要求，澄清禁毒社工的职责，与服务对象建立初步关系
建议：服务对象属于“二进宫”人员，具有复吸的历史，其原因主要为朋辈的影响导致复吸。出所后，其周围环境无改变，朋辈圈仍具有高危群体，其家庭支持系统相对较弱。因此在维持其戒毒操守方面，社工可借助社区戒毒社区康复的强制性，定期开展服务对象尿检工作，同时挖掘其内在动机、做好高危情境的预防与应对、重建良好的支持系统</td></tr>
</table>

	负责社工	**督导助理/主任**
姓名	陈××	李×
签名/日期		

a. 建档需尽量收集服务对象讯息，可通过面谈服务对象，走访辖区派出所、民警/工作站等单位、人员，查阅服务对象社区戒毒社区康复责令书等渠道收集服务对象信息。

b. 服务对象情况概述可包括但不限于服务对象吸食/戒毒情况、吸食/复吸原因、当时情境；家庭人员情况、家庭关系情况；工作/就业情况、经济状况、交友情况等。

c. 对服务对象过往吸毒历史的了解，便于社工掌握其复吸的可能性与高危情境，以制订后续行动计划。

d. 对服务对象现经济状况的了解，可了解其家庭经济能力，是否有就业需求。对其家庭关系资料的收集，是为了掌握其家庭支持系统是否完备与强大，是否可成为其维持操守的动机与动力。

e. 社工的行动及建议。两种情况：若前期社工资料收集并不完善，社工行动与建议为：社工需进一步收集、完善服务对象资料，保持继续跟进；若社工已收集完善资料，社工行动与建议需结合服务对象资料进行分析，罗列今后的服务方向。例如，保持跟进，建立专业关系；协助其处理高危情境，维持戒毒操守。如有具体需求，可具体问题具体分析。

3. 走访

走访记录表

档案编号：______　　　　走访日期：____年___月___日

走访对象（人／单位）	社区居民	受访人联系方式	胡 ××（先生） 134 ××××××××
走访地址	×× 街道 ×× 社区 ×× 村	负责社工	××
走访内容	（了解到的信息 / 可粘贴相片） **1. 走访目的** （1）更好地了解社区居民对于社区有吸毒史人员的态度 （2）倾听其对于社区禁毒宣传的建议 **2. 了解到的信息** 经过了解，发现胡先生对于社区有吸毒史人员的看法相对来说较为中立，认为只要不再复吸，是不会排斥与相关人员建立关系的，但是也对社区中这类型居民的存在表示一定的担忧，还是希望可以有足够的监管 对于社区禁毒宣传，表示这样的形式挺好的，但是有的时候宣传流于形式，并未真正起到普及的作用，而且相关的图片太可怕，会吓到孩子 **3. 社工反思** 针对胡先生的反馈，社工在一定程度表示同理，也感谢其给出的意见，结合走访的资料，社工反思如下： 社区居民的担心是影响戒毒人士回归社区的因素，但是这种担心也是合理的，如果想要做好社区衔接的工作，那么如何减少居民的这种担心是迫切要去面对的问题 对于社区有吸毒史人员的监管，是否可以结合社区禁毒宣传，这样可以减少居民的一些担心，也可以呼吁更多的居民接受这类人群的回归 社区宣传图片是为了彰显吸毒的危害，如何在合理范围内确保居民的感受，也可以考虑漫画或者视频的形式一起 **4. 事后跟进** （1）丰富对社区宣传形式、媒介的多样化内容，找一些卡通、视频加入 （2）结合机构过来人项目，尝试让有吸毒史有意愿回归社区的过来人展示自己积极的一面，参与一些活动，减少社区居民的担心，构建过来人新形象		
督导助理意见	可以尝试组建一支社区过来人志愿者队伍，意愿动机需要重点沟通		

	负责社工	督导助理 / 团队负责人
姓名		
签名 / 日期		

a. 走访对象可以是社区居民、社区有吸毒史人员、社区戒毒康复人员、强制隔离戒毒人员，也可以是相关人员的家属，或相关职能部门。

b. 走访目的：了解走访对象的信息、利益相关方的期待、政策的发展等。

c. 社工反思：从上面的信息中，反思走访过程中对于自己表现的一些反思检讨、对于收集的信息中有效信息点的分析，比如，政策是否可以应用，利益相关方的建议是否可行，居民对于禁毒的相关工作的看法是否可以调整，如何调整，吸毒人员的表现是否有异常、反思是否要去行动和改变。

4. 社区活动

（1）社区活动计划书。

社区活动计划书

一、基本信息			
名称：	“平安翠平，禁毒同行”翠平社区禁毒宣传活动	编号：	WX-JDLH-CZ-SQ-18008
对象：	翠平社区居民	名额：	200 人次
日期：	2018 年 4 月 13 日	时间：	15：00—17：00
地点：	罗湖区翠竹街道翠竹路 1057 号华润万家超市门口		
人手编配：	负责人：黄 ×× 工作人员：陈 ××、林 ××、罗 ××、焦 ××、江 ××、余 ××、邱 ××、林 ×		
招募及宣传手法： （1）招募手法：活动前社区党群服务中心通过居民群发布活动信息 （2）现场宣传手法 A. 活动现场悬挂横幅、派发禁毒宣传手册 B. 社工宣传及讲解禁毒知识，开展禁毒知识小游戏			
二、背景及理念			
（一）活动背景 罗湖区翠竹街道翠平社区范围东起翠竹路，西至贝丽南路，南至东门北路，北至田贝三路，总面积为 0.35 平方千米，共有 12 个住宅小区，辖区人口达 1 万人以上。由于外来务工人口众多，人口流动性大，且人口结构较为复杂，再加上社区居民对于禁毒知识的了解相对较少，易受毒品侵害，因此加强居民禁毒教育尤为重要			

续表

罗湖区翠竹街道禁毒团队由 11 名禁毒社工组成，经过专业培训及过往服务经验的积累，禁毒社工已具备开展禁毒宣传服务的能力。本次活动，禁毒社工可以充分利用多方资源，通过宣传与普及禁毒知识，提高居民群众的识毒、防毒、拒毒意识和能力，不断扩展禁毒的影响力和覆盖面，为居民群众营造一个健康安全的生活环境 （二）活动理念 班杜拉的社会学习理论中强调个人对行为的自我调节，指出人的行为不仅受外界行为结果的影响，也是个人的认知、行为与环境因素三者及其交互作用的结果。禁毒宣传活动为居民提供一个识毒、防毒、拒毒的环境；从认知层面，增强居民们的禁毒意识和能力，树立健康的生活观念和价值观，进而影响居民的行为，让居民坚定拒绝毒品的决心	
三、活动目的与目标	
目的： 通过社区禁毒主题宣传活动，提高居民群众的识毒、防毒、拒毒意识和能力，同时帮助社工更好地了解居民的需求及想法，为全民禁毒战争打下良好的群众基础	
成效目标	表现指标
1. 80% 以上的参与居民能够基本掌握到至少 5 种常见毒品的名称和外观	Eg：采用至少 2 种禁毒知识游戏或道具，让居民学习到 5 种毒品知识
2. 至少有 10 位居民通过访谈反馈自己对禁毒服务以及提高群众识毒、防毒、拒毒的能力的建议与需求	至少回收 10 份真实有效的居民访谈记录表
四、评估方法	
评估方法	☑过程评估　☐产出评估　☑素质评估 ☐成效评估　☑目标达到评估　☐其他 （备注："过程评估"与"目标达到评估"为必选项）
简要描述	（请对所采用的评估方法作出简要的描述，即采取何种评估工具、何时开展评估）使用满意度调查问卷、访谈提纲、活动计划书在活动结束之后开展评估工作
五、预计困难及解决方法	
困难	解决方法
遇到恶劣天气	提前至少 3 天了解清楚天气预报，如有恶劣天气则调整活动时间和及时通知相关方
参与人员较多造成场面混乱	提前安排工作人员维持现场秩序，合理把参与人员分流到各个摊位
居民参与积极性不高或只围观不参与	工作人员主动上前邀请居民参与

续表

活动现场出现只领礼品不愿参与互动的行为	提前做好规则说明牌摆放于显眼处，工作人员耐心引导居民
六、活动预算经费	（见活动收支表）
七、活动流程	（见活动流程安排表）
八、督导建议：此活动计划内容及预算合理，同意开展。请注意做好相关筹备工作和人员分工	
备注：请最迟于活动举办前半个月内先交予督导审批	

	负责社工	**督导助理 / 主任**	**督导**
姓名	黄 ××	林 ×	赵 ××
签名 / 日期			

a. 背景：简要描述为何需要开展该活动，首先简要说明受众（包括服务对象、义工、社区等）的需求，“由此本年度 ×× 服务设置了 ××× 主题服务（年度计划里某子项目主题），以回应（该细分群体的）服务需求”，结合本地的情况，再描述活动背后的目的，能够为受众带来的改变，或为日后的其他服务作铺垫（深度与可持续发展）等。

同时，对于某些服务，可以通过动态需求说明，来体现本服务在开展形式、内容设置、主题变化等方面是否回应了社区不断变化的动态需求。可以通过近期发生的社会性事件、前期服务中收集的居民建议、社区利益相关建议、新链接的资源等来体现动态需求的产生与回应，并将这些报道截图、访谈照片、聊天信息截图、访谈纪要等材料作为附件归档。

b. 理论架构：请阐述在这个活动案例中，运用了什么理论或是什么理论里面的什么观点，以及该理论活动中是如何发挥作用的，并解释在活动过程中通过互动产生的影响和作用。

c. 目的是大的，可以是通过系列的服务，甚至是全年的服务都是为了达到这个目的。同时，目的也是可以通过多个目标的实现来最终达到的。如提高居民群众的识毒、防毒、拒毒意识和能力这个目的，可以通过提升居民对毒品的种类和危害的认识来实现。

d. 目标必须符合 SMART 原则（具体的、可衡量的、可达到的、与其他目标相关的、有时限的）来设定，并在后面评估项里一一体现。

目标设定应该是站在服务对象的立场上来说明对象，而非工作员所要做到的事，目标描述需要有数量 + 达到的状态，建议根据行为、认知、态度这三方面来考虑描述。

例：80% 以上的参与居民能够基本掌握至少 5 种常见毒品的名称和外观。

e. 表现指标，应表述为“评估标准”，包括采用的评估方法、评估维度以及量化标准三个方面。例：观察法、自评法、访谈法、满意度问卷反馈等。

f. 评估方法。

序号	类型	解释
1	过程评估	衡量服务方案是否按照原先计划和期望进行，并审视服务使用者是否期望的服务
2	产出评估	衡量服务方案提供服务数量，例如举办活动之数目、提供辅导服务时数等
3	素质评估	衡量所提供的服务方案能否符合特定的素质标准之数量或百分比或满足素质因子之要求。素质因子包括：可靠度、保证度、可见度、关怀度和反应度，可依照这些素质因子而制定服务使用者满意度调查问卷，从而计算他们对服务素质之满意程度百分比
4	成效评估	指服务方案导致服务受众产生期望的改变或远离那些非理想的改变
5	目标达到评估	指对所定的方案目标作出衡量，以判断目标达到之程度。为了有效衡量有关目标达到与否及其达到水平，必须为每项方案目标制定其表现指标

（2）社区活动支出表。

社区活动支出表

活动名称：“平安翠平，禁毒同行”翠平社区禁毒宣传活动

活动编号：WX-JDLH-CZ-SQ-18008

活动日期：2018 年 4 月 13 日　　活动时间：15：00—17：00

支出明细	预算支出			实际支出			备注
	数量 + 单位	单价	支出总额	数量 + 单位	单价	支出总额	
例：1. A4 纸	1 包	20 元	20 元				
2. 横幅	1 条	100 元	100 元				
3. 仿真毒品模型	2 套	300 元	600 元				

续表

<table>
<tr><th rowspan="2">支出明细</th><th colspan="3">预算支出</th><th colspan="3">实际支出</th><th rowspan="2">备注</th></tr>
<tr><th>数量＋单位</th><th>单价</th><th>支出总额</th><th>数量＋单位</th><th>单价</th><th>支出总额</th></tr>
<tr><td>4. 签字笔</td><td>20 支</td><td>—</td><td>—</td><td></td><td></td><td></td><td>团队已有</td></tr>
<tr><td>5. 规则牌</td><td>3 个</td><td>—</td><td>—</td><td></td><td></td><td></td><td>自制</td></tr>
<tr><td>6. 宣传册</td><td>50 份</td><td>—</td><td>—</td><td></td><td></td><td></td><td>街道支持</td></tr>
<tr><td>费用总计</td><td>—</td><td>—</td><td>720 元</td><td>—</td><td>0 元</td><td>0 元</td><td></td></tr>
<tr><td>活动核算</td><td>结余</td><td colspan="2">0 元</td><td>超支</td><td colspan="2"></td><td></td></tr>
<tr><td>备注说明</td><td colspan="6"></td><td></td></tr>
<tr><td>审批权限</td><td>审　核</td><td>审　批
0—200 元</td><td>审　批
201—500 元</td><td>审　批
501—800 元</td><td>审　批 801—
5000 元</td><td colspan="2">审　批
>5000 元</td></tr>
<tr><td>岗位名称</td><td>负责社工</td><td>部门主管</td><td>部门督导</td><td>副总干事</td><td>总干事</td><td colspan="2">理事长</td></tr>
<tr><td>审批签字</td><td></td><td></td><td></td><td></td><td></td><td colspan="2"></td></tr>
<tr><td>审批日期</td><td></td><td></td><td></td><td></td><td></td><td colspan="2"></td></tr>
</table>

注：以上实际支出和签字需手写，其他部分需打印。

a. 社区活动支出表已有活动流程的，直接按照流程开始统计物料，逐项列举要用到的东西，填写在 Excel 表格中。

b. 物料统计完成后开始分类，按照制作、采购、自有物资的顺序分类整理，让表格中各项数据变得清晰。

c. 按照尺寸和材质预估费用，有多种材质选择的分别在物资后面列举，明确单价、尺寸、数量、总价。

（3）社区活动参加者签到表。

社区活动参加者签到表

活动名称：“平安翠平，禁毒同行”社区禁毒宣传活动

活动编号：WX-JDLH-CZ-SQ-18008

活动日期：2018 年 4 月 13 日　活动时间：15：00—17：00

负责社工：黄 × ×

序号	姓名	联系电话	住址	备注
1				
2				

续表

序号	姓名	联系电话	住址	备注
3				
4				
5				
6				
7				
8				
9				
10				
11				
12				
13				
14				
15				
16				
17				
18				
19				
20				

a. 顶部：活动名称、活动编号、活动日期、活动时间、负责社工，按照实际情况填写即可。

b. 表格主体信息有序号、姓名、联系电话、地址等，由社区活动参加者手写。

（4）社区活动流程安排表。

社区活动流程安排表

日期	时间	活动目标	活动内容	所需物资	负责人
2018年4月9—13日		保证活动顺利开展	1. 资源联络：跟翠平社区工作站联系，递送“社区版”的方案书到工作站，确定好时间、地点以及工作人员情况，并争取获得社区提供的物资支持 2. 物资准备：活动前通过网络收集、整理图文资料并打印张贴用于活动中，活动前一天提前到社区工作站领取活动物资	A4纸1包、打印机1台、活动小礼品200份、横幅1条、规则牌3个、宣传海报若干、签字笔20支、手机1部（相机）、仿真毒品模型2套、环保袋200个、毒品知识、宣传手册50份	×××
2018年4月13日	15：00—15：30	保证现场活动顺利开展	布场： 1. 挂横幅、宣传海报 2. 粘贴规则牌 3. 摆放禁毒知识宣传手册、毒品模型及其他活动道具 4. 将礼品装入环保袋	A4纸1包、打印机1台、活动小礼品200份、横幅1条、规则牌3个、宣传海报若干、签字笔20支、手机1部（相机）、仿真毒品模型2套、环保袋200个、毒品知识、宣传手册50份	×××
2018年4月13日	15：30—16：30	80%以上的参与居民能够基本掌握至少5种常见毒品的名称和外观	1. 禁毒知识讲解 2. 分发禁毒知识宣传手册 3. 毒品分类游戏：参与者将毒品卡片进行分类，放入不同的篮子里 分类方式二选一： ①麻醉药品 / 精神药品 ②传统毒品 / 新型毒品 工作人员检查结果，如分类错误，工作人员进行纠正并解说 4. 问卷填写：参加完以上环节的居民即填写意见反馈表 5. 礼品发放：收回意见反馈表后发礼品	A4纸1包、打印机1台、活动小礼品200份、横幅1条、规则牌3个、宣传海报若干、签字笔20支、手机1部（相机）、仿真毒品模型2套、环保袋200个、毒品知识宣传手册50份、篮子2个、反馈问卷30份	×××

续表

日期	时间	活动目标	活动内容	所需物资	负责人
2018 年 4 月 13 日	15：30—16：30	至少有 10 位居民通过访谈反馈自己对禁毒服务以及提高群众识毒、防毒、拒毒的能力的建议与需求	现场采访： 工作人员随机邀请居民进行采访，将问题卡展示给受访者回答，每位受访者回答至少两个问题 注意： （1）采访 10 位以上的居民，受访对象尽量来自不同群体，如长者、青少年、中青年、上班族及工人等，每位受访者至少回答 2 个问题 （2）先询问受访对象是否介意录像，如介意则不录像，改为手写记录 采访问题见附件	访谈提纲 4 份	×××
2018 年 4 月 13 日	16：30—17：00	1. 维护现场环境整洁 2. 总结经验，反思改进	1. 撤场 10min 2. 工作人员总结会 20min	评估报告	全体工作人员

	负责社工	督导助理 / 主任	督导
姓名	黄 ××	林 ×	赵 ××
签名 / 日期			

a. 社区活动流程总体分为策划—准备—执行—总结。

b. 一般策划的内容包括：活动主题、活动目的、活动意义、活动参与对象、活动时间、活动地点、活动内容、活动的流程、活动的具体流程、活动预算、应急措施等。还可以加入宣传方案，包含海报设计、卡片设计等。策划完成之后要提交督导批准，方案一经批准，就转入活动的准备期。

c. 活动的准备期，一般要做的工作为：确认物资、各活动环节的负责社工、人员安排、申请场地、经费申请、物品购买、人员邀请、应急措施所需物品。一个活动的准备充分与否直接影响到活动最终的效果。

d. 活动执行期包括：活动宣传、举办活动，活动执行期除了执行还一定要有相片、录音、视频记录。

e. 总结一般包括：活动的流程、活动的经验、活动中的不足等。

（5）社区活动社工签到表。

社区活动社工签到表

活动名称：“平安翠平，禁毒同行”社区禁毒宣传活动

活动编号：WX-JDLH-CZ-SQ-18008

活动日期：2018 年 4 月 13 日　　活动时间：15：00—17：00

负责社工：黄 ××

序号	工作员姓名	联系电话	手写签名	签署到离时间		备注
				到	离	
1	余 ××	131××××0661				
2	陈 ××	131××××5135				
3	林 ××	186××××8943				
4	罗 ××	176××××0137				
5	焦 ××	188××××3807				
6	江 ××	136××××1590				
7	邱 ××	134××××7343				
8	林 ×	132××××6523				
9	黄 ××	156××××3098				
10						
11						
12						
13						
14						
15						
16						
17						
18						
19						

备注：此表须工作员本人签名，如有特殊情况，代签者请注明“代签”。表中“备注栏”填写出席情况，如准时、迟到、缺席、请假等。

a. 顶部：活动名称、活动编号、活动日期、活动时间、负责社工，按照实际情况填写即可。

b. 表格主体信息有序号、工作员姓名、联系电话、手写签名等，由参与社区活动执行的社工进行填写。

（6）社区活动意见反馈表。

社区活动意见反馈表

这份问卷的目的是收集您对服务的宝贵意见，以便改善我们的服务。答案没有对错之分，请选择最能代表您的意见的选项即可。您的意见将会被保密，而且不会影响您现时或将来所接受的服务。现诚意邀请您填写问卷，完成后请交予有关工作人员。多谢合作！

活动名称：“平安翠平，禁毒同行”社区禁毒宣传活动

活动编号：WX–JDLH–CZ–SQ–18008

甲、对此项活动评价

请圈出以下最能代表你意见的分数	非常同意	同意	一般	不同意	非常不同意	无意见
（一）你觉得“活动”能否达到以下目标：						
1. 能够基本掌握至少 5 种常见毒品的名称和外观	5	4	3	2	1	0
2. 愿意反馈自己对禁毒服务以及提高群众识毒、防毒、拒毒的能力的建议与需求	5	4	3	2	1	0
3.……	5	4	3	2	1	0
（二）你对本次“活动”安排的满意程度是：						
1. 时间长度	5	4	3	2	1	0
2. 活动场地	5	4	3	2	1	0
3. 工作员表现	5	4	3	2	1	0
（三）你对活动内容的满意程度是：						
1. 毒品知识讲解	5	4	3	2	1	0
2. 毒品知识小游戏	5	4	3	2	1	0
3. 现场访问	5	4	3	2	1	0
（四）你对自己参与“活动”的满意程度是：						
1. 投入程度	5	4	3	2	1	0
2. 参与程度	5	4	3	2	1	0
3. 愿意参加中心其他活动						

乙、其他意见

你最喜欢的环节是______________________________

你从活动中学到些什么______________________________

你希望中心日后举办什么活动______________________________

你对中心的其他意见______________________________

参加者姓名：__________ **联络电话：**__________ **日期：**__________

活动现场指引参加者填写，告知每项如何评分。在文档结束后，扫描（拍照）存档。

（7）社区活动评估报告。

社区活动评估报告

活动名称：“平安翠平，禁毒同行”翠平社区禁毒宣传

活动编号：WX-JDLH-CZ-SQ-18008

服务对象：社区居民（以长者和家庭妇女群体为主）

报名人数：/ 人　出席人数：300 人次

日期及时间：2018 年 3 月 15 日 时间：15：00—17：00

活动地点：翠平社区华润万家超市门口

活动目标：80% 以上的参与居民能够基本掌握至少 5 种常见毒品的名称和外观；至少收集 10 位居民的有效访谈结果。

编号	评估事项	督导意见
1	筹备工作：	
	（1）活动策划：前期观摩同工开展活动、汲取经验教训，阅读相关资料，形成思路并完善策划书 （2）资源联络：提前一周跟翠平社区工作站联系，递送方案书到工作站，确定好时间、地点以及工作人员情况，并获得社区提供的物资支持 （3）物资准备：活动前通过网络收集、整理图文资料并打印张贴用于活动中，活动当天提前到社区工作站领取活动物资 （4）工作员培训：活动前进行了工作人员分工说明，提前告知各自负责的工作内容	
	经验及建议：充分利用资源，如相关方的人力物力资源；在与相关方的沟通中注意尊重对方，以及肯定对方的付出，建立良好的、可持续的关系	
2	目标的达到	
	（1）根据意见反馈表、禁毒游戏情况以及工作人员现场观察可知，95% 的参与者能够基本掌握至少 5 种常见毒品的名称和外观，目标（一）达到 （2）根据访谈结果可知，社工共收集到 11 份有效访谈结果，目标（二）达到	
	经验及建议：目标设置时需要具体量化可测量可评估，并在制订计划时充分评估目标的可行性	

续表

编号	评估事项	督导意见
3	内容／形式之合适度：	
	（1）本次活动主要由讲解、游戏、反馈、采访四个部分组成，通过看、听、思考、表达等多个层面，促使参与者由浅到深地了解禁毒相关信息 （2）讲解、游戏和反馈三个部分依次进行，参与者先通过观看毒品模型和听社工讲解初步认识毒品，接着通过参与毒品卡片分类游戏，促使其对上一环节所收获的知识进行思考和整理，同时毒品图片能够加深参与者对于毒品的视觉印象，以达到巩固刚学到的毒品知识的效果 （3）采访部分与其他部分没有直接关系，以随机采访现场居民（不限于参与者）的方式，了解不同的社区居民群体对于毒品、吸毒者的看法，以及对禁毒工作的想法及建议，由于采访题目设置不够完善，导致出现重复问题，工作人员在现场及时作出调整	
	经验及建议： （1）游戏内容与其他部分是环环相扣的，但由于该游戏趣味性较低，没有很好地激发参与者的兴趣，在之后的服务中需要注意这个问题 （2）设计采访问题时应多收集他人的建议从而完善访谈提纲	
4	人手分工：	
	本次共有 9 名工作人员。其中负责人统筹全场及拍照，在保证每个摊位都有会听讲粤语的工作人员的前提下，8 名工作人员分别负责 4 个活动摊位，分工情况详见活动流程表。分工清晰，各司其职，使得活动井然有序	
	经验及建议：需提前开分工流程会，按照流程分工表每名同工认领自己擅长的工作，并且同工们之间需要清楚对方做的是什么，要如何配合。统筹人需要清楚每名同工的职责以及确认该同工是否明白自己要怎么做。同工们还需要知晓活动中出现问题，应该及时反映给统筹人	
5	参加者表现：	
	（1）根据现场情况可以看出参与者对于此活动很有热情和好奇心，积极参与各个环节内容，配合度很高，未出现现场混乱或哄抢礼品行为，有许多参与者还举起手机拍照，同时还有不少参与者参加完活动后表示学到很多知识，并谢绝领取礼品 （2）根据统计问卷结果可知，参与者对于本次活动总体满意度高达 92%，活动情况较好	
	经验及建议：计划制订时需明确服务对象类型，并设置适合该人群的服务内容，同时社工要积极主动邀请居民参与服务，才能更好地保证居民参与度	
6	工作员表现：	
	（1）所有工作人员均准时参与开展活动，无迟到早退现象出现 （2）活动负责人统筹全场，积极与合作单位以及各个活动摊位的工作人员沟通，发现问题时第一时间与工作人员共同解决问题，如现场调整访谈问题提纲等 （3）各个活动摊位的工作人员对待居民热情主动，耐心引导参与者，遇到只会讲粤语的长者时，工作人员主动用粤语与其沟通，各成员之间配合默契，所有环节进行得井然有序 根据意见反馈表，参与者对工作人员的工作能力和态度非常满意	

续表

编号	评估事项	督导意见
6	经验及建议：前期流程分工要清晰，大家各司其职又能够相互帮助。每场活动可能都有突发情况，社工现场的灵活反应能力就十分重要	
7	跟进工作：	
	（1）活动结束当天做好新闻推送 （2）一周之内做好文书归档工作 （3）处理社工现场无法回应到的居民反馈的问题和需要	
8	其他：	
	活动统筹人要在活动开展前夕再次面对面召开分工会，强调活动注意事项，以及确认信息传达到位	

	负责社工	督导助理 / 主任	督导
姓名	黄 ××	林 ×	赵 ××
签名 / 日期			

a.“筹备工作”，对应活动计划书，根据计划书中的“前期筹备情况”中的重要项目进行说明。描述时可以按照“顺利筹备项”和“未按预期筹备项”进行，注明原因。

b.“目标的达到”，对应活动计划书中设定的目标进行分别描述。一方面根据计划书中每一项目标的评估方式及评估指标进行分析说明，如意见反馈表有关于目标达到情况的信息、活动目标的具体数字；另一方面将意见反馈表中参与者对目标达到相关的良好的收获描述的信息记录在此处；再有可以将社工现场的观察或者参与者现场的反馈信息记录在此处。

c.“内容 / 形式之合适度”：首先描述一下活动形式合适的整体情况，其次简要描述一下活动具体形式及居民的参与情况，并陈述在程序逻辑上如何推动活动目标达到的。

（先对活动内容形式的合适情况进行一个整体的描述，如“活动内容形式合适度情况非常好”“活动内容形式合适度情况良好”“活动内容形式合适度情况一般”“活动内容形式合适度情况较差”，然后再将意见反馈表关于活动内容形式的反馈信息记录在此处。）

d.“人手分工”：首先总体描述一下人手的合理程度，其次把在计划书中设计的人员分工项目大类列举说明。总的来说活动的人手分工……。社工

××× 负责 ×××，执行的情况如何。

e. 根据现场访谈、现场观察、分享环节或活动后的反思总结会议，把内容摘抄下来；经验总结有两方面，值得肯定的地方与需要改善之处、如何改善（包含关注工作人员的带领主持技巧和总体统筹安排上。）

5. 小组活动

（1）小组计划书。

小组计划书

<table>
<tr><td colspan="4">一、基本信息</td></tr>
<tr><td>名称：</td><td>寻找改变的力量——戒毒所学员动机晤谈小组</td><td>编号：</td><td>WX-JDNS-SH-XZ-18001</td></tr>
<tr><td>对象：</td><td>南山区戒毒所强戒学员</td><td>名额：</td><td>12 人</td></tr>
<tr><td>地点：</td><td>南山区强制隔离戒毒所</td><td>节数：</td><td>5 节</td></tr>
<tr><td>日期：</td><td>2018 年 8 月 29 日至 9 月 26 日</td><td>时间：</td><td>每周三 15：30—16：30</td></tr>
<tr><td colspan="2">人手编配：</td><td colspan="2">负责社工：王 ×× 协助社工：王 × 辅警 1 名</td></tr>
<tr><td colspan="2">招募及宣传手法</td><td colspan="2">1. 招募方式：
提前向所内领导和负责管教报备服务方案，由负责管教在所内进行活动前期的宣传，通过管教推荐和自愿报名的方式招募成员，工作员根据如下标准再进行组员的挑选，以确定最终的小组成员
2. 挑选标准：
（1）已完全度过生理脱毒期，进入心理脱瘾阶段（入所两个月及以上）
（2）精神状态未受药物影响，思维与表达能力健全，情绪较稳定
（3）暂不会被转所以及距出所还有两个月及以上时间的学员
（4）参与小组活动有主动性和积极性的学员</td></tr>
<tr><td colspan="4">二、背景及理念</td></tr>
<tr><td colspan="4">（一）背景
作为深圳市最主要的戒毒治疗措施——强制隔离戒毒，为帮助滥药人士戒断毒瘾，减少伤害，控制毒品犯罪，在一定程度上发挥了巨大的作用。然而不争的事实是，由于戒毒人员在强制戒毒期限内是以生理脱毒为主，而心理上的毒瘾难以根除，离开戒毒所后，一旦接触原有的朋友圈或者重新遇到新的生活压力、情绪及病痛困扰时，再次染毒的可能性相当大，这也是综观戒毒人员复吸率居高不下的主要原因
（二）理念
动机式晤谈法与改变的阶段理论认为每个人的改变，都有其独特的历程，心理学家普罗契卡与狄克礼门提出改变发生的模式分为懵懂期、沉思期、决定期、行动期、维持期、复发期六个阶段。改变六阶段理论是基于观察个人如何修正其问题行为时而产生，不论这些问题是婚姻沟通不良、亲子关系问题还是自我价值感问题，甚至是有关吸毒的行为问题，其改变过程的结构似乎也是不变的</td></tr>
</table>

续表

<table>
<tr><td colspan="2">据此理论，强制戒毒人员通过戒毒所的隔离及管控，都能够成功戒药并超过 60 日，似乎能将其归为改变六阶段中的维持期。然而，强制隔离戒毒为滥药人士营造了一个特殊的戒药环境，戒药学员是在个人自由受到限制为代价的前提下，被动地接受强制戒毒，在其心理层面，改变的动机未必处于维系期。在以往的个案服务中，60% 以上的组员所处的阶段更多的是沉思期，他们当中的很多人入所前都是习惯性的滥药者，却因各种原因被意外地投入戒毒所，关于要不要改变滥药行为，他们常常表现出内心的矛盾和挣扎，踌躇犹豫于“应该改变”和“维持现状”两种状态之间
动机晤谈理论强调协助人们认识到现有的或潜在的问题，并着手加以处理，它协助人们消除困惑和矛盾，迈向改变之路。基于该理论，当组员感受到他个人自由受到威胁或限制时，在情绪或行为上，可预见的会有“反弹”出现。因此在小组的第一节，工作员将积极为成员营造一个对改变有正面效果的小组氛围，工作员并非权威性的角色，要避免使用强迫式、侵略性面质等策略。在小组的第二节，工作员将运用行为改变损益表，从认知层面分析继续滥药行为所具有的好处和代价，选择其他改变行为或举动（如戒药）所带来的益处和所需付出的代价，协助组员一分为二来看待毒品问题与戒药行为。然而，动机晤谈理论认为，即使是理性逻辑的损益分析，也不一定能激发组员的改变，要作出改变的决定，更多来自组员心理的不舒服，而经历情绪的痛苦，在许多方面，比冷静地检讨认知，是更好的改变动力。因此在小组的第三节，工作员将会探索令组员感到最不舒服的问题，使组员能够把一些由目前行为引起但却一直不为人知的困扰，坦露出来并加以分享，探讨存在于外表公众形象与内在主观评价之间的落差，如将自己与作为普通人和作为吸毒者之间，作一个比较，去检视吸毒行为中种种令人不愉快的层面。该理论同样认为当组员感受到他们目前的行为和处境与重要个人目标间存在落差时，他便产生了改变动机。因此在小组的第四节，工作员将与组员一同讨论人生的重要目标（如健康、成功、家庭幸福或正面的自我形象等），创造一个当下行为和生活目标之间的落差。在小组的最后一节，工作员将会把前几节小组活动中每个成员所有的线索聚在一起，请组员去思考未来自己打算怎么办，一同拟订未来的计划。</td></tr>
<tr><td colspan="2">三、小组目的与目标</td></tr>
<tr><td colspan="2">目的：
促进组员重新认识吸毒的收益和代价，激发改变动机，增强改变的自信心，最终远离毒品，维持戒毒操守</td></tr>
<tr><td>成效目标</td><td>表现指标</td></tr>
<tr><td>1. 80% 组员重新认识吸毒的收益和代价</td><td>采用“组员每周评估表”，以组员自我报告形式：
1. 评估组员对身体健康的留意，如组员能认识到吸毒前后身体状态的变化
2. 评估组员对家庭关系的思考，如吸毒前后家庭关系的变化等
3. 评估组员对吸毒前后生活环境及朋辈的思考</td></tr>
<tr><td>2. 80% 组员能制订出所计划，明确表示出所后要维持操守，远离毒品</td><td>采用“组员每周评估表”，以组员自我报告的方式：
1. 评估组员出所计划的可行性
2. 评估组员在预防复吸技巧等方面的表现和思考</td></tr>
</table>

续表

<table>
<tr><td colspan="3">四、评估方法</td></tr>
<tr><td>评估方法</td><td colspan="2">☑过程评估 ☑产出评估 □素质评估
☑成效评估 ☑目标达到评估 □其他
（备注：“过程评估”与“目标达到评估”为必选项）</td></tr>
<tr><td>简要描述</td><td colspan="2">（请对所采用的评估方法作出简要的描述，即采取何种评估工具、何时开展评估）
1. 过程评估：每节小组中检视小组进程的执行情况及效果
2. 产出评估：每节小组中检视小组内容的执行，完成 8 份以上的出所计划、吸毒损益表分析 8 份以上等
3. 成效评估：对组员进行前后测，评估组员动机是否增强
4. 目标达到评估：通过活动反馈表、工作员观察检视目标达到情况</td></tr>
<tr><td colspan="3">五、预计困难及解决方法</td></tr>
<tr><td colspan="2">困难</td><td>解决方法</td></tr>
<tr><td colspan="2">管教将有严重情绪问题和抗拒行为的戒毒人员强制安排参与小组活动，影响小组进程和氛围</td><td>提前与管教做好沟通，明确挑选组员的标准，争取所内管教的支持和配合</td></tr>
<tr><td colspan="2">所内临时性的做工安排，与小组开展的时间发生冲突</td><td>每节小组开展前至少两天与管教进行电话或当面联络，确保下节小组开展的时间避开所内的做工时间</td></tr>
<tr><td colspan="2">组员在活动中途擅自离组</td><td>制定小组规范，讨论擅自离组所承担的后果及责任</td></tr>
<tr><td colspan="2">六、小组流程</td><td>（见小组流程安排表）</td></tr>
<tr><td colspan="2">七、活动预算经费</td><td>（见小组收支表）</td></tr>
<tr><td colspan="3">八、督导建议
设计内容符合戒毒所学员需求，同意开展（赵 ×，2018.8.12）</td></tr>
<tr><td colspan="3">备注：请最迟于小组活动举办前半个月内先交予督导审批</td></tr>
</table>

	负责社工	**督导助理 / 主任**	**督导**
姓名	王 ××	李 ×	赵 ×
签名 / 日期			

a. 小组的人数建议 8—12 人，最多不能超过 15 人。

b. 日期：注明年月日及具体开展的时间。

c. 背景：简要描述为何需要开展该小组 / 系列小组，首先简要说明小组受众（包括服务对象、义工、社区等）的需求，“由此本年度 ×× 服务设置了 ××× 主题服务（年度计划里某子项目主题），以回应（该细分群体的）服务需求”，结合本地的情况，再描述小组背后的目的，能够为受众带来的改变、或为日后的其他服务作铺垫（深度与可持续发展）等。

同时，对于某些服务，可以通过动态需求说明，来体现本服务在开展形式、内容设置、主题变化等方面是否回应了社区不断变化的动态需求。可以通过近期发生的社会性事件、前期服务中收集的居民建议、社区相关利益者建议、新链接的资源等来体现动态需求的产生与回应，并将这些报道截图、访谈照片、聊天信息截图、访谈纪要等材料作为附件归档。

d. 理论架构：请阐述在这个小组案例中，运用了什么理论或是什么理论里面的什么观点，以及该理论在小组中是如何发挥作用的，并解释在小组过程中小组动力的使用等。

e. “目的”：希望通过小组活动达到的目的，可以是较大的目的，如增强改变动机，维持操守，等等。如果是教育性的可以从提升知识等方面进行阐述。

f. 目标设定遵从 SMART 原则：Specific 具体的、Measurable 可测量的、Attainable 可实现的、Relevant 相关的、Time-bound 有期限的。

目标表述注意：正向积极、服务对象是主体、注重改变。

g. 表现指标，应表述为“评估标准”，包括采用的评估方法、评估维度以及量化标准三个方面。主要是指可以从哪些方面表现出来，可以评估目标达到。

h. 评估方法。

序号	类型	解释
1	过程评估	衡量服务方案是否按照原先计划和期望进行，并审视服务是否是使用者期望的服务
2	产出评估	衡量服务方案提供服务数量，例如举办活动之数目、提供辅导服务时数等
3	素质评估	衡量所提供的服务方案是否符合特定的素质标准之数量或百分比或满足素质因子之要求。素质因子包括：可靠度、保证度、可见度、关怀度和反应度，可依照这些素质因子而制定服务使用者满意度调查问卷，从而计算他们对服务素质之满意程度百分比
4	成效评估	指服务方案导致服务受众产生期望的改变或远离那些非理想的改变
5	目标达到评估	指对所定的方案目标作出衡量，以判断目标达到之程度。为有效衡量有关目标达到与否及其达到水平，必须为每项方案目标制定其表现指标

（2）小组活动支出表。

小组支出表

小组名称：寻找改变的力量——戒毒所学员动机晤谈小组

小组编号：WX-JDNS-SH-XZ-18001

小组日期：2018 年 8 月 29 日至 9 月 26 日

小组时间：每周三 15：30—16：30

支出明细	预算支出			实际支出			备注
	数量＋单位	单价（元）	支出总额	数量ı单位	单价（元）	支出总额	
1. 横幅	1 条	100 元	100 元				
2. 贺卡	20 张	1 元	20 元				
3. 糖果 / 纪念品	15 份	10 元	150 元				
4. 交通补贴	2 人 ×5 次	5 元	50 元				
5. 彩印文件	12 份	—	—				自制
6. 大白纸	20 张	2 元	40 元				
7. 签字笔	1 盒	20 元	20 元				
8. 彩笔	1 盒	20 元	20 元				
9. 便利贴	2 本	5 元	10 元				
10. 茶点	1 批	40 元	40 元				
费用总计	—	—	450 元	—	—	0 元	
活动核算	结余	0 元		超支	0 元		
备注说明							

审批权限	审　核	审　批 0—200 元	审　批 201—500 元	审　批 501—800 元	审　批 801—5000 元	审　批 >5000 元
岗位名称	负责社工	主任	督导	副总干事	总干事	理事长
审批签字						
审批日期						

注：以上实际支出和签字需手写，其他部分需打印。

小组活动支出表已有小组活动流程的，直接按照流程开始统计物料，逐项列举要用到的东西，填写在 Excel 表格中。

（3）小组流程安排表。

小组流程安排表

小组名称：寻找改变的力量——戒毒所学员动机晤谈小组

小组编号：WX-JDNS-SH-XZ-18001

节次	日期/时间	本节小组目标	小组内容	所需物资	负责人
前期筹备	小组前两周	1. 撰写小组计划书，确定小组方案 2. 招募组员，确定小组时间及购买活动物资	1. 撰写小组计划书、预算。报备督导及团队负责人审核。审核通过后进行小组筹备 2. 与戒毒所管教沟通，进行组员招募，确定组员名单。同时，确定小组开展时间 3. 根据小组活动需求，购买活动物资	小组计划书、预算、招募海报或通知、物资清单	王 ××
第一节认识你我他	2018.8.29 15：30—16：30	组员相互认识，奠定小组氛围	1. 活动开场（5 分钟） （1）社工自我介绍 （2）介绍小组的流程及目的 2. 互动：“一心二用”（15 分钟） 规则： （1）先让组员围成一圈 （2）主持人要求每个组员为自己设计一个标志性的动作（动作不能重复） （3）活动开始后，第一个组员大声说出自己的名字，并做出标志性动作。轮到第二个组员时，需先说出第一个组员的名字和做出其标志性动作，再说出自己的名字和摆出动作，第三个组员要说出和摆出第一、二个组员的名字和动作，然后再说出自己的名字和摆出造型，以此类推 （4）活动实行循环赛，从最后一名组员开始，说出名字和对应造型正确次数最多的组员获胜，可获精美礼品一份 3. 制定小组契约：头脑风暴（10 分钟） （1）与组员共同制定小组规范 （2）将内容写在白纸上并签名	1. 大白纸 1 张 2. 油性笔 2 支 3. 标签贴 3 张（20 枚 1 张） 4. 签字笔 15 支	主持带领：王 ×× 协助、拍照：王 ×

续表

节次	日期 / 时间	本节小组目标	小组内容	所需物资	负责人
第一节认识你我他	2018.8.29 15：30—16：30	组员相互认识，奠定小组氛围	4. 互动：“爱的便利贴”（25 分钟） （1）工作员向每个组员发放 3 张贴纸，主持人强调贴纸的用途在于“要尽量将手中的贴纸贴到别人的身上” （2）在第一轮游戏中，组员可能会出现一边尽量避开被贴一边使劲贴完贴纸的情况。主持人查看贴纸被贴得最多的组员和贴得最少的组员，并分别邀请他们表达此刻的感受 （3）主持人提示“要尽量将手中的贴纸贴到别人身上”这句话并不代表尽量避开被贴，因此邀请组员分享为何要躲避被贴的原因 （4）在第二轮游戏中，贴纸被寓意为祝福，要求组员将三张贴纸分别贴给不同的三个人，在贴的过程中并送上自己对他（她）最好的祝福 （5）邀请组员分享在这一环节的感受，并引导组员思考在两轮游戏中大家对于小小贴纸有截然不同态度（纷纷躲避以及欣然接受）的原因 5. 总结分享：（5 分钟） （1）邀请每一个组员用一句话分享此刻的感受 （2）预告下节活动时间和内容		
第二节改变的天平	2018.9.5 15：30—16：30	增强小组凝聚力，引导组员思考吸毒的利弊，协助其认清自身对吸毒行为的选择和责任	1. 开场（5 分钟） 回顾上节小组内容，主持人简单介绍本次活动的环节 2. 互动：“诺亚方舟”（15 分钟） （1）将组员分为两人一小组，各小组商议用一种动物代替自己的组员，例如狮子、大象 （2）全组围圈坐，主持人站在圈中间做诺亚，说：“我是《圣经》人物诺亚，现在带大家往方舟去避过洪水。” （3）接着主持人叫不同的动物名，属于该动物的组员便要立即起来，并以手搭肩膀跟在主持人后面在圈内走动 （4）当主持人叫“洪水来了”时，主持人和所有跟着诺亚走的动物都要赶快坐下来，未能抢到位置坐下的动物便转做诺亚的角色，而本来的主持人则取代其动物的身份 3. 互动：“损益分析”（35 分钟） （1）分组：按照口号“1、2”将学员分为 2 个小组，6 人为一组，每组安排 1 名工作员带领	1. 损益表（大白纸）4 张 2. 油性笔 4 支 3. 瓜子 4 包 4. 巧克力 1 盒	主持带领：王 ×× 协助、拍照：王 ×

续表

节次	日期 / 时间	本节小组目标	小组内容	所需物资	负责人
第二节改变的天平	2018.9.5 15：30—16：30	增强小组凝聚力，引导组员思考吸毒的利弊，协助其认清自身对吸毒行为的选择和责任	（2）讨论：工作员引导组员思考吸毒与改变吸毒行为在个人主观上的利弊得失，并在“行为改变损益表”中一一陈列，让学员深刻反思滥药行为 （3）合组分享：每组安排一名发言者分享该组的讨论结果 （4）总结：主持人总结各组的成果并派发活动礼物 4. 总结小组（5 分钟） 在音乐中放松心情，组织组员自由发言		
第三节他人眼中的我，我眼中的自己	2018.9.12 15：30—16：30	利用小组动力，引导组员检视吸毒行为中，所遇到种种令人不愉快的情景，从而有效地激发改变的动机	1. 开场（5 分钟） 回顾上节小组内容，主持人简单介绍本次活动的环节 2. 互动：“影子舞”（15 分钟） （1）将组员分成两组，排成两行，找一个同伴面对面站着 （2）每次由一组的组员根据主持人提供的指定动作摆出造型，同伴则要跟着对方同一时间做出有如镜子影子的动作 （3）逐步增加动作的难度 （4)若干时间后，则变为由对面的同伴做动作，原先的组员做镜子影子 指定动作：举重、照镜子、打哈欠、刷牙、投篮、划龙舟、愤怒、兰花指、太极、模特步、扭屁股、擦口红、猩猩求偶 游戏解说：要放下自己才可以模仿别人及跟别人学习，要放下心中的冲突和矛盾，才可以做到改变 3. 互动：“自画像”（35 分钟） （1）主持人向每个组员发放 2 张白纸和 1 支彩笔（组员可挑选颜色） （2）组员可以绘画任何物体（人物、动物、植物等） （3）一张白纸绘画的内容为“作为普通人，充满朝气和能量，拥有众多优点的自己”；另一张白纸则是另一个自己，“一个瘾君子，吸食完毒品后，被家人或者被警察发现滥药行为的你”	物资： 1. 白纸 30 张 2. 彩笔 1 盒（12 支） 3. 铅笔 12 支 4. 橡皮 2 个 5. 铅笔刀 1 个 6.（影印故事）：12 张	主持带领：王 ×× 协助、拍照：王 ×

续表

节次	日期 / 时间	本节小组目标	小组内容	所需物资	负责人
第三节 他人眼中的我，我眼中的自己	2018.9.12 15：30—16：30	利用小组动力，引导组员检视吸毒行为中，所遇到种种令人不愉快的情景，从而有效地激发改变的动机	（4）绘画完毕后，主持人邀请一个组员分享他绘画的内容和故事，结束后，再由这个组员邀请一个对其绘画内容感兴趣的组员分享，以此类推 4. 总结："故事会"（5 分钟） （1）一个年轻人，在漫漫人生路上经过长途跋涉，到达一个渡口的时候，他身上已经有了七个背囊：美貌、金钱、荣誉、梦想、机敏、健康、才学。渡船开出的时候风平浪静，过了不知道多久，风起浪涌，上下颠簸，险象环生。老艄公对年轻人说："船小，负载重，客官你必须丢掉一个背囊，才可安全到达。"看年轻人不肯丢掉任何一个，老艄公又说："有弃有取，有失有得。"年轻人想了想把 ×× 丢到了水里 （2）现场作业：你认为年轻人会丢掉什么？要求每个组员写在作业纸上，署名后交回工作员	物资： 1. 白纸 30 张 2. 彩笔 1 盒（12 支） 3. 铅笔 12 支 4. 橡皮 2 个 5. 铅笔刀 1 个 6.（影印故事）：12 张	主持带领：王 ×× 协助、拍照：王 ×
第四节 如果人生可以重来	2018.9.19 15：30—16：30	协助组员讨论人生的重要目标（如健康、成功、家庭幸福，或正面的自我形象等），创造一个当下行为和生活目标之间的落差，以提升其戒毒的动机	1. 开场（5 分钟） 回顾上节小组内容，主持人简单介绍本次活动的环节 2. 互动：寻找拉登（10 分钟） （1）先围成一圈，闭上双眼，主持人拍一拍其中一个组员的肩膀，被拍肩膀者即成了"拉登" （2）全体睁开眼睛，不断找其他组员问：你是不是拉登 （3）"拉登"在被问的第一、二、三次都不能承认自己是"拉登"，直至被问第四次，就需要举手并大叫：我是拉登 （4）当"拉登"出现，所有组员必须尽快在"拉登"身后搭肩排成一线。排在最后的组员为输 3. 讨论家庭作业：（10 分钟） （1）你认为年轻人会丢掉什么 （2）回顾上节小组作业：丢弃了"××"后，年轻人今后的生活会是怎样的？邀请一到两个学员分享作业纸上他选择的内容及原因 4. 互动："人生大拍卖"：（30 分钟） （1）每人都有 10000 元作为拍卖资金 （2）每件物品底价均为 1000 元，每次呈价以 500 元为单位	1. 大白纸 2 张 2. 油性笔 2 支 3. 附表影印 14 张 4. 音乐	主持带领：王 ×× 协助、拍照：王 ×

续表

节次	日期 / 时间	本节小组目标	小组内容	所需物资	负责人
第四节如果人生可以重来	2018.9.19 15：30—16：30	协助组员讨论人生的重要目标（如健康、成功、家庭幸福，或正面的自我形象等），创造一个当下行为和生活目标之间的落差，以提升其戒毒的动机	（3）每件物品最高出价 3 次后无人加价击槌成交，价高者得 （4）若一次出价 10000 元，则立即成交。货品一经售出，概不退换。 （5）拍卖物品（见附表） （6）分享： ①你打算买进的 3 样东西是？ 你最终买进的东西是？你的花费是 ②有没有组员什么都没买，为什么不买 ③假如现在已经是人生的尽头，请看看你手上拍价所得的是什么东西？它们对你来说是否仍有意义 ④你是否后悔刚才为自己争取的太少 ⑤你是否甘愿为了毒品而放弃一切呢 ⑥毒品是否一定会带来快乐呢 ⑦有没有比毒品更值得追寻的东西呢 5. 总结（5 分钟） 在音乐中放松心情，组织组员自由发言	1. 大白纸 2 张 2. 油性笔 2 支 3. 附表影印 14 张 4. 音乐	主持带领：王×× 协助、拍照：王×
第五节拥抱美好的未来	2018.9.26 15：30—16：30	回顾小组，巩固小组成果。协助组员思考未来的生活，了解对未来现实的认知，鼓励组员间分享，促进改变	1. 开场："进化论 + 戒毒版"（10 分钟） （1）人的进化分为鸡蛋、鸡仔、凤凰及人四个阶段 （2）四个阶层要配合不同的动作：鸡蛋是蹲下来；小鸡是蹲下来并双手叉腰舞动手掌；凤凰是弯腰并双手合十放在头上；人则是整个人站起来 （3）所有组员首先蹲下来，与其他"鸡蛋"猜"包剪锤"，胜出的鸡蛋便可成为鸡仔。鸡仔便找另外一只鸡仔猜，胜出便变成凤凰，凤凰可找另外一只凤凰猜，胜出便变成人，变成人后便算在整个游戏胜出，可以离开 （4）只有同类才可猜"包剪锤"，输了便要退一级 备注：戒毒版进化论分为：吸食、上瘾、戒断 2. 互动回顾（15 分钟） 回顾小组历程，工作员引导组员回忆参加过的活动，展示活动过程、成果以及收获 解说带领：4F 分享。Facts（事实）、Feelings（感受、体会）、Findings（发现）、Future use（未来的运用）。在小组中印象最深刻的，对这个事情有什么感受，发现了什么，以后遇到这种情况要如何应对	1. 彩纸 12 张 2. 中性笔 12 支 3. 书签：12 张	主持带领：王×× 协助、拍照：王×

续表

节次	日期 / 时间	本节小组目标	小组内容	所需物资	负责人
第五节拥抱美好的未来	2018.9.26 15：30—16：30	回顾小组，巩固小组成果。协助组员思考未来的生活，了解对未来现实的认知，鼓励组员间分享，促进改变	3. 互动：“纸飞机，飞出一片天”（20 分钟） （1）主持人向每个组员发放 1 张彩纸和 1 支中性笔 （2）组员在纸上写下以下问题的答案： ① 16 岁时（未滥药前），所设想自己将来会过的生活 ②如果继续吸毒的话，你想象将来会变成什么样 ③“出所”意味着一次重生，你最想去完成的事情有哪些？但在这个过程中你最害怕遇到什么？如果遇到了你打算怎么办 ④写完后签上姓名，组员将彩纸叠成纸飞机飞出去。每个组员捡一个纸飞机（不可以是自己的），打开后写上对纸飞机主人鼓励、祝福、加油打气的话（正面），并署名 （3）每个组员保留纸飞机，待到出所时再翻阅，以提升正面的能量 解说：目前所遇到的问题（戒断毒品）是极为困难的选择，虽然困难，但却仍可掌控 4. 总结：（5 分钟） （1）赠送纪念品 （2）填写活动评估表 （3）合影留念	1. 彩纸 12 张 2. 中性笔 12 支 3. 书签：12 张	主持带领：王 ×× 协助、拍照：王 ×

	负责社工	督导助理 / 主任	督导
姓名	王 ××	李 ×	赵 ×
签名 / 日期			

a. 小组流程主要分为小组准备期、小组初期、小组中期、小组后期和小组结束期，按照设计流程逐一进行填写。

b. 内容需要注明每节需要使用的时间，以及相对应的规则和细项的负责人。

c. 本节小组目标：回应计划书中的目标，在本节小组中需要达到的目标，在流程表中具体体现，并在集会记录中检视是否完成。

（4）小组报名表。

小组报名表

小组名称：寻找改变的力量——戒毒所学员动机晤谈小组

小组编号：WX-JDNS-SH-XZ-18001

小组日期：2018年8月29日至9月26日

小组时间：每周三15：30—16：30

小组名额：12人　社工姓名：王××

序号	姓名	年龄	性别	联系电话	住址	QQ/微信	备注
1	王×	25	男	无	戒毒所3号仓	—	
2	李×	28	男	无	戒毒所3号仓	—	
3	张×	32	男	无	戒毒所5号仓	—	
4	王×	35	男	无	戒毒所5号仓	—	
5	赵×	27	男	无	戒毒所8号仓	—	
6	丁×	30	男	无	戒毒所8号仓	—	
	……						
12	黄×	30	男	无	戒毒所3号仓	—	

人数总计：12人

a. 小组报名表用于小组准备期组员招募。

b. 顶部：小组名称、小组编号、小组日期、小组时间、小组名额和社工姓名，按照小组计划书的实际情况填写即可。

c. 表格主体信息：序号、姓名、年龄、性别、联系方式等信息，由服务对象手写或社工整理好进行填写。

（5）小组参加者签到表。

小组参加者签到表

小组名称：寻找改变的力量——戒毒所学员动机晤谈小组

小组编号：WX-JDNS-SH-XZ-18001　小组日期：2018.8.29至9.26

小组时间：每周三15：30-16：30　负责社工：王××

序号	组员姓名	第 1 次 8 月 29 日	第 2 次 9 月 5 日	第 3 次 9 月 12 日	第 4 次 9 月 19 日	第 5 次 9 月 26 日	参加次数
1	王 ×						
2	李 ×						
3	张 ×						
4	王 ×						
5	赵 ×						
6	丁 ×						
	……						
	……						
12	黄 ×						
总出席人							

小组参加者签到表：每节小组开始前签到，并统计本节小组参加人数。小组结束后，扫描（拍照存档）。

（6）小组社工签到表。

小组社工签到登记表

小组名称：寻找改变的力量——戒毒所学员动机晤谈小组

小组编号：WX-JDNS-SH-XZ-18001　小组日期：2018 年 8 月 29 日至 9 月 26 日

小组时间：每周三 15：30—16：30　负责社工：王 × ×

序号	社工姓名	联系电话	签到时间			
			签名	日期	到	离
1	王 × ×	136123445 × ×				
2	王 ×	136123445 × ×				
3						
4						
5						
6						

续表

序号	社工姓名	联系电话	签到时间			
			签名	日期	到	离
7						
8						
9						
10						
11						
12						
13						
14						
15						
16						
17						

每节小组前签到，并注明签名日期。结束后，扫描（拍照）存档。

（7）小组集会记录表。

小组集会记录表

小组名称：寻找改变的力量——戒毒所学员动机晤谈小组

小组编号：WX-JDNS-SH-XZ-18001

小组开始日期：2018 年 8 月 29 日　　小组完结日期：2018 年 9 月 26 日

集会总节数：5 节　　负责社工：王 ××

集会日期	节次	内容及检讨（目标、内容、总结、检讨、反思）	督导意见
2018.8.29	第一节	本次小组活动内容主要有三个环节：让组员互相认识的自我介绍活动、小组规范的制定以及主题活动“爱的便利贴” 首先第一个环节，主持人计划开展两轮游戏，第一轮游戏要求组员尽力记住每个小组成员的名字，第二轮提升难度，要求组员不仅记住名字还要记住每个组员为自己选定的标志性造型。在第一轮，因小组内部有部分活跃的组员带动了全组的气氛，因此虽有个别组员记忆困难，但在其他学员的帮助下均完成了任务。第二轮，在游戏前工作员使用了奖品作为激励，鼓励组员积极挑战，但在活动中，有 4 名组员感到困难，放弃了参与游戏，工作员起初担心放弃的行为会影响小组氛围，然而其他组员却因成员的放弃更加激起了挑战“大奖”的决心，因此剩下的 8 名组员以及社工共同展开角逐，活动热烈的气氛达到高	

续表

集会日期	节次	内容及检讨（目标、内容、总结、检讨、反思）	督导意见
2018.8.29	第一节	潮。在这个过程中，工作员事先对于奖品的准备不够充分，未考虑到会产生并列奖的情况，最后使用了额外的纪念品解决了困难 其次在第二个环节，工作员计划与小组组员共同探讨和制定小组规范，然而组员对此并没有过多的意见和建议，主要由工作员提出全部的规范，成员只是对规范进行了表决。到第二个环节，组员 ×× 一直表现得非常活跃，喜欢与其他组员私下讨论，因此工作员鼓励他承担记录员的任务，以维护小组的秩序 第三个环节基本按照计划书的流程顺利开展，其中，在第一轮中，邀请被贴最多贴纸的组员 ×× 分享，他就提到觉得自己是受欢迎才被贴，然而一个贴纸都没有的 ×× 就感到很不开心，他怀疑自己是不是很不受欢迎。工作员在此刻进行了处理，邀请了其他组员分享，他们选择被贴目标的原因：站得近、看到谁就贴谁，以此回应 ×× 不一定是其他人不喜欢他才不贴他。在第二轮，贴纸被象征成祝福，由此特意邀请 ×× 来表达别人给予他的祝福有哪些，赋予其正面的心理能量	
2018.9.5	第二节	本节小组活动由王 ×× 主持，王 × 协助，主题名为“改变的天平”。在管教的调整下，更换了一名小组成员，所以在小组开始前通过点名的方式，加深了小组成员间的相互认识。然后，由王 ×× 带领大家回顾了上节内容，组员大多数反应比较积极，在努力回忆上次的主要内容和感受，同时说出了不同的印象深刻的内容；最后由工作员稍作总结，便开始本次的小组活动 主持人首先介绍了活动的名称，并留下一些悬念，给组员以思考，便直接开始主题内容。活动主要分两个部分，第一个部分是游戏“诺亚方舟”，既是为了热身，也是为了打乱原本的就座方式，为下一环节分组做准备。工作员首先解释游戏规则，但组员没有理解，于是建议组员边玩边听工作员的解说，在一个小组的示范下，大家有所明白。正式开始后，组员们很快进入状态，玩得很开心。最后，根据工作员对大家情绪的观察和座位打乱情况，适时地结束了游戏。待组员就座后，询问组员的感受，大家都表示已经打好精神，可以进入下一环节 第二个部分是分组进行有关滥药行为的损益分析。小组按“1、2、1、2……”依次报数，分成两组。王 ×× 带领“1”组、王 × 带领“2”组成员，对于“继续滥药”“戒断毒品”这两种行为的好处与代价进行讨论。在讨论之初，谈到滥药的好处时，组员大都比较拘谨，害怕说错话，直到工作员提到小组的保密原则时，他们才放松警惕、畅所欲言，说出内心真实的想法。讨论完成后，每组派出一名代表陈述各自小组的讨论结果。根据统计发现，对于“继续滥药”这一行为，他们认为好处是可以提神、放松、忘掉烦恼、开心等，代价是自身的身体、精神会受到伤	

续表

集会日期	节次	内容及检讨（目标、内容、总结、检讨、反思）	督导意见
2018.9.5	第二节	害，跟家人、恋人、朋友的关系会破裂，还有最可怕的是需要强制戒毒失去两年自由光阴。而针对“戒断毒品”这一行为，他们认为的好处有：身体健康，内心更自由和坦荡、有更多朋友；代价有：会身体发福、生活不习惯等。在讨论过程中，工作员发现仍有很多组员存在不良情绪，既有反对强制戒毒的，也有一些对于毒品的危害认识不够的。但是，当说到吸毒的坏处和戒毒的好处时，大家的反应都很积极，他们有很多关于吸毒的危害的答案，但是内心并没有真正想去改变，此时工作员只能尽量去引导和支持组员说出真实想法，找到改变的力量 活动最后，由于时间拖延赶上了所内的打饭时间，主持人匆匆进行总结，主要是契合本次主题“改变的天平”以及第二个部分的讨论活动，对组员积极思考吸毒的利与弊的行为表示肯定，也祝福组员们能够在出所后，再次面对毒品的诱惑时，能够作出正确的选择 活动检讨：时间控制不佳，超时近半小时，主要是第二部分讨论环节未能控制好时间，以后要携带手表或手机入场，方便掌握时间和小组节奏。活动带领时，工作员应该要保持最佳状态，尤其是游戏，不仅要事先说清规则，更重要的是在参与时要先保持高度热情，然后带动小组的气氛。最后的分享和总结环节，由于主持人对时间控制的疏忽，没能把握好整个活动的节奏，导致总结时间很短，所以在下次小组前进行上节回顾时，与组员共同回忆时可以稍作补充	
2018.9.12	第三节	一、小组内容 与计划书的安排一致 二、小组动力 1. 出席情况：小组组员 ××× 与 ××× 直接向管教请示退出了小组，×× 称在仓内不小心闪到腰因此告病假，其余 10 名小组成员正常参加 2. 参与性：小组组员基本都能投入活动环节中，较少出现精神游离的状态，能够根据工作员的指示完成活动任务，在分享环节的部分，部分组员愿意深度分享绘画内容和故事 3. 主动性：组员的主动性一般，主要是在工作员的带领和积极邀请下，配合完成活动和分享环节 4. 治疗性：70% 的组员通过活动可以感受到自己作为吸毒者和普通人之间的差距，以及被强戒中的种种不愉快的经历，能够意识到改变的必要性，出所后也希望选择积极正向的生活方式 5. 沟通模式：轮状沟通，工作员处于核心位置，组员之间的大部分沟通基本都通过工作员来完成	

续表

集会日期	节次	内容及检讨（目标、内容、总结、检讨、反思）	督导意见
2018.9.12	第三节	三、个别组员表现 1. 王 × 在此次活动中仍然表现活跃，会较快地回应工作员的安排，别的组员分享时也喜欢打岔并表达自己的想法，较多地霸占小组中大部分分享的时间，也吸引工作员大部分的精力去关注他 2. × × 仍然表现出否定他人，挑战质疑小组目标的状态，言语中对工作员发表反对的言辞，也表现出皱眉、不耐烦等非语言行为 四、社工分析 1. 此次小组基本由工作员带领每个小组成员分享，当一个组员分享时，其他组员会有私下讨论与小组主题不相关的内容，因此工作员更多地使用澄清、联结的技巧。一方面是请其他组员帮助澄清的技巧，当分享的组员表达完感受后，询问“有谁觉得对 × × × 现在的感受比较理解？”来邀请其他组员表达出自己的感受和内容；另一方面，对正在私下讨论的组员说，“看到 × × × 讨论得很激烈，看来他对这个话题想必有很多想表达的”，来促进成员的参与 2. 在小组分享环节，× × 表现出明显的言行不一致，他一方面感到被公安欺骗才被强戒，另一方面又觉得进所很开心。此时工作员用了严厉的言辞进行了对质，可能在小组目前的状态下使用不太合适 3. 戒毒所严格监管的环境可能在一定程度上造成了工作员居于权威性的角色，部分小组成员本身的性格非常不接纳其他的组员，因此他们习惯与工作员产生直接的沟通，因此接下来工作员要较多地使用联结的技巧，减少工作员与组员之间的沟通，增加组员和组员之间的沟通	
2018.9.19	第四节	一、小组内容 除取消“寻找拉登”的热身活动外，其余环节与小组计划书安排一致，缘由是根据前几节小组的经验，若全部完成计划书所拟定的环节，小组势必会延时半小时，影响所内的行政监管。同时工作员带领组员回想上节小组内容时，组员直接提到故事会的内容，因此工作员顺应组员的回应，顺势开始讨论故事会内容的环节 二、小组动力 1. 出席情况：小组组员 × × 转所因此退出了小组，其余 10 名小组成员正常参加 2. 参与性：由于上周工作员挑选了所内做工的时间开展小组，因此组内一半的组员请假，缘由是做工可以加分早日出所，然而参加社工活动却不能，由此上节小组未成功举办。事后，工作员与管教还有部分组员进行了沟通，深入地了解到所内政策的特点，也与管教达成了协定，此次挑选了合适的时间开展小	

续表

集会日期	节次	内容及检讨（目标、内容、总结、检讨、反思）	督导意见
2018.9.19	第四节	组，全部组员参与性较高，小组组员基本都能投入活动环节中，能够根据工作员的指示完成活动任务，在分享环节的部分，部分组员愿意深度分享人生经历 3. 主动性：组员的主动性较高，对活动内容有较强的热情和兴趣，在工作员的带领和积极邀请下，愿意主动思考活动内容，从活动内容反思过往人生经历，思考未来的生活和计划 4. 治疗性：90% 的组员通过活动对健康、成功、家庭幸福等正面的人生重要目标表示赞同和认可，并认为当下的生活状态与目标之间有所差距，希望今后的人生能够有所改善，如组员分享入所前从未对父母亲尽到孝心，希望出所后戒断毒品，不让母亲操心 5. 沟通模式：环状沟通，组员与自己周围的组员之间的沟通比较充分，互动较多 三、个别组员表现 1.×× 在此次活动中仍然表现活跃，喜欢与邻座的组员进行讨论，工作员多次对他进行叮嘱，经提醒后能够投入活动中，由于其个性幽默，后期也发挥出活跃小组气氛的作用 2.×× 在本节小组中从有攻击性的组员变得稍显沉默，然而整个活动中他基本在跟随工作员的引导思考或整理自己的思绪，在主题活动环节他选择了重新再来一次人生，表达出对美好生活的向往，这也是他第一次在小组中表现出较积极正面的状态 四、社工分析 1. 工作员较多地运用鼓励和支持的技巧，当组员挣扎着谈论一些比较困难的成长经历，工作员鼓励支持他表达得多一些，尽量引导其他组员给予其关怀，减少该名组员的担心和疑虑。工作员同时使用了反应的技巧，在故事会讨论的环节，某个组员提出愿意放弃“机敏”，因为对他而言人笨一点也不是件坏事，傻人有傻福，难得糊涂，活得开心就好，工作员回应他这也是一种人生哲学，凡事不过于计较，就会多一些快乐 2.“人生大拍卖”的活动环节设计得非常巧妙，极大地提高了小组成员的参与性和兴趣，每个组员都较认真地投入活动中，较少出现情绪游离的状态，在“拍卖”的过程中，组员间的互动也较热烈，因此此类游戏比较适宜戒毒所小组活动	
2018.9.26	第五节	一、小组内容 由于时间的限制，热身活动省去了“进化论 + 戒毒版”的内容，其余环节与计划书的安排一致 二、小组动力 1. 出席情况：10 名小组成员正常参加 2. 参与性：由于天气炎热，加上小组过程中不时受到所内工作人员打扰等因素，极个别组员仍然会有专注力不高的情况，但大部分成员都非常配合小组活动，在分享的环节，90% 的组员愿意积极地分享和倾听	

续表

集会日期	节次	内容及检讨（目标、内容、总结、检讨、反思）	督导意见
2018.9.26	第五节	3. 主动性：组员的主动性较高，甚至在工作员还未作出下一步活动指示的情况下，组员已经开始讨论和计划如何完成活动内容，虽然会造成暂时的混乱，但经工作员提醒后，成员能够自觉地配合工作员的安排 4. 治疗性：小组组员通过活动对过去的滥药经历和未来的生活计划都作出了总结和思考。其中，60% 的组员在小组讨论中能够形成明确的出所后计划和安排，40% 的组员虽有规划，但是还不够有信心去克服毒品诱惑、自制力不高等困难。由此，工作员鼓励组员间分享戒药经验，提升了正面能量，增强了组员改变的信心 5. 沟通模式：开放式沟通，组员的凝聚力和参与热情都较高，工作员权威和领导的角色与前几次小组相比相对较弱，组员间有充分的沟通 三、个别组员表现 与前几次小组相比，×× 在此次小组中的表现、转变较大，在“纸飞机”的环节，不仅积极地思考工作员提出的问题，同时担心自己识字不多，便主动邀请工作员协助其记录。在分享的环节，××× 主动提出首先讲述自己所记录的内容，对滥药问题和生活规划的分享深入且积极正面 四、社工分析 1. 虽然此次活动是小组的最后一节，工作员事先预告了小组结束的日期，所以个别组员对于小组虽有不舍，但并没有组员出现强烈的负面情绪反应 2. 工作员在本节小组中为保持成员的变化，巩固已发生的改变，巧妙地设计了“纸飞机”的环节，融合了组员总结学习经验以及成员间祝福赞美的内容，协助组员回顾他们在小组中取得的成果，一同拟订未来的计划。同时，当组员提出未来可能面对不支持的环境（社会歧视、家人的不信任等），工作员引导组内的互动交流，肯定正面的感受和经验，加强组员的自信，增强组员独立解决问题、面对困难的能力 3. 小组结束后，工作员留下 ×××、××、×× 三名组员说明下一步对其将进行个案辅导的计划，三名组员均表示愿意接受工作员的跟进服务	

	负责社工	督导助理 / 团队负责人	督导
姓名			
签名 / 日期			

可从以下几点进行描述：

1. 每节小组的分目标达到情况
2. 每节小组内容的适合度
3. 组员评估（组员的性格，每节小组中组员的表现及变化）
4. 每节小组动力（沟通模式：单向正面沟通、负面双向沟通……）
5. 每节小组气氛如何
6. 小组规范如何
7. 小组凝聚力如何
8. 组员中是否产生领袖、领袖风格及表现如何
9. 小组的决策模式如何
10. 处理冲突的模式
11. 社工的角色及表现
12. 社工曾运用的理论
13. 社工曾运用的技巧
14. 遇到的困难及当时的解决方式
15. 检讨及反思

（8）小组意见反馈表。

小组意见反馈表

这份问卷的目的是收集您对服务的宝贵意见，以便改善我们的服务。答案没有对错之分，请选择最能代表您的意见的选项即可。您的意见将会被保密，而且不会影响您现时或将来所接受的服务。现诚意邀请您填写问卷，完成后请交予有关工作人员。多谢合作！

小组名称：寻找改变的力量——戒毒所学员动机晤谈小组

小组编号：WX-JDNS-SH-XZ-18001

一、您对小组的评价

请“√”标识出以下最能代表您的意见的分数	非常满意	满意	一般	不满意	非常不满意
（一）您觉得小组能否达到以下目标：					
1. 能重新认识吸毒的收益和代价	5	4	3	2	1
2. 组员能制订出所计划，出所后维持操守，远离毒品	5	4	3	2	1
（二）您对本次小组安排的满意程度是：					

续表

请"√"标识出以下最能代表您的意见的分数	非常满意	满意	一般	不满意	非常不满意
1. 时间长度	5	4	3	2	1
2. 活动场地	5	4	3	2	1
3. 工作员表现	5	4	3	2	1
(三)您对小组内容的满意程度是:					
1. 知识性	5	4	3	2	1
2. 趣味性	5	4	3	2	1
3. 小组形式合适性	5	4	3	2	1
(四)您对小组工作人员的满意程度是:					
1. 工作能力	5	4	3	2	1
2. 工作态度	5	4	3	2	1
3. 工作流程讲解清晰	5	4	3	2	1
(五)您对自己参与小组的满意程度是:					
1. 投入程度	5	4	3	2	1
2. 是否还愿意再参加同类型小组	5	4	3	2	1
(六)您对小组的整体评价:					
整体上来说您对小组的满意度	5	4	3	2	1

二、您参加小组后的收获或者发生的改变:

____

三、您对小组的其他意见或建议是:

____

参加者姓名:__________ 联系电话:__________ 日期:______

小组结束后，参加者手写填写。扫描(拍照存档)。

(9)小组评估报告。

深圳市温馨社工服务中心

小组评估报告

小组名称:寻找改变的力量——戒毒所学员动机晤谈小组

小组编号:WX-JDNS-SH-XZ-18001

服务对象:南山区戒毒所强戒学员　　报名人数:12人 出席人次:10人

日期及时间：2018 年 8 月 29 日至 9 月 26 日 / 每周三下午 15：30—16：30

小组地点：南山区戒毒所活动室

小组目标：目的：促进组员重新认识吸毒的收益和代价，激发改变动机，增强改变的自信心，最终远离毒品，维持戒毒操守。目标：80% 组员重新认识吸毒的收益和代价；80% 组员能制订出所计划，明确表示出所后要维持操守，远离毒品。

编号	评估事项	督导意见
1	筹备工作：	
	（1）方案设计。在需求评估的阶段，从团队所接触的戒药个案中发现，60% 的服务对象基本都处于要不要改变吸毒行为的矛盾状态，社工在这个阶段进行及时的干预和治疗，可以有效地增强学员戒断毒品的动机和信心。然而，工作员却发现南山区戒毒所以往的社工小组服务主要以成长和支持类小组为主，缺乏提升动机的治疗类小组活动，为保证专业服务的全面性和延续性，工作员首次尝试开展以动机晤谈理论为基础的治疗性质小组 （2）招募及宣传。不同于其他的服务领域，戒毒所由于是严格的监管场所，所以禁毒社工难以全权按照小组的目标挑选合适的组员。然而，为保证服务的专业性和治疗性，工作员与管教作了积极的沟通，如提前报备服务方案，详细地说明活动目标和挑选组员的标准，主动推荐合适的组员名单，最终与管教达成了共识，所确定的小组成员具有一定的针对性和代表性 （3）物资准备。由于硬件条件的限制，戒毒所很难提供宽敞、阴凉的活动场地，由此工作员提前申请了花露水、风油精等物资，防暑防蚊，让组员更为舒适地参与小组活动	
	经验及建议：	
	戒毒所小组成员的挑选标准有以下几点供参考： （1）已完全度过生理脱毒期，进入心理脱瘾阶段（入所两个月及以上） （2）精神状态未受药物影响，思维与表达能力健全，情绪较稳定 （3）暂不会被转所以及距出所还有两个月及以上时间的学员 （4）参与小组活动有主动性和积极性的学员	
2	目标的达到：	
	（1）活动反馈表。在 10 份由小组成员填写的问卷中，100% 的组员同意小组达到“重新认识吸毒的收益和代价”，“能制订出所计划，明确表示出所后要维持操守，远离毒品”的小组目标 （2）工作员自评 组员能够理性地分析继续吸食毒品和改变吸毒行为的利弊得失。小组过程中，组员纷纷表述对于“继续吸毒”，他们认为好处是可以提神、放松、忘掉烦恼、开心等，代价是自身的身体、精神会受到伤害，跟家人、恋人、朋友的关系会破裂以及遭到强制戒毒。而针对“戒断毒品”这一行为，他们认为的好处有：身体健康，内心更自由和坦荡、有更多朋友。代价有：会身体发福、生活不习惯等。通过分享，组员深刻感受到自己作为吸毒者和普通人之间的差距，意识到改变的必要性，出所后也希望选择积极正向的生活方式	

续表

编号	评估事项	督导意见
2	组员对健康、成功、家庭幸福等正面的人生重要目标表示赞同和认可。在“人生大拍卖”的环节，组员深刻地感受到因吸毒行为造成家人缺少关心，严重经济负担等不良后果，一个组员讲述：“入所前从未对父母亲尽到孝心，希望出所后戒断毒品，不让母亲操心。”因此，小组目的及目标基本达到	
	经验及建议：	
	无	
3	内容／形式之合适度：	
	从意见反馈表中了解，在“我满意活动的形式安排”的选项中，有8名组员选择5分，1名选择4分，1名选择3分，最终得分平均值为4.7分（满分5分），即表明大部分学员对于活动的形式是较为满意的	
	经验及建议：	
	（1）类似的活动以后多增加内容 （2）希望增加一些项目，更具娱乐性一点	
4	人手分工：	
	（1）人力分配。小组共设置两名社工，均为南山区沙河禁毒团队成员。其中王××担任统筹及带领人王×协助。而戒毒所安排了一名工作人员维持秩序，确保人身安全 （2）个人能力及素质的配合 活动带领方面，此次小组对于带领人的要求较高，必须熟悉和掌握动机晤谈理论，由此工作员前期都进行了详尽的学习和演练	
	经验及建议：	
	无	
5	参加者表现：	
	（1）出席情况。小组成员共12人，每节活动出席情况为：第一节，12人；第二节，11人；第三节，11人；第四节，10人；第五节，10人 （2）从意见反馈表中了解，“下次同类活动还愿意参加”一项有9名组员选择5分，1名选择4分，最终得分平均值为4.9分（满分5分） （3）同工观察。由于天气炎热，加上小组过程中不时受到所内工作人员打扰等因素，在小组中极个别组员会有专注力不高的情况，但大部分成员都非常配合小组活动，在分享的环节，平均80%的组员愿意积极地分享和倾听	
	经验及建议：	
	在参加者有所变动时，工作员需要及时关注到变动带来的影响，避免造成负面影响	

续表

编号	评估事项	督导意见
6	工作员表现：	
	（1）出席情况：全勤 （2）从意见反馈表中了解，在对工作员表现的评估中，“我满意工作人员的工作能力”以及“我满意工作人员的工作态度”两项均为5分满分。同时，在感想或体会那一部分，学员表达了“我满意工作人员的工作”“非常满意，社工很可爱”等主观感受 （3）投入程度。小组开展的时间正值酷暑，同时由于戒毒所客观环境的限制，所提供的场地狭小、闷热以及蚊虫较多，然而工作员全程投入，克服环境的困难，每一节小组都按照流程圆满完结 （4）工作技巧 在小组过程中，当一个组员分享时，其他组员会有私下讨论与小组主题不相关的内容，因此工作员更多地使用澄清、联结的技巧。一方面是请其他组员帮助澄清的技巧，当分享的组员表达完感受后，询问“有谁觉得对×××现在的感受比较理解？”来邀请其他组员表达出自己的感受和内容；另一方面，对正在私下讨论的组员说，“看到×××讨论得很激烈，看来他对这个话题想必有很多想表达的”，来促进成员的参与 工作员也较多地运用鼓励和支持的技巧，当组员挣扎着谈论一些比较困难的成长经历，工作员鼓励支持他表达得多一些，尽量引导其他组员给予其关怀，减少该名组员的担心和疑虑 工作员同时也使用了反映的技巧，在故事会讨论的环节，某个组员提出愿意放弃“机敏”，因为对他而言人笨一点也不是件坏事，傻人有傻福，难得糊涂，活得开心就好，工作员回应他这也是一种人生哲学，凡事不过于计较，就会多一些快乐	
	经验及建议：	
	无	
7	跟进工作：	
	（1）小组结束后两周内完成新闻稿，及时提交小组通讯员及禁毒办领导安排上稿 （2）小组结束后两周内完成小组档案存档，并同时完成小组案例的撰写	
8	其他：	
	小组中王×表现出较大的改变动机，工作员在小组结束后一周内跟进面谈	

	负责社工	督导助理 / 主任	督导
姓名	王××	李×	赵×
签名 / 日期			

a. 筹备工作：对应小组活动计划书，根据计划书中的“前期筹备情况”中的重要项目进行说明。描述时可以按照“顺利筹备项”和“未按预期筹备

项”进行，注明原因。

b. 目标的达到：对应活动计划书中设定的目标进行分别描述。一方面根据计划书中每一项目标的评估方式及评估指标进行分析说明，如意见反馈表有关于目标达到情况的信息、活动目标的具体数字；另一方面将意见反馈表中参与者对目标达到相关的良好的收获描述的信息记录在此处；再有可以将社工现场的观察或者参与者现场的反馈信息记录在此处。

c. 内容 / 形式之合适度：首先描述一下活动形式合适的整体情况，再简要描述一下活动具体形式及居民的参与情况，并陈述在程序逻辑上如何推动活动目标达到的。

先对活动内容形式的合适情况进行一个整体的描述，如“活动内容形式合适度情况非常好”“活动内容形式合适度情况良好”“活动内容形式合适度情况一般”“活动内容形式合适度情况较差”，然后再将意见反馈表关于活动内容形式的反馈信息记录在此处。

d. 人员分工：首先总体描述一下人手的合理程度，其次把在计划书中设计的人员分工项目大类列举说明。总的来说，活动的人手分工……。社工 ××× 负责 ×××，执行的情况如何。

e. 参与者表现：首先描写参与者总体表现，其次描述个别参加者的表现。

f. 根据现场访谈、现场观察、分享环节或活动后的反思总结会议，把内容摘抄下来；经验总结有两方面，值得肯定的地方与需要改善之处、如何改善，包含关注工作人员的主持技巧和总体统筹安排上。

第六章　禁毒社工常见问题答疑

第一节　禁毒服务机构的常见困境及风险应对

一、禁毒服务机构的常见困境

（一）禁毒服务机构功能的丧失

社会组织具有以下特点："不以营利为目的；不同于政府机构与市场组织；有特定的使命与目标；其行动不是追求剩余利润的分配，而是为了完成其特定使命。"[①] 政府购买公共服务的广泛实施对社会组织造成了很多限制和冲击，尤其是禁毒服务机构因服务对象的特殊性而对政府项目具有巨大的依赖。这种依赖一是会导致社会组织的"准政府化"，在政府机构的决策及行动中，购买禁毒机构的服务从根本原因上是为了减轻管控压力，维护社会稳定，因而在某些方面禁毒服务机构对于项目资助方来讲是协助其更快、更好、更省心管控好吸毒人员的"帮手"。但从服务对象的方面来讲，禁毒服务机构服务的目标更多的是侧重于吸毒者个人综合能力的发展和困境的解除。政府决策的"高屋建瓴"和禁毒服务机构的"人人平等、人人重要"往往不能达到契合，甚至有时会出现冲突。许多禁毒服务机构与政府关系密切，甚至是由作为购买者的政府直接发起或倡导建立起来的，这类机构往往需要按照政府的要求提供社会服务，接受政府的工作安排，跟随政府的指导改变服务方向，逐渐成为"二政府"。受到政绩观和社会因素的影响，政府购买社会组织服务

---

① 王浦劬、萨拉蒙：《政府向社会组织购买公共服务研究》，北京大学出版社，2012年版。

“转变政府职能”的初衷往往会变成“完成整治任务”，其政治化意向较政府购买效用的获得更为突出。

另外，社会组织不营利的性质决定了其缺乏造血功能，绝大部分程度上只能依靠政府购买服务来维持机构运作。政府在招投标过程中奉行“经济至上”的原则，依据成本效益来选择适合的社会组织，从而倒逼社会组织改变其价值理念去迎合政府的要求，为促使资金来源的多元化，社会组织开始承接营利性项目以维持机构的正常运作。这样一来，社会组织的非营利的特点越来越弱化，渐渐向企业性质靠拢。

（二）案主利益和机构利益之间的权衡

由于资金、机制等问题，禁毒服务机构的决策更多的是需要考虑其自身的利益和行政方便，有些难以调和的情况下机构利益与案主利益会出现冲突。资金的限制让禁毒服务机构原先提供的服务项目不能继续或形式有所变化，使服务对象不能享受原有的已经适应了的服务。政府购买社会组织服务机制的变化让禁毒服务机构不得不跟随政府招标采购的结果变动服务区域和服务对象。服务对象在政府采购期已经适应了本禁毒服务机构的服务内容和风格，为了机构发展和延续，采购期满之后禁毒服务机构只得“舍弃”原先的服务对象另寻项目支持。这对禁毒服务机构的形象会有所影响，导致服务对象以及社会各界对禁毒服务机构有负面的印象，不利于树立公信，不利于机构未来发展。

（三）禁毒服务机构服务因禁毒政策的变化而变化

禁毒服务机构服务对象中，对戒毒康复人员的服务总是因政策的改变而被迫中断或改变方向。因其转移工作地或居住地，或因在公安机关的管控状态发生变化而需要改变服务方向和服务内容。例如，在各类重大活动时，公安机关对吸毒人员的管控都非常严格，在异地的吸毒人员被遣返户籍地；或因违反社区戒毒社区康复相关规定，复吸等原因被公安抓获，这类服务对象虽不占多数，但在严管时期对他们的服务会受到他们违法者身份的影响。若这类服务对象大批量被遣返或被公安机关再次抓获时服务中断时间较长，禁毒服务机构对戒毒康复人员的服务常常受到影响。另外，处于项目管理的角度，禁毒服务机构每一笔经费都有明确的计划，若不能开展原先计划的服务，那么经费也不能用于其他人或其他项目，这也是禁毒服务机构常常处于被动的原因。

（四）禁毒服务机构的伦理困境

首先是对禁毒服务机构“万能”的误解，认为禁毒服务机构只要有所行动就会有所改变，这点尤其在政府部门的期待上体现得较为突出，甚至当辖区在管吸毒人员出现复吸或其他违法犯罪问题时会对禁毒服务机构的服务产生质疑。其次是社会各界人员对禁毒服务机构营利性目的的揣测，认为“无利不起早”，在带着质疑的眼光看待禁毒服务机构的情况下，就容易不信任禁毒服务机构，从而影响禁毒服务机构服务的开展。不论是毒品预防教育还是社区戒毒社区康复服务，都需要社会各界的支持，若禁毒服务机构不能获得“群众基础”，面对吸毒者的工作是很难进行的。最后目前禁毒服务机构的主要服务对象是吸毒人员，是法律意义上的违法者，与一般公众具有对立关系，对吸毒人员的服务，如扶贫、医疗救治等让公众认为是助长吸毒人员违法犯罪的心理，不打击反而能得到扶持，对公平与正义是一种挑战。

二、禁毒服务机构风险应对

（一）基于政府层面

政府要给予社会组织发展政策支持，多监管少干预。在监管方面多一些机构自主发挥的空间。在资金使用方面，一是使禁毒服务机构能灵活应对吸毒人员管控状态的变化，二是促进机构自主造血功能的发展，通过政策支持促进其减少对财政拨款的依赖性，让禁毒服务机构既能放开手脚将案主利益最大化，保全自己服务计划的自主性，又能使禁毒服务机构处于监管之下，减少资金使用不规范的风险。在政策指引方面，多一些禁毒服务机构的话语权，减少禁毒服务机构被“牵着鼻子走”的局面，现有的禁毒政策多没有上传下达式的政策，对基层的现实情况未能有科学、详尽的调查，出台的政策与现实需要存在脱节的地方。禁毒服务机构在禁毒宣传、社区戒毒社区康复、吸毒人员管控的一线，对个体至整体的情况掌握了一手的资料，在如何做好吸毒人员管控和禁毒宣传方面，机构的经验和发现更具有指导意义。因此，政府应多从禁毒服务机构方听取意见，制定出针对性强、有效果、可操作的禁毒政策。

（二）基于禁毒服务机构层面

修炼内功永远是一个机构从容应对变化的法宝。不管政策如何变动，禁毒服务机构在制订机构服务计划时都应该充分考虑出现变动的可能性，制订备用计划。

在与政府的关系层面，禁毒服务机构首先需要对禁毒法律法规、方针政策研究透彻；其次是了解政府思维和政府语境，做好与政府部门沟通的所有“功课”，值得注意的是，与政府建立良好关系对机构开展服务和未来发展都有很好契机，机构的服务能为政府部门分忧，但容易失去自主性，极易因资金或机构发展走入“准政府”或营利化方向，所以，如何与政府保持良好关系又不失去自主性是需要把握准确度的。

在资金使用层面，在保证机构非营利性质之时，也应该有自主造血功能，这项功能能够保证机构减少对政府财政的依赖，增加机构服务的自主性。但目前国内社会组织发展的政策环境正在努力打造中，政策方面能够给予禁毒服务机构自主造血功能的支持不多，需要禁毒服务机构以及其他社会组织联合推动政策的改变，塑造有利于社会组织联合运行和发展的资金环境。

在禁毒服务机构社工层面，机构应给社工提供足够多和足够系统的培训，除社工专业知识和技能之外，还需培训社工关于禁毒的知识和技能以及自我防护的技能，包括艾滋病、肝炎等传染性疾病的防护等职业暴露的预防。目前国内社会组织的发展还非常不完善，因福利待遇问题导致机构社工流动性大，不利于社工自身能力的系统培养，对机构的发展也有较大影响，因此禁毒服务机构在培养骨干力量方面首先应充分考虑到职业暴露的问题，将安全放在第一位，其次是制订完善的人才培养计划，自下而上升迁的通畅渠道。值得注意的是，禁毒服务机构在承接服务过程中，因项目进度的要求，多有疲于应付的时候，社工易陷入身心俱疲的状态中，产生职业倦怠，若长期得不到疏解将会造成人员的流失。为此，机构应建立行之有效的督导制，在忙于项目的时候也应适当停下来关注一下员工的感受和成长。在社工招募方面，禁毒服务机构的社工多来自高校社会工作专业的学生，初入社会就需要与社会经验和人生经历丰富的吸毒人员打交道，这对禁毒社工的综合能力就提出了极高的要求。机构在招募社工之前，可与高校合作定向培养禁毒社工，除专业知识和技能的培养外，有意识地培养社会交往技能和自我防护等综合技能。

在公众层面，禁毒服务机构应注重自我形象的打造和自我宣传。目前，公众对社会组织的了解甚少，因此让公众了解社会组织也是机构的一项重要工作。首先是对公众保持资金使用的透明度，增加公信力；其次是在机构的活动宣传中注意政府语境和公众语境的使用，在服务内容和服务效果上要有一定阐述。现实中，很多机构疲于赶项目进度，在活动宣传方面是弱化的，“只做不说”的情况下公众对机构的了解是不全面的。因此，禁毒服务机构的对外宣传同样需要提到工作计划中的重要位置，招募新闻媒体相关专业的社工专门负责宣传。首先是具备新闻敏感性和文化敏感性，能够吸引公众的目光，贴合公众情感；其次是在宣传中逐渐唤起公众的自我意识，让社会各界关心禁毒工作，关注对戒毒康复人员的服务，助力禁毒服务机构开展好专业化服务，减少戒毒康复人员回归社会的阻力，从而减低复吸率。

第二节　禁毒社会工作者的常见困境及风险应对

一、禁毒社会工作者的常见困境

禁毒社会工作不仅是一种专业知识和技巧的实践，更是一种道德的实践，社会工作服务过程中的道德观、价值观的选择，对社工的服务尤其重要。社会工作中，社工和案主之间的关系是一种专业的助人关系，涉及的是人与人之间的互动、联结，“生命影响生命”因此得以发生。也正是因为社会文化的多元化和人民伦理价值观念的多样化，“生命影响生命”的过程因人而异，在实践的过程中会发生各种各样价值观和伦理道德冲突。禁毒社工面对特殊服务对象时，面临着各种伦理困境和挑战。

（一）案主自决与“法律法规”之间的冲突

禁毒社会工作者服务的对象之一是具有受害者和违法者双重身份的吸毒人员，例如社区戒毒社区康复人员。一方面案主因吸毒行为受法律管制，比如需要报告自己所在位置，定期接受尿检等；另一方面，若遵循案主自决权会导致案主违反社区戒毒社区康复协议，情况严重之下会被强制隔离戒毒。因为面对的服务对象是受毒品影响的特殊群体，通常情况下，禁毒社会工作者在服务过程中需要有“家长主义”，即对案主的行动进行善意的干预，为保护案主利益而采取的违背案主意愿的行动[①]。对于正处于戒断期的吸毒人员，其生理和心理状态都容易导致其行为偏差，因此禁毒社工在面临此情况时就有案主自决与遵守“法律法规”之间的矛盾，如何选择就是禁毒社工的伦理困境所在。

（二）专业关系和双重关系的选择

《全国社会工作者协会伦理守则》中提到，“社会工作者应该意识到当事人和自身的价值观、文化和宗教信仰以及实际工作对作伦理决定的影响”。“价值中立”一直是社会工作者秉持的工作原则，即不把自身的价值观强加给服务对象，也不对服务对象的行为进行任何评价。但在实践中，社会工作者会出现三种不同的应对方式：价值观强加、价值观中立和价值观过度认同[②]。禁毒社工与服务对象特别是戒毒康复人员的专业关系首先是建立在高度信任的基础上的，高度信任的基础则是双方价值观的理解与共鸣。但吸毒者对于吸毒行为的观念是社工无法与之共鸣的。当价值观发生冲突时就面临着伦理的两难选择。例如，当吸食大麻者向社工求助，提出让社工帮助其购买大麻，并认为大麻并不是毒品，吸食大麻是其信仰的“嘻哈”文化中的一种文化形式，这时社工该如何回应？首先购买大麻的求助社工是绝不能去回应的，其次，社工对于大麻不是毒品，是求助者信仰的文化形式这一观念不能表达赞同。所以在服务过程中，要么将自己的价值观带入其中，试图改变其“大麻不是毒品”的看法，但这不会被服务对象理解，甚至不利于与服务对象建立关系，无法解决问题。若由对“大麻不是毒品”这一观念高度认同的社工介入的话，社工与服务对象会快速建立信任关系，就能快速解决问题。但事实上，社工不能抛开法律去赞同这一观念。这是主流价值观对社工的要求，与吸食大麻的服务对象的观念是冲突的。

---

① 马智达：《社会工作实务中的伦理困境与伦理抉择》，兰州大学硕士学位论文，2004 年。

② 来帅：《社会工作实务中的伦理两难及其抉择》，载《改革与开放》2017 年第 19 期，第 72—73 页。

（三）保密和隐私权问题

禁毒社会工作者无法保持尊重案主隐私权和保护第三者免于受到伤害之间的平衡。为保护第三者免于受到伤害而将当事人的秘密公开，应符合下列条件：“社会工作者有证据显示案主对第三者有暴力威胁的倾向；社会工作者应该有证据可以预见案主的暴力行为；社会工作者应该有证据显示案主的暴力行为是很急迫且可能发生的；社会工作者必须可以确认可能的受害者。”这就对社工自身综合能力提出了极高要求，但社工在掌握这些证据时往往是条件不充分的，因为证据出现在暴力伤害之后，且暴力伤害不易预见并具有突发性。因而禁毒社会工作者在保密与隐私权问题上，容易陷入平衡尊重案主隐私权和保护第三者免于受伤的两难境地。

除此之外，禁毒社会工作者在进行家庭或团体治疗时容易将某个成员的秘密暴露给其他成员。美国社工协会（NASW）《伦理守则》（1996）对这一问题就作了如下规定：“当社会工作者提供咨商给家庭、夫妻或团体时，社会工作者应使每位成员均同意关于每个成员的保密权利，同时也对他人所分享的机密资料有保密的义务。社会工作者也必须提醒参加家庭、夫妻或团体咨商的成员，社会工作者没有办法保证所有的参与者均能遵守他们的保密协议。”

还有一种情况是由于禁毒社会工作者的疏忽而将秘密信息泄露。禁毒社会工作者在公开或半公开场合（如私人宴会、电梯、餐厅等）谈论有关案主的秘密信息、将秘密文件遗漏在可能泄密的地点、没能采取有效措施保护秘密资料（如给有关电脑资料做加密处理）等。

（四）禁毒社会工作者本身面临的风险

禁毒社会工作者除了需要掌握社会工作专业知识和禁毒知识外，还需要掌握保护自己的能力。禁毒社会工作者与其他类社工的不同之处最明显的就是服务对象的特殊性，因此会面临各种风险，除日常风险外，还有疾病风险和处于高危场景等。

首先是服务对象层面的风险。因为服务对象可能具有危险性：一是复吸，脱管、失管、漏管，死亡等其他高危行为，若服务对象复吸，很有可能毒瘾发作而威胁社工安全；二是因毒品的影响可能患有传染病，如艾滋病和各类肝炎；三是服务对象正在吸食毒品或因吸毒导致精神分裂而引起暴力或其他异常行为，严重的情况下会对社工生命安全产生威胁；四是吸毒人员因对抗或反抗心理对社工进行言语挑衅、恐吓、人身攻击等。因此，禁毒社工在对这类服务对象开展服务时还需要具有评估风险的能力和随机应变的能力。

其次是社会工作者行为责任的风险。一是自身能力不足的风险，包括社会工作专业技能和禁毒知识的储备不够，在面对社会阅历丰富的服务对象时难以建立合作、信任关系，还容易被带入服务对象掌握的节奏中，以致禁毒社会工作者产生挫败感。一些禁毒社会工作者被外派到合作单位协助开展服务，或因专业知识和能力不足、对自身工作概念模糊而被行政化。二是链接资源的风险，主要指禁毒社会工作者在服务吸毒人员或开展禁毒宣传过程中链接的资源有违规违法的风险，对禁毒社会工作者本人及机构都将产生极大的影响。

最后是职业认同的困境。一方面，目前我国公众对社会工作的认知度极低，对禁毒社会工作的认知存在偏差，有限的社会资源用于违法者，这是公众对禁毒社会工作服务无法理解之处，因此对禁毒社会工作者的职业容易产生质疑，禁毒社会工作者自身难以产生职业荣誉感和认同感。另一方面，因禁毒社会工作者服务对象的特殊性，服务效果难以量化且见效缓慢，吸毒人员要彻底戒除毒瘾并回归正常生活是不容易发生的事，禁毒宣传的效果也不是一个时期就能看得到效果，当服务对象复吸或禁毒宣传的对象中有青少年吸毒者，对于禁毒社会工作者来说会产生巨大的挫败感，对自身职业价值产生怀疑。

除此之外还存在着服务环境的风险，禁毒社会工作者外展服务时需要到吸毒人员所在的社区，可能社区地理位置偏僻、人员构成复杂，外出可能遭遇恶劣天气；组织禁毒宣传活动时可能有突发事件引起人群拥挤等，办公环境的消防安全、设备财产安全等风险。

二、禁毒社会工作者的风险应对

（一）禁毒服务机构层面

针对禁毒社工行为责任风险，社工机构应完善相关安全管理制度，对新进禁毒社工进行系统入职培训、助其树立风险管控意识，在硬件配备上，要做好着装的统一规范，配置安全防护工具与紧急医疗工具，如广东省广州市大同社会工作服务中心为各禁毒项目配备了急救箱、为日常走访定制的安全防护工具等，并不定期开展风险管控经验交流培训。针对链接社会资源的风险，社工机构应明确禁毒项目相关负责人的安全管理责任，设立合理的资源链接制度。针对工作信息泄密的风险，机构应定时开展工作信息安全专题培训，对档案材料及社工表现进行定期抽查、暗访考核等监督。通过教育和训练，使社工充分了解在不当的情形下泄露秘密的危害性，警惕秘密信息被泄露的常见渠道，清楚职业伦理守则和机构政策对有关问题的详细规定，以尽量避免在实际工作中造成对自己和对他人的不必要伤害。针对服务环境层面的风险，机构须联合购买方或驻点合作方制订应急预案，加强日常管理，确保场所和设施设备安全，严格落实制度上墙，明确各功能室的责任人及使用要求，定期排查消防安全隐患。同时，定期对禁毒社会工作者开展安全演练等培训，提高社工面对各类高危情况的应对能力。针对行政化的风险，禁毒服务机构一定要做好岗前培训，要明确禁毒社工职责分工，如社工不参与抓捕，社工是尿检、毛发检测的见证协助方而非执行方，台账工作不大包大揽等。

（二）禁毒社会工作者层面

针对服务对象对禁毒社会工作者可能造成的风险，社工必须进行充分的服务前准备。首先是做好背景调查，可通过管控系统和咨询，了解服务对象的染毒情况、过往行为特征、处置状态及风险管控等级等方面的基本情况，提前进行风险评估。随后通过电话访问进一步了解情况、预约家访或面谈时间。其次是在会面前，社工要再次电话联系服务对象，了解其目前的状态是否清醒，如服务对象处于口齿不清、语无伦次或沉默不语等不清醒的状态，则应及时终止本次会面。若会面后发现吸毒人员具有言语攻击或暴力行为风险时，禁毒社工应采用危机介入等紧急处理方法，及时与合作方、机构等多方面支持力量沟通商议跟进方案。与服务对象会面必须是双人制，即禁毒社会工作者两人同行，若人手不够可请社区工作人员协助或暂缓会面。在会面时若是在服务对象家里，社工应坐在靠门的位置，方便出现紧急情况时做到及时抽身。

针对自身能力不足的风险，禁毒社会工作者应努力学习专业知识技能，重要的是与服务对象沟通的话术训练，如何表达服务目的、服务计划是与服务对象建立联结的关键，例如因戒毒康复人员违法者的身份，他们对陌生人有很高的警惕性和抗拒，所以初次打交道的自我介绍就显得非常重要。提升文化敏感度有助于和服务对象快速建立信任关系，可以从家庭结构、权威秩序、身份认同、信任关系、整体方式五个层面梳理服务对象的信息，尽可能多地掌握服务对象的情况，便于开展服务。对于社会阅历比较丰富的服务对象来说，禁毒社会工作者的性格和生活经验也会对与服务对象的关系联结有一定影响，也就是说社工的自身状态会让服务对象感觉到社工是可靠的帮助者还是无经验的服从上级者，这将决定服务对象是否向社工敞开内心并接受服务，服务质量和效果是否能得到保证。禁毒社工在开展服务时，要先从自身抛开标签思维，将戒毒康复人员放置于其所在的社会生态系统中去看待，理解服务对象涉毒的原因，再去协助服务对象重构支持系统。

针对职业认同不高的风险，禁毒社会工作者除了定期接受督导以外，还需要有“自我关怀”的意识。一是关注自身的身心状况，首先是照顾好自己，其次才是服务他人。因服务对象身处各种各样的困境中，服务对象的问题有时候会将禁毒社会工作者带入自己的生活中，让禁毒社会工作者被负能量影响，因此要时常关注自身的状态，及时调整，不要等到身心俱疲、产生职业倦怠的时候再求救，或是会对机构满心失望或是怀疑自己的能力和工作的价值。二是接受“我不是万能的”这个现实，毒品问题是一个很复杂的问题，涉及政治、经济、文化等方方面面，单靠禁毒服务机构和政府的合作是不能解决的。对于戒毒康复人员来说，同样会因各方面的原因涉毒及复吸，因此要使服务对象彻底戒断，保持操守是不容易的事，顺利回归正常生活且衣食无忧更是不容易的事。禁毒社会工作者要明白自己的能力上限所在，尽力而为即可，无须将服务对象复吸或出现不好状况的事件的责任全部揽到自己身上，定期清理服务对象恶劣处境留在自己心里的负能量，学会接纳“做不到”和“我不行”。

参考文献

［1］全国社会工作者职业水平考试教材编写组．社会工作综合能力（中级）［M］．北京：中国社会出版社，2016.

［2］全国社会工作者职业水平考试教材编写组．社会工作综合能力（初级）［M］．北京：中国社会出版社，2016.

［3］拉尔夫·多戈夫，弗兰克·M. 洛温伯格，唐纳·哈林顿．社会工作伦理［M］．隋玉杰，译．北京：中国人民大学出版社，2005.

［4］潘泽泉．禁毒社会工作培训系列教材——禁毒社会工作基础知识［M］．北京：中国社会出版社，2016.

［5］樊双义，刘素刚．认知行为疗法概述［J］．灾害医学与救援（电子版），2015，4（4）．

［6］许莉娅．个案工作［M］．北京：高等教育出版社，2004：176－178.

［7］William R. Miller，Stephen Rollnick．动机式晤谈法——如何克服成瘾行为戒除前的心理冲突［M］．杨筱华，译．新北市：心理出版社股份有限公司．2002.

［8］何雪松．叙事治疗：社会工作实践的新范式［J］．华东理工大学学报（社会科学版），2006（3）．

［9］Michael White，Davip Epston．叙事治疗的力量［M］．廖世德，译．上海：华东理工大学出版社，2013.

［10］Michael White. 叙事疗法实践地图［M］．黎明，党静雯，曹杏娥，译．重庆：重庆大学出版社，2011.

［11］黄素菲．叙事治疗的精神与实践［M］．台北市：心灵工坊文化，2018.

［12］王思斌．社会工作综合能力（中级）［M］．北京：中国社会出版社，2019.

［13］海因茨·韦里克，哈罗德·孔茨．全球化视角［M］．北京：经济科

学出版社 . 2004.

［14］方礼刚 . 社会服务评估步步学之二：程序逻辑模式［J］. 社会工作（实务版），2011（11）.